# 职业生涯管理

何建华　张婧　编著

知识产权出版社
全国百佳图书出版单位

**内容提要**

本书是一本高等院校本科层次使用的人力资源管理专业教科书。全书包括：第一章职业生涯管理概论，第二章自我评估，第三章环境分析，第四章职业生涯规划，第五章职业选择，第六章职业生涯开发，第七章职业生涯调控，第八章组织职业生涯管理等内容，每章均附有案例分析与思考题，以引导学生把握书中的重点内容，同时增进学生对职业生涯管理理论与实务的了解与掌握。

本书也适合高等院校经济类、管理类专业师生作为教材使用，同时也可以作为高等院校职业指导教师与职业咨询师的参考用书。

**责任编辑**：赵　军　　　**责任印制**：刘译文

**图书在版编目(CIP)数据**

职业生涯管理/何建华，张婧编著. --北京：知识产权出版社，2013.4（2023.8 重印）

ISBN 978-7-5130-1938-5

Ⅰ.①职…　Ⅱ.①何…　②张…　Ⅲ.①大学生—职业选择—高等学校—教材　Ⅳ.①G647.38

中国版本图书馆 CIP 数据核字(2013)第 050747 号

**职业生涯管理**

ZHIYE SHENGYA GUANLI

何建华　张　婧　编著

**出版发行**：知识产权出版社

| | |
|---|---|
| **社　　址**：北京市海淀区马甸南村 1 号 | **邮　　编**：100088 |
| **网　　址**：http://www.ipph.cn | **邮　　箱**：zhaojun99668@126.com |
| **发行电话**：010-82000893 82000860 转 8101 | **发行传真**：010-82000893 |
| **责编电话**：010-82000860 转 8127 | **责编邮箱**：zhaojun@cnipr.com |
| **印　　刷**：天津嘉恒印务有限公司 | **经　　销**：新华书店及相关销售网点 |
| **开　　本**：787mm×1092mm　1/16 | **印　　张**：18.75 |
| **版　　次**：2013 年 5 月第 1 版 | **印　　次**：2023 年 8 月第 3 次印刷 |
| **字　　数**：300 千字 | **定　　价**：48.00 元 |

ISBN 978-7-5130-1938-5

# 序 言

随着中国市场化进程的加速,职业生涯规划与管理问题越来越重要。如何通过有效的职业生涯管理,促进个体职业生涯发展,提升企业人力资源管理水平,为社会的和谐发展奠定基础,是摆在个人、企业、学校、政府和社会各界面前的现实问题。本教材站在个人与企业的角度,对职业生涯管理的相关基本概念、基本知识、基本理论和基本方法进行了介绍。

本教材的主要特点是:章节、体例和板块结构的安排,符合人力资源管理专业的教学和学习规律。每章都设计了7个板块:学习目标、重要概念、引导案例、主体内容、资料链接、本章小结、思考题、章末案例分析。为了帮助理解教学内容和提高阅读兴趣,在每一章的适当位置,都设计了简洁实用的图表。

本教材由何建华提出教材的整体架构、详细的写作大纲和每章内板块结构的安排,由何建华、张婧共同进行统稿和定稿工作。各章节的具体编写分工如下:第一章、第二章、第五章、第六章,何建华;第三章,卓清玉、何建华;第四章,张婧;第七章,程菲、张婧;第八章,陈瑞琴,张婧。

在本书的编写过程中,编者参阅和借鉴了大量国内外同行的书籍、论文及网上资料,在此特向前辈和同行所做的贡献表示由衷的敬意和感谢!我们尽量做到尊重原作者的知识产权,但由于编者的阅读范围有限或者其他非主观原因,可能还会有不尽如人意的地方。如果书中使用了作者的原创性成果,但没有明确地给予注释和说明,敬请原作者指出,我们将立即给予更正，并向原作者表示歉意。

由于我们知识和经验的不足，本教材的错误和疏漏在所难免，恳切希望使用本教材的教师和同学及相关专家提出批评和建议，以使本教材能不断充实和完善。

何建华

2013 年 1 月于珠海

# 目　录

# 第一章　职业生涯管理概论

**【学习目标】**

掌握职业生涯有关概念术语的含义；明确个人是职业生涯管理的首要主体但不是唯一主体；家庭、学校、从业单位和政府等在个体职业生涯管理方面发挥着重要作用；充分理解职业生涯管理的主要内容；了解职业生涯管理的国内外研究概况。

**【重要概念】**

职业、职位、工作、专业、职业分类、职业分层、职业声望、职业生涯、职业生涯管理、个人职业生涯管理、组织职业生涯管理、职业生涯规划、职业生涯开发、职业生涯调控

**【引导案例】**

**北大毕业生卖肉**

“北大毕业生卖肉”是2003年最热门的话题之一。

时年38岁的陆步轩，是陕西省长安县鸣犊镇高寨村人，他自幼丧母，家境贫寒，姐弟4人与务农的父亲相依为命。1985年，陆步轩以陕西长安县文科状元的身份考入北大中文系，毕业后被分配到长安县柴油机械配件厂。因为他是北大的高才生，所以被厂里的主管部门——长安县计划经济贸易委员会借调到机关，他被安排在办公室写材料，还负责团组织

工作。

20世纪90年代初,社会上流行“下海”,陆步轩跟随当时的领导办企业,先后办过有色纸厂、饲料厂、化工厂,但都因为缺乏资金,厂子难以为继。后来,陆步轩自己组建了一个装修公司,渐渐地“翻了身”。最辉煌的时期他手下有100多人,然而一次贸然投资失败让他一下子栽了进去,此后“再没有翻过身”。

事业上的失意也让陆步轩的生活遭受了打击,结婚刚两年的妻子离开了他。随后他又与一位农村姑娘结了婚,育有两子。2000年,因生计所迫,他和妻子在长安县开了一家“眼镜肉店”辛苦度日。随着年龄的增长,曾经的理想被沉重的现实生活负担所代替。那些年,陆步轩也曾试图找一份适合自己的工作。早在1997年,他曾到西安一家报社应聘,但因月薪只有300元无法养家糊口,只好作罢。2002年,他通过熟人提供的信息,还曾到长安区一家中学联系工作,最终也没有结果。

2003年,陆步轩的“事迹”被媒体披露后,受到社会广泛关注。借助媒体的力量,2004年他被借调到西安市长安区档案局工作。陆步轩在档案局主要负责区地方志的修编。对于这份工作,他感觉比较满意。“虽称不上专业对口,但至少能‘挂上一点边’。”在档案局工作,陆步轩的月收入是1 000元。而因为这份工作,新开张的“眼镜肉店”只能托付给弟弟照顾。陆步轩说他特愿意留在档案局。他说:“在单位,我一个人一间办公室,关了门就能安静地看书、写东西。大学时我喜欢读史,但毕业后一直没有时间,现在终于可以做自己喜欢做的事情了”。陆步轩利用闲暇时间将自己的传奇经历写成《屠夫看世界》一书。因为“自然天成、不造作”,所以这本书出版两个多月就已经两次再版,总印数达到2.3万册。

(资料来源:张再生.职业生涯规划[M].天津:天津大学出版社,2007.引用时稍作改动。)

在现代社会,几乎每个人的生活都与职业息息相关,每个人都会自觉或不自觉地设计自己的职业生涯之路。“人生的道路虽然漫长,但紧要处往往只有几步,特别是当人年轻的时候”。陆步轩的职业经历给了我们很多启示。没有明确的职业发展规划，随波逐流，顾小利而失大方向应该是他前半生职业不如意的重要原因，而他后半生的传奇经历也告诉我们职业生涯是可以规划和改变的。因此，我们每个人都应该高度重视并有效设计与管理自己的职业生涯。

## 第一节　职业生涯相关概念

职业生涯是我们人生的重要组成部分。职业生涯成功与否在某种程度上会影响到我们人生的幸福感。虽然我们每个人都会在职业生涯中度过大部分人生，虽然我们天天从事着自己的职业，但是我们很少去反思"职业""职业生涯"这些概念的真正内涵。在展开职业生涯管理的研究之前，我们首先必须明确与职业生涯相关概念的含义。

### 一、职业

职业的产生与发展是人类文明的标志，是社会发展和进步的反映，同时也是社会化大分工的直接结果。社会分工是职业划分的基础和依据。选择并从事一种职业，对每个人都非常重要。为了更好地理解职业的内涵，我们首先有必要澄清职业与工作、职位、专业等相关概念之间的区别。

#### （一）工作

工作是与职业最为相关的概念。所谓工作包含两层含义：一是与娱乐和休闲相对而言，是指为特定目的而耗费的体力或脑力；二是指一个人为谋生所做之事。[1] 工作虽然不是生活的全部，但是它可以发挥出我们的才能，使我们获得一种成就感，使我们生活得更加美好。因此，工作本身不再只是一种辛苦的劳作，不再只是一种"外在的苦难"，而是一种获取内在人生价值提升的途径。

#### （二）职位

职位是较易与职业混淆的另外一个概念。所谓职位，是根据组织内

[1] 李宝元. 职业生涯管理：原理、方法、实践[M]. 北京：北京师范大学出版社，2007：5.

部岗位职责与权限的大小而进行的人员层次的划分。简单地说,职位就是组织中某个员工需要完成的一个或一组任务的集合。例如,人力资源部经理这一职位,它所承担的职责有以下几个方面:人力资源规划、员工招聘与配置、人力资源培训与开发、薪酬管理、绩效管理、员工关系等。一般企业中可以将职位化分为四个层级:高层管理者、中层管理者、基层管理者和操作者。

(三)专业

专业也与职业的概念较为近似,两者之间有着紧密的联系。所谓专业有两层含义:一是指高等学校或中等学校里的学业门类;二是指专门的学问。专业具有学科性、职业性和教育性的特点。在现代社会,专业是职业的学科映射。例如,大学阶段学习人力资源管理专业的,将来可能去从事人力资源管理工作。但同时,专业和职业之间不是一种简单的对等关系,一个专业可能面向的不是一种职业,而是一个职业群。例如,学习人力资源管理专业的同学将来可能去从事企业经理、公务员、教师、记者等多种不同的职业。

(四)职业

职业的含义与上述词汇存在着显著的差异。从词义学的角度分析,中文的"职业"一词是由"职"和"业"两个字组合而成。"职"字包含着责任、工作中所担当的任务等意思;"业"字含有行业、业务、事业等意思。《现代汉语词典》将职业解释为"个人在社会中所从事的作为主要生活来源的工作"。[1]

而"职业"的英文词义,是指一个人所长期从事的稳定的工作,或一个人所从事的行业或专业。在英文中,关于"职业"的词汇有两个:Vocation 和 Occupation。两者的含义并不完全相同。Occupation 强调的是外在社会制度的安排,是客观职业;Vocation 强调的是内在的、心理上的使命感。

以上我们从词义学的角度对职业的含义进行了剖析。我们发现,虽

[1] 周文霞.职业生涯管理[M].上海:复旦大学出版社,2008:4.

然人们对于职业的认识由来已久,但是由于研究目的不同,人们对职业的内涵进行了不同的界定,概括起来分为社会学家和经济学家两种解释。

社会学角度对于职业的解释,主要有日本社会学家尾高邦雄的界定,他认为职业是某种一定的社会分工或社会角色的持续的实现,因此职业包括工作、工作的场所和地位。[1] 美国社会学家泰勒指出,职业的社会学概念,可以解释为一套成为模式的、与特殊工作经验有关的人群关系。这种成为模式的工作关系的结合,促进了职业结构的发展和职业意识形态的显现。[2] 中国学者潘锦棠提出,职业是劳动者能够稳定从事的并赖以生活的工作。陈婴婴将职业定义为"个人进入社会的物质生产或非物质生产过程后获得的一种社会地位,个人通过这一社会地位加入社会资源的生产和分配体系,并建立相应的社会关系"。他进一步解释,"职业是由以下五个要素构成的:(1)作为职业符号特征的职业名称;(2)工作的对象和内容;(3)承担这些工作所需要的资格和能力;(4)通过这些工作取得的各种报酬;(5)在工作中建立的与其他社会部门或社会成员的联系"。

经济学角度对于职业的解释与社会学的解释有所不同。美国学者阿瑟·萨尔兹将职业定义为:"人们为了获得经常性的收入而从事连续性的特殊活动。"日本学者保谷六郎认为,职业是有劳动能力的人为了生活所得而发挥自己的个人能力,向社会做出贡献而连续从事的活动。中国学者程社明将职业界定为"职业是参与社会分工,利用专门知识、技能为社会创造物质财富、精神财富,并获取合理报酬,作为物质生活的来源,并满足精神需求的工作"。[3] 周文霞提出,职业是指人们在社会生活中所从事的、以获得物质报酬作为自己主要生活来源并能满足自己精神需求的、在社会分工中具有专门技能的工作。[4]

从上述观点之中,我们可以看到虽然不同学派的专家和学者对职业

[1] 张再生. 职业生涯规划[M]. 天津:天津大学出版社,2007:7.
[2] 周文霞. 职业生涯管理[M]. 上海:复旦大学出版社,2008:4.
[3] 程社明. 你的职业——职业生涯开发与管理[M]. 北京:改革出版社,1999:71.
[4] 周文霞. 职业生涯管理[M]. 上海:复旦大学出版社,2008:5.

概念的界定各有侧重，但是他们都涉及了职业的三个最基本的特征：(1)社会特征。职业本身是社会发展的产物，每一种职业都体现了社会分工的细化。社会成员在特定的职业岗位上为社会整体发展做出了贡献；(2)经济特征。从社会角度看，职业构成了社会经济运行的主体，职业劳动创造出社会财富，从而为社会发展奠定了物质基础。从个人角度看，人们从事某种职业，必然从职业劳动中获得经济报酬，以达到满足自身生存和发展的需要。(3)专业特征。职业是一个人所从事的行业或专业。从事任何一种职业，都必须具有特定的知识和技能。所有职业都对任职者的教育背景、职业资格、技能水平、工作经验等有具体的要求。

综上所述，我们对职业的含义给出这样的解释：职业是个体长期从事的，利用专门的知识和技能，为社会创造物质和精神财富，获取合法报酬的稳定工作。具体地说，职业这一概念包含以下四个方面的内容：

(1)职业与社会分工相关，强调个人与社会的关系。个人通过从事某一具体的职业参与到社会生活中，为社会创造物质和精神财富，为社会的整体发展做出贡献，并为社会所承认。

(2)职业与其内在属性相关，强调要利用专门的知识和技能从事社会生产活动，是个体所从事的具体的行业或专业。

(3)职业与社会经济规则相关，强调只有为社会创造价值，才能够获得合理合法的报酬。

(4)职业与个人生活相关，强调工作与生活的平衡。个体从事某项职业，不但可以满足自身生存的需要，同时也是实现自我的重要途径。

## 二、职业分类、职业分层与职业声望

在人类社会经济发展的历史长河中，职业不断发展变化，职业的内涵也不断扩展和完善。随着职业研究的深入，与职业相关的概念不断涌现。下面我们重点探讨三个与职业相关的概念：职业分类、职业分层与职业声望。

### (一)职业分类

职业分类是横向的职业类别划分，它是在社会分工的基础上，按照职业性质、工作方式、技术要求及行业范围等的同一性对职业进行的划分归类。科学的职业分类是职业社会化管理的平台,也是职业自身发展的需要。

由于各国经济发展水平不同,历史和国情不同,职业分类的具体情况也不同。英国在1841年将职业分列为431种。美国在1850年进行了专门的职业普查,划分了15大行业、323种职业,1860年又增至584种,1965年确定为21 741种。到1980年,《美国百科全书》认定美国有25 000种职业。加拿大曾于1970年组织300多位专家历经7年编制了《国家职业分类辞典》,职业词条多达7 000个。苏联劳动和社会问题委员会1986年宣布,他们共有6 982种职业。

从以上各国职业分类的情况可以看出,各国职业分类的标准不尽相同。为了便于信息交流、统计分析、咨询指导和规范管理,有关国际组织制定了权威的职业分类标准。例如,国际劳工组织于1958年颁布的首部《国际标准职业分类》,提供了包括8个大类、83个小类、284个细类、1 506个职业项目的完整的职业分类体系。

1999年5月,我国劳动和社会保障部、国家技术监督局、国家统计局共同颁布了《中华人民共和国职业分类大典》。该分类大典比照国际标准采用“A—B—C—D”四级编码模式,将职业划分为8个大类、66个中类、413个小类、1 838个细类。内容包括职业编码、职业名称、职业概述、职业定义和职业内容描述,以及归属于本职业的各工种名称和编码等。其中,8个大类基本按照管理型、技术型、事务型和技能型等归类,具体如表1-1所示。

**表1-1 《中国职业分类大典》所列八大类职业**

| 大类 | | 中类 | 小类 | 细类 |
|---|---|---|---|---|
| 序号 | 名称 | | | |
| 一 | 国家机关、党群组织、企业、事业单位负责人 | 5 | 16 | 25 |
| 二 | 专业技术人员 | 14 | 115 | 379 |
| 三 | 办事人员和有关人员 | 4 | 12 | 45 |

续表

| 大　类 | | 中　类 | 小　类 | 细　类 |
| --- | --- | --- | --- | --- |
| 序　号 | 名　　称 | | | |
| 四 | 商业、服务业人员 | 8 | 43 | 147 |
| 五 | 农林牧渔水利业生产人员 | 6 | 30 | 121 |
| 六 | 生产、运输设备操作人员及有关人员 | 27 | 195 | 1119 |
| 七 | 军人 | 1 | 1 | 1 |
| 八 | 不便分类的其他从业人员 | 1 | 1 | 1 |
| 合计 | | 66 | 413 | 1838 |

社会经济发展促使社会对职业的需求不断发生变化，能够满足社会需求的新职业不断涌现，因此职业分类也处于不断的调整变化之中。为了顺应职业的社会发展趋势，相关部门陆续出台了职业分类大典的增补本。同时，我国人力资源和社会保障部自 2004 年 8 月建立新职业信息发布制度以来，至 2009 年 11 月已经发布了 12 批共 122 个新职业的信息。这些新职业例如形象设计师（第 1 批）、宠物健康护理员（第 2 批）、网络编辑员（第 3 批）、健康管理师（第 4 批）、礼仪主持人（第 5 批）、体育经纪人（第 6 批）、品牌管理师（第 7 批）、手语翻译员（第 8 批）、化妆品配方师（第 9 批）、品酒师（第 10 批）、动车组司机（第 11 批）、调味品品评师（第 12 批）等。

**【资料链接】**

**不断涌现的新职业**

《中华人民共和国职业分类大典（2005 增补本）》共收录了 77 个新职业。这些新职业主要集中在现代制造业和现代服务业中，以管理、策划、创意、设计、分析、制作和健康、环境管理居多，例如彩铃写手、网游代练员、网管、酒后代驾、专业陪聊人员、陪购、职业道歉人、职业道谢人、职业砍价人、职业游戏玩家等。以下是几则与新职业相关的媒体报道。

（1）彩铃写手：深圳财富日进斗金的传奇一族

易海峰，今年 25 岁，具有丰富的彩铃从业经验。2004 年，易海峰辞去英语教师的工作,从湖北荆州来到深圳,开始了他的“淘金”生涯。他就职的公司委派他负责彩铃工作。那时彩铃才刚刚在中国起步,品种也不如现在丰富。

2005 年 10 月,已经转行的易海峰辞职,成立了“39 度娱乐网”。目前,“39 度娱乐网”已经成为华南地区为数不多的几家专门做彩铃的公司之一。他告诉记者,经营一家月收入超过千万元的公司,创造一首像《两只蝴蝶》那么火的彩铃,是他目前的理想。这位“80 后”在说出这番话的时候,底气十足。

(2) 郑州职业“陪购”闪亮登场,一小时能赚 100 元

张轩从事专业色彩形象设计工作已有 2 年多时间,目前在金水路一家形象设计公司上班。张轩说,近两年在郑州有陪购需求的顾客越来越多,市场也更细化专业了。“一般的陪购每小时 100 元,而‘专业色彩诊断’就比较贵了,全部过程下来需要 2 000 元左右。”陪顾客购物只是色彩形象工作中的一部分,她平时的工作内容还有色彩诊断、帮顾客整理衣橱、给顾客培训色彩知识等内容。“帮顾客选衣服,不但要为她的形象考虑,还要考虑到季节变化和实用性,”张轩说,“这是一个专业色彩形象工作人员应具备的最基本的职业需要。”

(3) 中国职业道歉第一人:高曙光

11 年前,西安人高曙光就以替人道歉和事为职业,将调解矛盾作为一项生意来做,被称为“中国职业道歉第一人”。他从业 11 年来,已经成功调解 10 000 多件各类矛盾。其中“道歉”是最基本、也是最少量的一项工作,高曙光多数工作都是调解矛盾。他主要调解的矛盾类型有三种:一是家庭矛盾,二是团体矛盾,三是综合矛盾。目前,他的公司已经拥有近 30 名员工,他们每年都要到全国各地开展数百次的“道歉”活动。

(资料来源:中国日报(2010.8.18)、深圳新闻网(2006.4.5)的报道,引用时略作改动。)

### (二)职业分层

以上我们讨论的职业分类是对职业类别的横向划分,而职业分层则是纵向的职业等级排列,它是按照具体职业所含权利、财富、声望的差别,

对各种职业的社会地位进行的排序和分类。

职业分层主要用于社会学研究及有关的统计分析。在统计工作中的应用最初是由美国人口普查局于1897年引入的。20世纪40年代,爱德华在人口统计分析中将职业分为由高到低6个层级,即:①专业人员;②业主、经理和官员;③职员及类似职员;④熟练工人及工段长;⑤半熟练工人;⑥非熟练工人。按照美国劳工部的现行统计分类,6大职业阶层分别是:①高级管理者、经理及专业人员;②一般技术、销售和行政管理人员;③服务人员;④精密生产、工艺和维修人员;⑤操作、装配制造和体力劳动者;⑥农、林、渔业人员。英国职业分层情况大致是:企业经理和行政主管;专业人员;一般专业技术人员;职员;工艺技工及相关人员;私人服务和保卫服务人员;销售人员;车间和机器操作人员。❶

随着中国社会的发展与转型,职业分层已经成为国内社会分层的主要的标准。关于中国职业分层问题,近年来,很多社会学者也进行了相关研究。著名社会学家陆学艺按照具体职业所含权利、财富、声望的差别,提出中国现阶段已经形成了十大社会职业阶层。这十大阶层由高到低分别是:国家与社会管理者、经理人员、私营企业主、专业技术人员、办事员、个体工商户、商业服务业员工、产业工人、农业劳动者、城乡失业者,如图1-1所示。

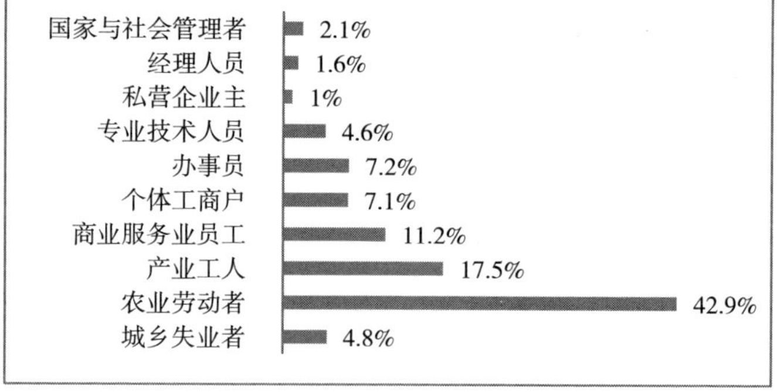


**图1-1　中国十大社会职业阶层**

❶ 李宝元.职业生涯管理:原理、方法、实践[M].北京:北京师范大学出版社,2007:9.

（三）职业声望

职业分层概念反映了各种职业在社会地位上的差异。一般而言，职业地位由不同职业所拥有的社会资源所决定，通常可以通过职业声望的形式表现出来。职业声望是职业地位的反映，是人们对职业社会地位的主观评价。

决定职业声望高低的因素主要有四项，包括职业社会功能、职业社会报酬、职业要求和职业环境：(1)职业社会功能。职业社会功能是指某种职业对社会的贡献，它通过责任、权利和义务体现出来。通常来说，对社会贡献越大的职业，职业地位就越高。(2)职业社会报酬。职业社会报酬是指任职者的工资收入、福利待遇、晋升机会、发展前景等。社会报酬高的职业，它的社会评价状况也会较好。(3)职业要求。职业要求是指一定的职业对任职者知识、技术、能力的要求。对任职者素质要求越高的职业，它的可替代性越小，职业社会"层级"也越高。(4)职业环境。职业环境是指与职业活动相关的工作环境，如物理条件、工作压力、工作安全等。职业环境越好，职业社会地位也就越高。

职业声望是人们对职业社会地位的主观反映。因此，职业声望评价不可避免地带有个人的偏见。同时，职业声望也会受到社会环境、舆论氛围、社会文化等因素的影响，表现出国家、地区和个体的差异性。但是，职业地位是现实的，也是历史的、发展的。人们在择业时，一般都愿意选择声望高的职业，在做职业转换时，也都愿意从职业声望较低的职业流向职业声望较高的职业。

**【资料链接】**

**变迁中的职业声望**

2009年，我国学者李强对北京市居民进行了一次职业声望调查。结果显示，排名前十位的职业分别是：科学家、物理学家、飞行员、大学教授、高级军官、公司董事长、社会学家、经济学家、音乐家、医生。1997年在职业声望中得分排名前十位的职业分别是：科学家、大学教授、工程师、物理学家、医生、经济学家、社会学家、法官、飞行员、检察官。

总的来看,2009 年职业声望调查排名前十位的职业都是高级知识分子或者掌握着较高的专业技术或技能(如飞行、医疗、工程技术、音乐)的职业,说明人们对于知识和专业技能的认可度很高。科学家和社会学家排名依然位居第一和第七,显示出这两个职业的声望非常稳定。与 1997 年的调查相比,2009 年的调查结果发生了一些变化。从排名变动来看,十年前声望较高的法律工作者(如法官和检察官)的职业声望排名跌出了前十位。1997 年排名第五位的医生职业声望在 2009 年下降至第十位。而物理学家和经济学家则有小幅的上升,飞行员的职业声望从第九位上升到第三位。新进入排名前十位的三个职业是音乐家、高级军官和公司董事长,其中公司董事长的职业声望升幅最为明显,说明人们在市场经济条件下对企业管理人员的认可大幅度提高,声望值甚至超过了政府管理人员。

(资料来源:李强,刘海洋. 变迁中的职业声望[J]. 学术研究,2009.)

## 三、职业生涯

生涯(career)是一个使用频率极高、语义内涵相当丰富的词汇。《牛津英语词典》将它定义为一个人生命的历程或进步。生涯既可以包括人们一生所经历的顺次相连的全部事件,也可以特定在任何一个领域或方面的历程或进步,例如婚姻生涯、家庭生涯、休闲生涯、学术生涯。我们所探讨的生涯主要取其狭义的定义,特指在职业领域或就业领域的生涯,我们称其为职业生涯。

职业生涯的概念始于 20 世纪 50 年代,20 世纪 90 年代从欧美国家传入中国。就职业生涯的定义而言,国内外学者有多种不同的解释。美国职业心理学家萨柏(Super)认为,“职业生涯是一个人终生经历的所有职位的整个历程。”施恩(Schein)教授将职业生涯分为外职业生涯和内职业生涯。外职业生涯是指从事职业时的工作单位、工作地点、工作内容、工作职务、工作环境、工资待遇等因素的组合及其变化过程。内职业生涯是指从事某一项职业时所具备的知识、观念、心理素质、能力、内心感受等因素的组合及其变化过程。豪尔(Hall)指出:“职业生涯是伴随工作或职业的有关经验或活动。”

格林豪斯(Greenhaus)对上述观点进行了归纳总结。他指出,传统的职业生涯观将职业生涯理解为“进步的职业生涯”“专业的职业生涯”和“稳定的职业生涯”。所谓“进步的职业生涯”,是主张只有当一个人展现出在地位、收入、职位等方面持续、快速的提升时才构成其职业生涯。按照这种观念,如果人们没有经历晋升或取得其他实质性的成就就不能算是真正具有职业生涯。“专业的职业生涯”观强调职业生涯必须具备专业化的特点,是一个人的专业或行业经历。例如,医生和律师的专业性很强,其职业经历被认为是职业生涯,而工人的职业经历因为缺乏专业性就不能够称为职业生涯。“稳定的职业生涯”观认为,在某一职业领域或紧密相关的职业领域从事一种稳定的职业才算得上是职业生涯。按照这种说法,频繁“跳槽”者或者职业中断者的职业经历就无法构成真正的职业生涯。

由于进步、专业、稳定这三个词汇对于职业生涯的含义所做的限定过于严格,格林豪斯提出了自己的观点。他认为:“职业生涯是指与工作相关的整个人生经历。”[1]“与工作相关的经历”包含两方面的含义:一是指客观事件或情境,如工作岗位、工作职责或行为以及与工作相关的各种决策;二是指对与工作有关的事件的主观解释,如工作志向、期望、价值观、各种需求以及对特殊工作经历的感受。格林豪斯以一位大学教师的职业生涯为例,探讨了个体客观职业经历与主观职业经历之间的相互作用关系,如图1-2所示。

[1] 杰弗里·H·格林豪斯,杰勒德·A·卡拉南,维罗妮卡·M·戈德谢克. 王伟,译. 职业生涯管理[M]. 北京:清华大学出版社,2006.

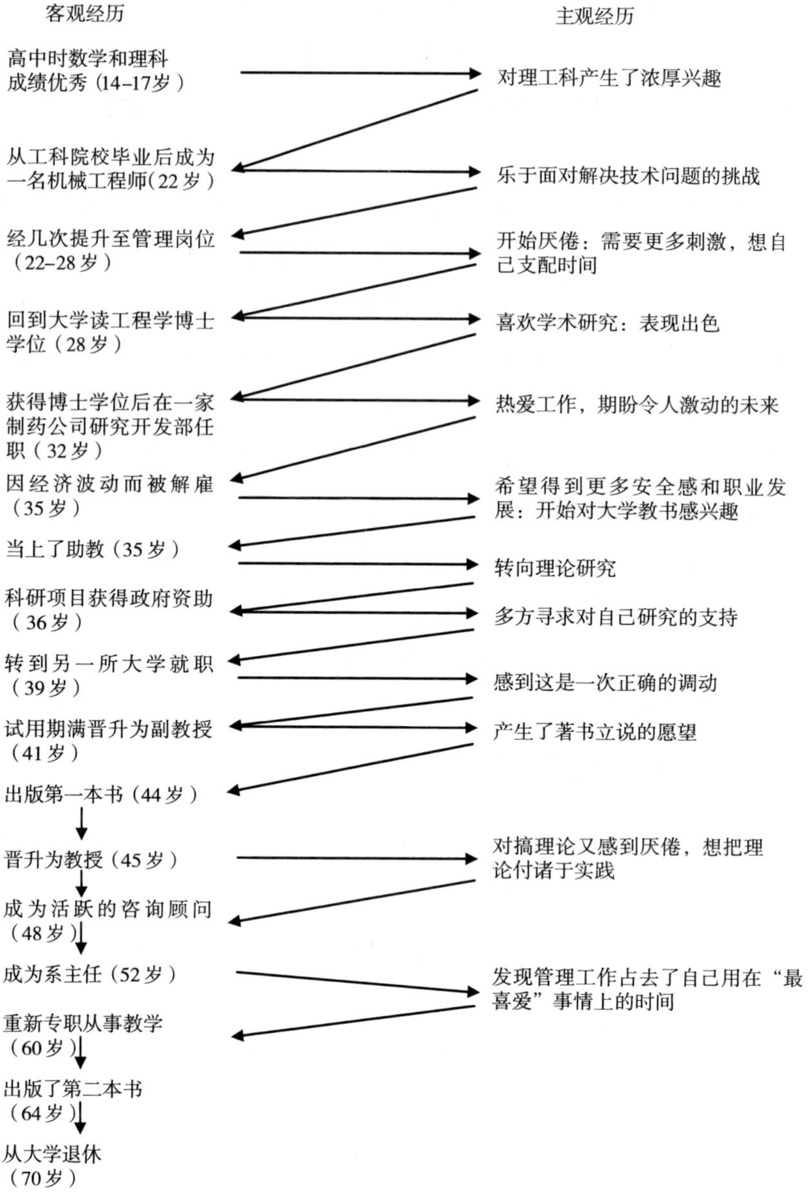


**图 1–2　某种假设职业生涯的客观因素与主观因素**❶

❶ 杰弗里·H. 格林豪斯，杰勒德·A. 卡拉南，维罗妮卡·M. 戈德谢克. 王伟，译. 职业生涯管理[M]，北京：清华大学出版社，2006.

由格林豪斯的定义可以得出，职业生涯作为一个人终其一生所扮演的角色过程，包括三个层面：第一，时间，即个人的年龄或生命的进程；第二，经历，即每个人一生所扮演的不同角色；第三，每个人对所扮演的各种角色投入的程度。职业生涯具有以下几个特点：(1)终身性。生涯发展是一生当中连续不断的过程，并概括了一个人一生中所拥有的各种职位、角色，是一个终生发展的过程。(2)独特性。职业生涯是个人依据自己的理想，为实现自我而逐渐展开的一种独特的生命历程，不同的个体有不同的生涯。虽然许多人在职业道路上有相似之处，但完全一致是不可能的。(3)发展性。职业生涯是一个活跃而动态的发展过程。个体在不同的生命阶段会有不同的追求，而且这些追求会不断地调整、变化与发展，这就促进了个体不断的成长。(4)综合性。职业生涯是以个体事业角色发展为主轴，并包含了人一生中拥有的所有角色任务，个体在职业发展过程中必须要处理好工作、家庭和休闲之间的平衡。

人的一生，用在职业活动或与职业活动有关的行为上的时间约占可利用的社会活动时间的70%以上。职业生涯在人生中占有重要的时间比例，在人生发展中起着非常重要的作用。首先，职业生涯是满足人生需求的重要途径。职业生涯发展直接关乎一个人的生活质量水平。其次，职业生涯是促进个人全面发展的重要手段。职业不只是谋生的手段，更是实现人生价值，追求理想生活的重要途径。最后，个体的职业生涯也为社会的整体发展做出了贡献，是促进人类文明和社会进步的重要方式。因此，我们应该对自己的职业生涯进行积极有效的开发和管理，才能够拥有成功的职业生涯，实现自己的完美人生。

## 第二节　职业生涯管理

人的成长发展存在着特定的规律性，职业生涯发展同样可以用科学的方法和手段去探索，从而发现其中规律性的东西。职业生涯管理是人们有意识地对职业生涯进行规划和设计，采取积极有效的手段和措施，促进职业生涯发展的活动过程。职业生涯管理不仅成为现代人关注的重要问题，也是现代组织人力资源管理的重要内容。

## 一、职业生涯管理的内涵与意义

### （一）职业生涯管理的内涵

正如职业生涯的概念一样，职业生涯管理也有很多种定义。格林豪斯把职业生涯管理看作“个人对职业生涯目标与战略的开发、实施以及监督的过程”。张再生认为，职业生涯管理包括两个方面：一是员工职业生涯的自我管理，自我管理是职业生涯成功的关键；二是组织为员工提供必要的教育、培训和轮岗等发展机会，以促进组织发展目标和员工目标的实现。周文霞提出：“职业生涯管理就是一个人对自己所要从事的职业、要进入的工作组织、在职业发展上要达到的高度等做出规划和设计，并为实现自己的职业目标而积累知识、开发技能的过程。”[1]李宝元指出：“职业生涯管理是关于职业生涯的核心价值取向、发展目标预期、战略阶段规划、实现路径设计和具体策略调整等一系列活动的总称。”[2]

简而言之，我们认为，职业生涯管理是个人或组织对个体职业生涯进行规划、开发和调控的活动过程。

### （二）职业生涯管理的意义

职业生涯管理对个人和组织具有重要的意义，如图 1–3 所示。

**1. 职业生涯管理对个人的意义**

从个人角度来讲，职业生涯管理就是一个人对自己所要从事的职业、要选择的工作单位、未来的职业发展路径所做出的规划和设计，并为实现自己的职业目标而积累知识、开发技能的过程。这个过程包括个人评估自身的价值观、兴趣、能力，收集职业和行业信息，制定现实的职业生涯目标，实施为达成目标而设计的战略，获得战略有效性和目标相关性的反馈。因此，个人职业生涯管理一般通过制定职业生涯规划、选择职业、技能开发、生涯开发等活动实现。职业生涯管理对个人的意义主要体现在以下三方面：

---

❶ 周文霞. 职业生涯管理[M]. 上海：复旦大学出版社，2007：13.

❷ 李宝元. 职业生涯管理：原理、方法、实践[M]. 北京：北京师范大学出版社，2007：12.

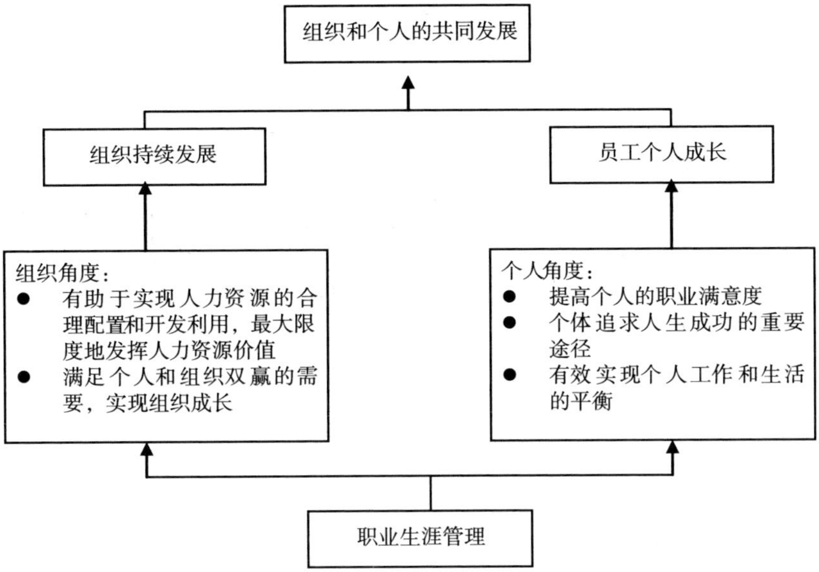


**图 1-3　职业生涯管理的意义**

首先，职业生涯管理可以最大限度地提高个人的职业满意度。在瞬息万变的时代，只有那些了解自我，洞察外部环境，并为自己创造机会，懂得从失败中汲取教训的人才有可能克服在职业生涯发展上的障碍，获得较高的职业满意度。而上述一系列活动都是个人职业生涯管理的重要内容。

其次，职业生涯管理是个体追求人生成功的重要途径。现代社会，职业已经不再是人们生活的配角，而是具有重要内在价值的人生主题。职业成功与否，职业是否有意义，从根本上决定着一个人人生价值的实现和幸福的达成。因此，职业生涯管理的具体目标可以有很多，但最根本的是要使人们获得成功和幸福的人生。

最后，职业生涯管理可以有效地实现个人工作和生活的平衡。在现实生活中，一个人的职业与家庭生活往往会发生"鱼与熊掌难以兼得"的矛盾、冲突。面对工作与家庭的双重压力，一个人往往在时空、行为和情感上陷入难以两全的角色困境。职业生涯管理可以帮助个体实现工作和家庭的平衡，提高人们的工作和生活质量。

### 2. 职业生涯管理对组织的意义

从组织角度讲,人力资源是组织运行的宝贵资源。组织是个人职业生涯得以存在和发展的载体。组织职业生涯管理是指根据组织目标,对于员工的职业生涯所进行的规划、开发与调控活动。组织职业生涯管理集中表现为帮助员工制定职业生涯规划、建立各种适合员工发展的职业通道、针对员工职业发展的需求进行适时的培训、给予员工必要的职业指导、促进员工职业生涯的成功。❶ 职业生涯管理对组织的意义体现在两方面:

第一,职业生涯管理关系到组织竞争优势的形成,有助于实现人力资源的合理配置和开发利用,最大限度地发挥人力资源价值。组织所开展的培训开发、职业生涯规划、继任计划、晋升计划、工作家庭平衡计划等活动可以帮助企业更加了解员工的真实需要,以便有针对性地进行管理,获得高效的人力资源产出,从而形成本组织区别于其他组织的核心竞争力。组织为员工提供职业生涯管理,既有助于员工个人的成长发展,提高员工的忠诚度,也是减少员工流失的重要措施。

第二,职业生涯管理可以满足个人和组织双赢的需要,实现组织成长。组织职业生涯管理有助于组织了解组织成员的个人发展愿望,帮助员工进行职业生涯规划和管理,在满足员工个人需要的同时获得源源不断的发展动力和活力,以确保组织目标的实现。因此,职业生涯管理无论是对组织还是对个人,都具有十分重要的意义。在提倡组织和个人双赢的今天,职业生涯管理不仅使组织和个人找到了共同点,同时也通过职业生涯管理,使得个人和组织形成利益统一体、发展统一体和效益统一体。❷

## 二、职业生涯管理的主体

谁对个体的职业生涯负责?这个问题涉及职业生涯管理的主体。我们认为,职业生涯管理的主体包括个人、组织、家庭、学校和政府。

---

❶ 周文霞. 职业生涯管理[M]. 上海:复旦大学出版社,2007:14.

❷ 林枚,李隽,曹晓丽. 职业生涯开发与管理[M]. 北京:清华大学出版社,2010:16.

（一）个人

职业生涯管理的主体，首先应该是个人。因为无论从哪个角度、哪个层面来讲，个人都是职业生涯最直接、最真实、最能动的承担者，是职业生涯最基本、最重要的行为主体。尤其是在“无边界职业生涯管理”时代，个人要对自己的整个职业生涯负责。只有个人才能对自己职业生涯全过程实施全方位、切实准确的监控和管理。

（二）家庭

家庭对个人职业生涯的影响存在于原生家庭和新生家庭。原生家庭对个人职业生涯的影响主要作用于个人成长过程之中。父母的价值观、职业选择和行为方式以及由此形成的特定的家庭氛围和社会关系等在很大程度上对后辈的职业志向和职业路径的形成会产生潜移默化的影响。“子承父业”就是这种影响的最好写照。新生家庭对一个人职业生涯的作用体现在配偶的职业生涯志向和需求带来的影响。

（三）组织

组织是个体发展职业生涯的重要载体。生活在现代组织中的人们，只有与其所供职的组织人力资源管理系统紧密配合、有效合作，才能顺利地实现其职业生涯的预期目标。组织内部承担职业生涯管理的角色有多个，例如组织最高领导者、人力资源管理部门、直接上级、职业生涯委员会、职业生涯指导顾问等，他们是职业生涯管理的组织者、领导者和支持者，对个体的职业生涯发展起着重要作用。

（四）学校

个体职业生涯发展离不开学校的职业生涯教育活动。近年来，由于经济结构的调整和就业方式的转变，大学生的就业问题尤为引人关注。各级学校实施职业生涯教育，可以帮助学生了解自我、了解社会、了解职业生活，自觉、主动地树立正确的择业、就业和创业观念，减少职业生涯发展的盲目性。

（五）政府

政府的宏观调控政策在一定程度上会影响个体的职业生涯发展。政府的就业促进政策、行业和区域发展规划等宏观政策会切实地在个人职业生涯发展中起着调控、引导、咨询和帮扶等影响作用。

因此,关于职业生涯管理问题,主要应该在个人层面上加以研究,但也不可以将家庭、组织、学校和政府等社会组织完全排除在外。关于职业生涯主体的认定问题,正确的观点应该是:以个人职业生涯管理为基础和主体,同时联系家庭、学校、组织和政府等不同社会组织形式的相关影响,对职业生涯管理问题进行全面系统的理论描述和分析,从而为个人及各种组织的职业生涯管理实践提供理论指导。

## 三、职业生涯管理的内容

职业生涯管理是个人或组织对个体职业生涯进行规划、开发和调控的活动过程。因此,职业生涯管理的内容主要表现为个人和组织两个层面。两个层面相互联系,互相支撑,从而形成了职业生涯管理的内容体系。

### (一)个人职业生涯管理

个人职业生涯管理作为一种与工作有关的人生历程,是伴随一个人整个生命周期全过程的管理行为,其主要管理内容大致包括个人职业生涯规划、个人职业生涯开发和个人职业生涯调控等活动。

#### 1. 个人职业生涯规划

个人职业生涯规划是个体根据对自身的主观因素和客观环境的分析,确立自己的职业生涯发展目标,设计职业发展轨迹和路径,形成分阶段渐进实施的具体行动方案的过程。相对于其他规划工作,个人职业生涯规划具有长期性、战略性、灵活性和内在价值驱动性等特点。个人职业生涯规划不可能像其他规划那样精确设计,只能是方向性的、粗线条的,需要凭借生命感悟或知觉体验,从内到外地大致预期自己的"职业人生"。良好的职业生涯规划可以使我们的工作与生活具有明确的目的性和计划性,避免"撞大运""走弯路",从而可以极大地提高职业成功率。

#### 2. 个人职业生涯开发

个人职业生涯开发是个体在职业生涯不同发展阶段所进行的职业基

础素质教育、职业技能培训和其他修炼。职业生涯开发活动贯穿于个体的整个职业生涯周期。例如,在职业生涯早期,个人职业生涯开发包括有关职业方面的学校教育、家庭教育和社会教育;职业生涯中期包括再培训、再学习、主动接受任务和挑战、承担责任等;职业生涯晚期开展各种“学到老”“夕阳红”活动等。所有这些职业生涯开发活动,不仅是一个人职业生涯成功的基本条件,也成为决定一个人能否实现自身人生价值和取得事业成功的关键因素。

**3. 个人职业生涯调控**

个人职业生涯调控是个体在职业生涯发展过程中根据内外情势随机应变,对规划实施情况进行跟踪监控,对短期与长期、局部与全局、个人与组织等一系列矛盾和冲突进行平衡协调,对工作中有关突发事件、意外困难进行紧急应对等。个人职业生涯管理是延续一生的管理活动,它意味着随着岁月的不断推移,在职业生涯发展不同时期,个体应当根据具体的条件和情境适时地调整和完善自己的职业生涯规划。例如,工作压力过大、抑郁症、过劳死、工作家庭冲突等问题已经成为现代人在职业发展过程中常见的现象,需要个体积极应对,加以解决和调整,而这些都是职业生涯调控的重要内容。

### (二)组织职业生涯管理

以上我们探讨的是个人职业生涯管理的内容。而组织职业生涯管理是根据组织目标,对于员工的职业生涯所进行的规划、开发与调控活动。组织职业生涯管理同样包括组织职业生涯规划、组织职业生涯开发和组织职业生涯调控三个方面内容。

**1. 组织职业生涯规划**

组织职业生涯规划是组织人力资源管理工作的基本内容之一。组织职业生涯规划涉及确定组织未来发展中的人力资源需求、对员工的能力和潜力进行评估、为员工设计职业发展阶梯、实施职业生涯管理等方面的内容,目的在于形成组织的职业生涯规划体系,实现组织目标和员工个人发展目标的统一。

**2. 组织职业生涯开发**

组织职业生涯开发是通过有效招聘、职业定向方向、提供持续化的培训、导师制、工作丰富化和扩大化、工作调换和轮换等各种有效的方法，构建有效的职业生涯开发系统，以充分开发员工的潜能，实现员工职业生涯开发，为组织的长远发展提供动力。

**3. 组织职业生涯调控**

组织职业生涯调控包括压力管理、职业生涯咨询、工作家庭平衡计划、退休计划等职业生涯咨询和辅导工作。组织职业生涯调控过程在很大程度上受到人们心理因素的影响。组织可以帮助员工收集有关职业发展的信息，并为员工介绍不同岗位所需要的技术和能力，消除员工在工作中的困惑，帮助他们摆脱工作压力。借助职业生涯心理辅导和咨询，组织可以帮助员工更好地把握职业发展方向，帮助员工建立现实的职业目标和规划，实现个人的职业成长。

个人职业生涯管理与组织职业生涯管理共同构成了职业生涯管理的全部内容。应当看到，个人能够并且必须在管理自己的职业生涯中发挥主观能动性。离开了组织，个人的职业生涯管理就成为无源之水，无本之木。个人行为和组织行为应该形成有效的呼应和匹配，以形成对个人职业生涯发展有利的环境和条件，提高个人职业生涯满意度，从而最终提升组织绩效，实现个人与组织的双赢。

## 第三节　职业生涯管理研究

职业生涯管理研究是一个涉及管理学、心理学、社会学、经济学等多学科的综合性研究课题。由于研究问题的多元性、复杂性以及研究领域的分散化，直至今天职业生涯管理研究尚未形成一个公认的学科体系。在本节中，我们大致梳理国内外的相关研究历史，并对当前的研究热点及未来的研究方向进行总结和分析。

### 一、西方职业生涯管理研究进展

西方职业生涯管理研究起源于工业化过程中人们对于择业求职的现

实需要。有学者认为,指导人们该如何规划自己职业生涯的历史可以追溯到15世纪的欧洲国家。到19世纪为止,西方至少有65本关于该主题的书籍出版。❶

关于职业生涯管理的正式研究一般以美国波士顿大学帕森斯(Frank Parsons)教授在1908年创立的地方局为标志。1909年,帕森斯出版了《选择一个职业》,在世界范围内第一次运用了"职业指导"这一专门学术用语,标志着职业指导活动的历史性开端。帕森斯提出"自我认知—环境评估—人职匹配"的择业"三步范式",首开职业指导活动研究的先河,为系统的职业生涯管理理论建构奠定了良好的基础。1913年,美国有关职业咨询师、同行专家们正式成立了全国职业指导协会,后来的相关活动也在英国、法国、德国等欧洲国家迅速发展起来。❷

心理学的发展特别是心理测量的兴起,为职业生涯管理理论的丰富和成熟奠定了重要的基础。20世纪前半期,职业生涯管理研究的重点从最初的职业环境评估,逐渐转向对求职者兴趣、智力和个性的测量方面,并在此基础上演变为较系统的"特质—因素理论"。明尼苏达大学的威廉姆斯(E. G. Williamson)在帕森斯的基础上,按照理性的方法将职业指导分为分析、整理、诊断、预测、咨询、追踪六个步骤,形成了一套独特的指导方法。这种强调直接建议的、以咨询者为中心的方法,在1930—1940年间占据了职业指导的主导地位。❸ 虽然也有少数人对这一理论提出质疑,但最终并没有动摇其统治地位。

20世纪50年代以来,心理学逐渐引入社会学的方法和观点,使原来局限于静态分析的"特质—因素理论"逐渐演变为动态的职业生涯发展阶段理论。1951年,金兹伯格(Ginzberg)等人突破了传统的职业指导理论,指出职业生涯管理贯穿个体的一生,在不同的发展阶段,每个人都有着不同的职业需求和个人追求。他根据不同年龄段对职业的需求与态度,将职业生涯的发展分为幻想期、尝试期、现实期。金斯伯格的职业生

❶ 周文霞. 职业生涯管理[M]. 上海:复旦大学出版社,2007:16.
❷ 李宝元. 职业生涯管理:原理、方法、实践[M]. 北京:北京师范大学出版社,2007:21.
❸ 李建忠. 职业生涯研究综述[J]. 阴山学刊,2008(10):114.

涯阶段理论，揭示了初次就业前人们职业意识或职业追求的发展变化过程。金斯伯格的职业生涯理论对实践活动产生过广泛的影响。

1953 年，萨柏(Donald Super)发表了职业选择和发展理论。他经过二十多年的大量实验研究，对特质—因素理论、发展心理学及个人结构理论进行阐述，提出了个体一生的完整职业发展阶段模式。萨柏的理论着重从个体生命周期角度来考虑职业的发展，将个体的职业生涯发展周期划分为成长阶段、探索阶段、建立阶段、持续阶段和衰退阶段。这是他对职业发展研究最主要的贡献，也是其理论最有影响的部分。

1959 年，霍兰德(John Holland)提出了一种关于职业选择的人格类型理论，该理论将 20 世纪三四十年代的“人—职匹配理论”从一种静态的模式扩展到了一种动态模式。霍兰德将职业选择看作一个人人格的延伸。他认为，职业选择是人格的表现，同一职业团体内的人有相似的人格。霍兰德假设，大多数人可以分为六种人格类型，分别为：现实型、传统型、企业型、研究型、艺术型、社会型。个体可以借助于“霍兰德职业倾向测验量表”，发现和确定自己的职业兴趣和能力特长，更好地做出求职择业的决策。

20 世纪 60 年代以后，职业生涯管理的理论研究空前繁荣，组织行为学派学者的贡献尤其显著。1978 年，美国著名的职业指导专家施恩(Edgar H. Schein)教授出版了《职业动力学》一书，率先从职业发展观出发，刻画了个人职业生涯管理与组织职业生涯管理相互作用的基本图式，为我们认识个人成长、组织发展、管理角色与管理功能等领域的一系列问题提供了有效的工具。施恩教授还对斯隆研究院的 44 名 MBA 毕业生进行了为期 10 年的职业生涯追踪研究，提出了著名的“职业锚”理论，该理论对职业生涯管理的理论和实践产生了深远的影响。

进入 20 世纪 80 年代，一些人力资源管理学者继续从组织角度对职业生涯管理的基本原理、方法和策略进行大量的研究。1986 年，德尔(C. Brouklyn Derr)出版了《管理新职业者：当代工作者的多种职业生涯成功导向》，提出了职业定位理论，将职业生涯定位分为进取型、安全型、自由型、挑战型、平衡型五种类型。1987 年，格林豪斯(J. H. Greenhaus)出版了《职业生涯管理》,提出职业生涯管理过程的基本理论体系。1988 年,豪尔(D. T. Hall)指出组织中职业生涯管理是一种准备、实施与追踪个人执行的职业生涯发展相匹配的持续过程,职业生涯管理不仅要考虑个人职业生涯发展各个阶段所从事的主要工作,而且要分析描述个人在这些发展阶段的主要社会—情绪需要。❶

继组织职业生涯管理理论提出之后,经济的动荡和剧变促使人们更加关注自我职业生涯管理。这种观点的极端主义者甚至怀疑组织职业生涯管理的有效性。豪尔等(1996)认为,当代更要重视组织与自我职业生涯管理的互动。1998 年,冯卓塞克(Vondracek)在他的一篇职业发展综述文章中呼吁,工业心理学和发展心理学彼此独立地研究职业现象不能再继续下去了。❷ 目前,职业生涯管理研究开始强调工作社会学,关注社会阶层、社会文化环境和家庭对职业的影响。

无边界职业生涯的产生对职业生涯管理的研究具有更为深刻的意义。无边界职业生涯的概念最早出现于 20 世纪 90 年代,是由亚瑟(Arthur)于 1994 年提出来的,1996 年,贝克(Bake)等丰富了无边界职业生涯的概念,他们认为对于一个趋向无边界职业的人会表现出三个职业特征:所经历雇主的数量、知识积累的程度和个人认同的程度。也就是说,除了公司内部的移动,可转换能力的积累和个人认同同样是判断一个人是否在追求无边界职业生涯的重要因素。1996 年,亚瑟进一步修正和丰富了无边界职业生涯的内涵,将无边界职业生涯归纳为 6 种类型,所有这些类型的共同特征是个体独立于而非依赖组织的职业生涯安排。无边界职业生涯是时代的产物,符合知识经济社会的要求。无边界职业生涯理论强调职业生涯发展所呈现出的无限可能性,以及怎样识别并利用这些机会取得成功。针对无边界职业生涯的研究才刚刚起步,为了理解越来越复杂的职业生涯环境,还需要做更多理论建构和实证研究方面的工作。❸

❶ 李宝元. 职业生涯管理:原理、方法、实践[M]. 北京:北京师范大学出版社,2007:22.

❷ 陈璧辉. 职业生涯理论述评,应用心理学[J]. 2003(9):63.

❸ 张小兵,孔凡柱. 无边界职业生涯研究综述[J]. 商业时代,2010(19).

## 二、我国职业生涯管理研究进展

20世纪80年代以来，我国学者开始着手有关职业生涯管理的研究与教学工作。30多年来，国内职业生涯管理的研究工作取得了长足的发展，大体呈现出以下四个方面特点。

首先，在职业生涯管理研究初期，重点是对国外职业生涯管理理论的引入和介绍。近年来，国内学者先后翻译了一些国外研究著作，具有代表性的有：施恩《组织心理学》(1987)，基格·基格勒《通向事业巅峰的捷径》(1988)，施恩《职业的有效管理》(1992)，托马斯·G. 格特里奇等《有组织的职业生涯开发》(2001)，拿破仑·希尔《经营你的一生》(2001)，哈罗德·R. 华莱士、E. A. 马斯特斯《人生与职业开发》(2002)，杰弗里·H. 格林豪斯等《职业生涯管理》(2006)等。

其次，在职业心理学领域，重点是有关职业咨询和职业指导方面的研究和著述。具有代表性的著述有：姚裕群、朱启臻《选择职业的艺术》(1991)，张添洲《生涯发展与规划》(1993)，卢荣远等《职业心理与职业指导》(1994)，姚裕群《职业问题面面观》(1995)，朱启臻《职业指导理论与方法》(1996)，邱美华、董华欣《生涯发展与辅导》(1997)，罗双平《职业生涯规划》(1999)，程社明《你的职业——职业生涯开发与管理》(1999)，吕建国、孟惠《职业心理学》(2000)，刘仲仁《大学生择业指南》(2000)，方俐洛等《职业心理与成功求职》(2001)，马士斌《生涯管理》(2001)，劳动与社会保障部培训就业司等《职业指导的操作与实践》(2002)，段玉强等《大学生就业指导》(2005)。

再次，侧重于劳动经济学、组织行为学和企业人力资源管理层面的有关研究与著述。具有代表性的有：潘锦棠《劳动与职业社会学》(1996)，张再生《职业生涯管理》(2002)，姚裕群《职业生涯规划与管理》(2003)，周文霞《职业生涯管理》(2004)，杨河清《职业生涯规划》(2005)，章达友《职业生涯规划与管理》(2005)，李宝元《职业生涯管理：原理、方法、实践》(2007)，袁庆宏等《职业生涯管理》(2009)。

最后，是近些年来在职业心理学、劳动经济学和人力资源管理领域涌现了一些职业生涯管理的实证研究，比较有代表性的著作有：龙立荣《职业生涯管理的结构及其关系研究》（2002）、李弘毅《转型社会的职业分层结构研究》（2007）、马力《个人与组织——职业发展的双赢模式》（2007）、康小明《人力资本、社会资本与职业发展成就》（2009）、姚辉《中国员工职业生涯阶段的心理契约研究》（2010）、李霞《管理者的职业弹性研究：以积极心理学为视角》（2010）、邓红《心理契约视角：知识型人才职业成功的内外动力研究》（2010）等。

总体而言，与国际相比，目前我国职业生涯管理的研究还相当滞后，基本停留在知识普及、理念推广的初级阶段。真正深入的学术研究成果还十分缺乏，尤其是系统的理论发现或实证研究还有待实现新的突破。

**【资料链接】**

### 如何进行职业生涯管理研究

罗纳德·耶普尔，美国罗切斯特大学商学院 MBA 教授，曾四次荣获优秀教学奖章。他曾任职于施乐公司、瑞特生物医学器材公司，有营销、研发、制造等多种实务经验，目前还是四十多家企业的咨询顾问。他在职业生涯管理研究方面成果显著。他的《The Success Principle》是一本探讨个人职业生涯发展策略的著作，与其他同类书不同，该书以翔实的证据，说明在竞争激烈的职场上什么可做，什么不可做，如何才能获得职业成功。现代职场上人们频频受挫于组织精简、流程再造和人力缩编，普遍感到找工作难、找好工作更难。但作者用令人信服的证据说明，对于有实力的人而言，好工作俯拾皆是。这些证据来自世界上近 500 位处于不同职业生涯发展阶段的专业人士的亲身经历。作者的主要结论是，要使自己在职场上具有竞争力，就必须学会把自己视为“一人公司”（即你自己）的 CEO，开发一套通往成功的关键能力。这套关键能力共有 10 项内容：一切依靠自己；成为商业领域的通才；专注本业；敏锐的分析能力；培养电脑技能；驾驭新科技；具备人际技巧；强化核心才能；学习营销自己；拥有良师。该书的中文名译为《300 位名校

MBA 与您探讨获得高薪的法则》,2000 年由上海远东出版社出版。

作者采用的研究方法是通信问卷调查式。1995 年春夏,作者在罗切斯特大学西蒙管理商学院和电机工程系的校友中进行了两项大规模的通信问卷调查。他从西蒙商学院的校友中,随机抽取 550 名拥有企管硕士学位者寄发了问卷,回复的有效问卷 273 份,回函率 50%;同样地,500 份随机寄出的电机系校友中,有效回复问卷 208 份。在回函的 208 位机电工程毕业生中,有 101 位取得工程硕士学位,30 位有企管硕士学位,24 位有博士学位。受访者的总回函数为 481 份,回函率 46%。就通信问卷调查而言,此回函率相当好。为保护受访者的隐私及鼓励受访者诚实回答,所有的回函都采用匿名方式,也不要求泄露他们现在雇主的身份。为感谢受访者回函,随函附上一美元纸钞,这是营销研究的技巧,这样可使回函率提高一倍。作者分析了这些回函的问卷,发现多数事业有成的受访者都十分出类拔萃。他们发展出一套技能即上述十项关键能力,足以应对混乱的职场所产生的变动。这些成功的男女为自己的职业生涯负责,投下了时间和金钱来发展自己的能力,使职场环境的变动对自己更为有利。作者之所以选择罗切斯特大学作为研究对象,这是因为罗切斯特大学是一所平民化的大学,但同时也是具有高品质的地区大学,其企管硕士或电机系校友的意见,大多数人的职业生涯会比以顶尖商学院校友为研究对象的书籍更具参考价值。作者还考虑到调查结果可能产生的误差,如可能只接收到成功校友的回复,或有人夸大薪资和成就等,这些因素都会扭曲调查结果的平均值。因此,为确定调查的正确性,他又把调查的数据和其他数据相对照,从而使调查结果更为可信。

(资料来源:周文霞.职业生涯管理[M].上海:复旦大学出版社,2004.)

**【本章小结】**

职业生涯是指与工作相关的整个人生经历。职业生涯管理是个人或组织对个体职业生涯进行规划、开发和调控的活动过程。对个人而言,职业生涯管理可以最大限度地提高个人的职业满意度,是个体追求人生成功的重要途径,同时可以有效实现个人工作和生活的平衡。对组织而言,职业生涯管理关系到组织竞争优势的形成,有助于实现人力资源的合理配置和开发利用,最大限度地发挥人力资源价值,促进个人和组织的双赢,实现组织成长。

职业生涯管理的主体分为个人、组织、家庭、学校和政府。职业生涯管理的内容主要表现为个人和组织两个层面。个人职业生涯管理的内容大致包括个人职业生涯规划、个人职业生涯开发和个人职业生涯调控等活动。组织职业生涯管理同样包括组织职业生涯规划、组织职业生涯开发和组织职业生涯调控三方面的内容。

职业生涯管理研究是一个涉及管理学、心理学、社会学、经济学等多门学科的综合性研究课题。由于研究问题的多元性、复杂性以及研究领域的分散化,直至今天职业生涯管理研究尚未形成一个公认的学科体系。目前,职业生涯管理研究分为职业心理学和组织行为学两个学派。

**【思考题】**

1. 职业生涯的含义是什么?
2. 如何理解职业、职业分类、职业分层与职业声望的关系。
3. 简述职业生涯管理的内容。
4. 职业生涯管理的主体有哪些?

**【案例分析】**

**李彦宏的职业道路**

李彦宏,1968 年出生于山西阳泉一个普通家庭。和他那一代出生的人一样,他没有上过幼儿园,启蒙教育也基本上是由两个姐姐教的。他家门前有个小院子,支着一块小黑板,那是他姐姐经常给他们这帮小孩子上课的地方。那时候李彦宏最喜欢学的是数学。

李彦宏年少时痴迷戏曲,曾被山西阳泉晋剧团录取,但最终还是放弃了。大多数小学老师都认为李彦宏不是一块学习的料儿,就连他自己也觉得自己没有什么特殊之处。中学时代,李彦宏回归"主业",全身心投入学习。1987 年,李彦宏以阳泉市第一名的成绩考上了北京大学图书情报专业。这个阳泉小伙子,平生第一次春风得意。

两三个月的北大新生活过后，李彦宏的情绪由新奇、兴奋继而转向低落。图书情报专业跟他的理想相差太远了，整日里接触的就是文献、目录，令人枯燥、乏味。在一般人的眼里，图书情报系学生的归缩或许就是在某个图书馆做图书管理员，而李彦宏的志向显然不在这里。当然，正是这门李彦宏并不热爱的学科，为他以后创办"百度"提供了专业知识的支撑，并由此获得了巨大的成功。

李彦宏试图改变自己不经意选错专业的命运，他为自己设定了一条出国留学之路。他买来了一大堆"托福"书苦读，每天"三点一线"：宿舍—教室—图书馆。本来，他在校学生会谋得了一个组织部副部长的职位，但他"掺和"一段时间后，觉得自己不是"走红专"路的料儿，于是就逐渐淡出了。李彦宏喜欢计算机，觉得这个专业前景好，所以他经常去计算机系旁听一些专业课程。

1991 年圣诞节，李彦宏登上了飞往美国的班机，他要去纽约布法诺大学攻读计算机博士学位。布法诺大学的计算机系在全美排名前 20 位。初来乍到，李彦宏白天上课，晚上补习英语，编写程序，经常忙到凌晨两三点钟。他的勤奋，其实也正是众多中国留学生初到美国时的真实写照。

1993 年 4 月，李彦宏产生了出去"闯一闯"的念头。他想趁着暑假去"打工"。李彦宏在网上看了不少招聘广告，只要觉得合适的，就发一份简历过去。很快，他再次收获了惊喜的"幸运"——松下公司愿意接受他去实习。在松下公司的实习生活，改变了李彦宏的一生。

1993 年 5 月，李彦宏在位于普林斯顿的松下信息技术研究所正式实习。这是他生平第一次走上工作岗位，也是靠自己挣钱吃饭的开端。松下的工作环境非常舒适。工作之余，李彦宏经常坐在花园里看报纸，《华尔街日报》是他最喜欢看的报纸。

在松下，李彦宏从事的是 OCR 领域的研究。实习期间，他提出一种提高识别效率的算法，受到松下公司的高度重视，以至于当他必须结束暑期实习回到学校的时候，松下公司竟然打破常规，继续聘用他在学校里兼职，并鼓励他把这一项研究成果写出来发表。不久，这一成果顺利发表在国际权威学术期刊上。李彦宏的美国之路仿佛一片坦途，接下来将顺理成章是"博士—教授—权威"的金光大道，而这正是他从家乡阳泉走出来时就抱定的理想。

然而李彦宏在美国留学的时候,正值美国“信息高速公路”快速发展的时期。以互联网技术为先导,大批公司上市圈钱,人才流动异常活跃。李彦宏很想等拿到博士文凭后再去工作,但道·琼斯子公司的老板对他的研究非常欣赏,两人在学术上谈得非常投机,大有相见恨晚之感。做工程师还是做科学家,李彦宏再次面临着人生的抉择。1994 年夏天,李彦宏毅然放弃了博士学位,到道·琼斯子公司做了一名“高级顾问”。李彦宏曾经的科学家梦想就这样破灭了。

在担任《华尔街日报》网络版实时金融信息系统设计人员时,李彦宏就成为了创建 ESP 技术的第一人,并将它成功地应用于 Infoseek/go. com 的搜索引擎中。1996 年,李彦宏又率先解决了如何将基于网页质量的排序与基于相关性排序完美结合的问题,并因此获得了美国专利。

1997 年夏天,李彦宏离开了华尔街,踏上去硅谷的第二次创业之路,就职于著名搜索引擎公司 Infoseek(搜信)公司。李彦宏很喜欢 Infoseek 的开发环境,大家相互之间比较尊重,氛围轻松。1998 年,李彦宏根据自己在硅谷工作、生活的切身体验,在中国内地出版了《硅谷商战》一书,获得了各界好评。

1999 年 10 月,中国政府邀请一批海外留学生回国参加“国庆典礼”,李彦宏有幸在受邀之列。这次中国之行,从根本上坚定了他回国创业的决心。1999 年圣诞节,李彦宏辞去了硅谷的工作,回北京创办百度公司。

百度公司真正开张是 2000 年 3 月。创业伊始,李彦宏在北大资源宾馆租了两间房,公司规模小得可怜,当时公司只有他和合作伙伴徐勇,外加 1 个财会人员、5 个技术人员。2001 年 10 月,李彦宏正式推出百度搜索。2002 年百度搜索引擎技术真正成熟。2003 年其流量比上一年增加了 7 倍。2004 年百度品牌得到网民的广泛认可。2005 年百度在美国纳斯达克成功上市,上市首日股价狂涨 3.5 倍,一跃而为纳斯达克中国第一股。2011 年,根据福布斯公布的数据,李彦宏身家高达 94 亿美元,跃居内地首富。

(资料来源:百度 CEO 李彦宏的创业故事,http://apps. hi. baidu. com/share/detail/37140928,引用时略作修改。)

**【分析与讨论】**

(1)请绘制李彦宏的职业生涯路径图,探讨个体客观职业经历与主观职业经历之间的相互作用关系。

(2)请思考李彦宏的职业成功给你带来的启示。

# 第二章　自我评估

**【学习目标】**

理解自我的丰富内涵与分类，了解自我意识的含义与结构，掌握自我评估的内容；重点掌握自我评估的方法，尤其是职业心理测评与分析技术；理解价值观、人格、兴趣、能力与个体职业生涯发展之间的关系；掌握霍兰德职业类型理论及其应用；了解职业锚理论及其应用。

**【重要概念】**

自我、自我评估、橱窗分析技术、非正式的自我测评、SWOT 分析法、职业心理测评、职业价值观、职业兴趣、人格、性格、气质、能力、职业锚

**【引导案例】**

**我究竟适合干什么**

小李是某大学中文系大四的学生，他学习成绩十分优秀，社会工作能力也比较强，并在系里担任学生会主席，得到了老师和同学们的好评。马上要毕业了，为了自己的将来，他也和其他同学一样开始奔忙。很多单位都在招人，面对不同的招聘单位，他很迷茫："我到底应该去哪家公司呢？好像我做什么都可以，但到底做什么最能发挥我的特长呢？我究竟适合做什么工作呢？"

不仅小李有这样的困惑，很多和他一样面临毕业找工作的同学也都

有这样的烦恼。他们虽然在大学学习了四年,但对自己、对社会的了解并不多,在人生的十字路口难免会迷失自己。为此,小李专门找到了职业指导中心的赵老师。赵老师听完小李的述说,便建议他接受心理测验,通过测量来全面了解自己的各方面素质,以便有针对性地找工作。小李一听让他做心理测试,不禁兴奋起来:“好啊！我早就听说心理测试可以帮助个人了解自己,找到适合自己的工作。我马上就做。”看到小李高兴的样子,赵老师很快就安排他做了《一般职业能力测试》《多项人格测试》《职业兴趣六边形测验》。几天后,小李拿到了这样一份测评报告:

**测评报告**

(一) 职业能力

智力水平较高,在同等年龄人中处于1.5个标准以上。文字表达能力较强,思考问题有逻辑,决断力强。

(二) 人格特征

1. 责任感很强,能按时完成分内的工作,在工作中积极主动,懂得激励自己,并愿意监督他人工作。

2. 情绪的稳定性较好,大部分情境下,心平气和、待人平易。能够很好地控制自己的情绪,保持冷静。但在巨大的压力下容易焦虑。

3. 乐群,喜欢与人交往。看重与别人建立和保持融洽、和睦的关系。在处理人际问题时,耐心、容忍、不急躁,希望给人留下良好的印象,但有时显得自行其是,不能很好地接纳他人的意见。在团队中愿意充当领导者。

(三)职业兴趣

兴趣以社会型、企业型和艺术型为主。

看完了这个测评报告,小李不由得又是一头雾水。测评报告对自己的各个方面都做了描述,但大部分描述自己都看不太懂。赵老师向小李详细解释了测评报告的内容,小李豁然开朗,觉得对自己的了解又进了一步,对什么样的工作适合自己心里也有了底。

(资料来源:周文霞.职业生涯管理[M].上海:复旦大学出版社,2008:82-83.)

在古希腊的德尔菲神庙中,赫然写着醒目的警句:“认识你自己。”著名的哲学家苏格拉底一直在思索“我是谁”的问题,我国古代思想家老子也说过“知人者智,自知者明”。对每个人来说,明确地了解自己是一项重大的人生课题。案例中的小李同学借助心理测评软件,在职业指导老师的帮助下,对自我有了更明确的认知,相信这种认知一定会对他未来的职业生涯发展产生深刻的影响。

## 第一节　自我评估基础

在职业生涯发展过程中,自我评估是一项基础工作。只有准确地了解“我是谁?”“我想干什么?”“我能干什么?”,才能确定适合个人发展的职业道路。本节首先探讨自我的内涵与分类,自我意识的含义与结构,以及自我评估的内容。

### 一、“自我”的内涵与分类

要讨论自我评估问题,我们首先要了解什么是“自我”。在心理学上,“自我”的概念最初是由威廉·詹姆斯(William James)提出来的。詹姆斯认为,自我是人们所有经验的中心,是个体对自己存在的觉察。正是由于我们与他人的相互作用才使得“我”与“非我”区分开来,而“自我感”其实是一种投射到“镜子中的自我”。

“自我”有着十分丰富的内涵,人们可以从不同的角度认识自我。例如,可以从“主体我”与“客体我”,“生理我”“心理我”和“社会我”,“理想我”和“现实我”,“本我”“自我”和“超我”等不同层面来认识自我。

#### (一)主体我与客体我

詹姆斯认为,自我具有两重性:主体我“I”和客体我“me”。主体我是认识者,是个体对外部世界的感受和思考;客体我是被认识者,是指个体对自己的认知、态度、情感和判断,把自己视为一个客体来感知,就像还有一个“我”站在客体的我之外,关注着客体我的一言一行,对客体我进行评价。我们常常在日记中对现实中的“我”发表评论,好像把自己当成了另外一个人，实际上就是主体我在对客体我进行认识和分析，并且在监督、激励着客体我的行动。能够将“我”一分为二，是我们主动认识自己的开端，说明我们已经学会了“内省”，具备了正确认识自我的能力。

### （二）生理我、心理我和社会我

自我作为一个客观存在的客体，根据其不同的生理、心理和社会属性，有生理我、心理我和社会我的区分。生理我是指个人与生俱来的一些特征，如种族、性别、血型、外貌、年龄、肤色等。如外貌，女孩清秀、男孩帅气可以给人带来愉悦的感受。但是“美丽”的概念本来就是相对的，内在的美、人格的魅力才最能打动人心。因此，自我的第二个层次就是心理我。心理我是指个人的心理状况，如性格、气质、兴趣、智力、理想、能力、情感、意志、价值观等。心理我需要我们从日常的生活中，从个人的成长经历中不断地去理解和把握。同时，人的存在离不开社会，每一个人都具有一定的社会属性，如社会地位、社会环境、社会关系等。这些社会属性也成为个体不可分割的一部分，称为社会我。

### （三）理想我和现实我

美国心理学家罗杰斯（Rogers）依据发展的观点，将自我分成理想我和现实我。现实我是自己目前的状况，现在已经具备的人格特征。理想我是指向未来的，希望自己将来成为什么样的人，具备什么样的人格特征。对于任何人来说，自我都是随着时间和年龄在不断变化的，理想我是个体对现实我的期望，是现实我不断努力的方向，而现实我则是理想我的基础。对每个人来说，理想我具有很强的吸引力，我们常常陶醉于对理想形象的憧憬之中，却忽视了理想我与现实我之间的距离。分析理想我与现实我可以帮助我们从现实的角度了解自己，理解理想与现实的差距，有利于我们为自己设定合适的发展目标，用理想我不断激励个人的成长与发展。

### （四）本我、自我与超我

根据弗洛伊德的精神分析论，人格是由本我、自我和超我构成的个人行为的内在动力系统。本我是人格结构中最原始的部分，它由人的基本需要和生存本能构成，并依据“趋乐避苦、趋利避害”的原则内在地推动个体的求生活动。自我是个体在后天现实的环境中由本我分化发展而来的，即在现实情境约束下本我欲望和需求满足的具体形式。超我则是由于个体在社会中接受了文化道德规范而逐渐形成的自我理想和良心感知，是人格结构中居于“管制”地位的最高层次。弗洛伊德将人格结构分为两种意识境界：超我居于上层，属于意识境界，本我居下，属于潜意识境界。自我介于本我与超我之间，对本我的冲动和超我的管制具有缓冲及调节的作用。对于本我、自我和超我的认识，有助于我们克制本我的本能冲动，挣脱超我的约束和限制，使自我价值能够得到顺利的实现，身心各方面的潜能都获得充分发展，由此实现心灵的满足感。

在本书中，我们强调的是要认识客体我、心理我、社会我、现实我。也就是说，把自己当作一个客体来感知和评价，着重认识和评价自己的心理状况和社会属性。

## 二、自我意识的含义和结构

自我意识是个体对自我（包括生理、心理和社会关系诸方面）的意识，是一种多维度、多层次的综合性的心理系统，包括自我认知、自我体验和自我调控等。自我意识统领人的整个心理和行为，并渗透其中，对人的心理和行为起到支配和调控作用。

自我认知是指个体对生理自我、心理自我、社会自我的认识，由此解答“我是一个什么样的人？”“我为什么是这样的人？”等问题。它分为自我观察、自我分析、自我评价和自我定义等不同层次的认知活动。它是自我意识赖以转入情感层面的基础。

自我体验反映个体对自己所持的态度，由此解答“我是否接纳自己？”“我是否满意自己？”等问题。它是一种自我感受，表现为自尊、自爱、自信、自恃、自卑、自弃、内疚、责任感、优越感等心态。自我体验为自我意识进入意志层面提供了动力。

自我调控是指个体对自己行为与心理活动的监督、调节、控制的过程。它回答“我如何改变自己？”“我如何成为理想中的我？”等问题。自我调控表现为自我教育、自我监督、自我控制、自主、自立、自强、自制、自律等品质。

自我认知、自我体验和自我调控是个体自我意识的“知、情、义”三个层面，是个体自我意识的完整过程。其中，自我认知和自我体验是自我调控的基础，我们只有做好自我认知，在自我认知和自我体验的基础上对自己进行有意识的调控，才能够让自己朝着理想我的方向发展。

## 三、自我评估的内容

了解自我，使个人的特征与工作的要求合理地匹配起来，是职业生涯管理的重要内容。这一过程实际上就是自我评估的过程。所谓自我评估，就是指通过全面的自我剖析，了解自己的身体素质、具备的能力、个人的兴趣和性格的情况。

个体处于不同的年龄阶段，面对不同的社会环境，身处不同的社会角色时，其自我评估的内容不尽相同。大体而言，自我评估包括生理自我评估、心理自我评估、社会自我评估等内容。

### （一）生理自我评估

依照生物学的观点，人是一种有复杂的解剖结构和生理功能的动物。作为物质存在，具有一定的物质属性。具体包括外部特征、解剖结构和生理功能。外部特征是指性别、身高、体重、相貌、肤色等。解剖结构是指各种器官是否健全或异常，生理功能是指各个系统的功能是否正常、有无疾病等。我们应当对自己的身体状况有准确的认识，了解自身的长处与短处，注意扬长避短。

社会上大多数职业对身体健康并无严格要求。但有一些职业，如军人、警察、演员、运动员、宇航员、飞行员等，对于从业者的生理特征则有特定的要求。因此，我们在制定职业发展目标的时候，就需要对自己的体能素质、生理特征进行全面的分析。

### （二）心理自我评估

心理自我评估就是把自己的心理状况作为客观存在的客体加以认识，包括对价值观、人格、能力、兴趣等心理素质的评估。

价值观是人们希望获得的结果的一种抽象化说法。每个人都可能有几种自己认为重要的价值观,并形成其独特的组合。了解一个人的价值观,可以让我们充分了解其职业生涯志向。人格是指个体所具有的稳定的心理特征,如品质、气质、态度和情绪等。兴趣,是指人们喜爱或不喜爱某项特定活动或对象的态度。个体选择与兴趣相一致的职业,工作满意度高。能力是个人的学习天赋,以及现有技能的熟练程度。它反映的是人能做什么以及经过适当培训后能做什么。不同的职业对心理素质的要求是不同的。因此,每个人都应当对自己的心理素质做出全面而准确的认识,进而制定出适合个人特点的职业生涯规划。

(三) 社会自我评估

社会自我评估就是要客观地认识个人特定的社会属性。它包括社会地位、社会环境和人际关系等内容。

个体从出生伊始就拥有确定的家庭环境和社会角色。随着年龄增长,又会置身于特定的教育环境和社会环境之中。这些环境以及环境赋予个体的教育和影响塑造了每个人不同的个性特征、知识结构、人生观和价值观。这些内容对个人的职业理想和职业观念具有决定性的作用。人际关系对个体的职业发展同样具有重要作用,它是每个人的社会资本,对个人的事业发展会产生一定的推动或阻碍作用。因此,我们要认清自己在人际关系方面的优势和不足,注意弥补不足,提高人际沟通能力,构建良好的人际关系。

## 第二节　自我评估的方法

自我评估是个体制定职业生涯规划的一项基础和重要的工作。自我评估的方法很多,具体来说,个体可以通过橱窗分析技术、非正式的自我测评、职业心理测评与分析技术、SWOT 分析法等方法进行自我评估。心理测评与分析技术我们将在第三节专题介绍,本节侧重介绍橱窗分析技术、非正式的自我测评和 SWOT 分析法。

## 一、橱窗分析技术

自我评估是一个发现自我、认识自我的过程。由于各方面条件的限制,个体对于自我的认识总是有限的,我们眼中的“我”和他人眼中的“我”往往会存在一定的偏差,这一现象可以用“杰哈利窗口”来解释。

杰哈利窗口理论是由美国心理学家杰瑟夫·卢夫特(Jeseph Zuft)和哈利·英格拉姆(Harry Ingram)提出来的,该理论将人的自我分为四个窗口,即公开我、隐私我、脊背我和潜在我,如图 2-1 所示。

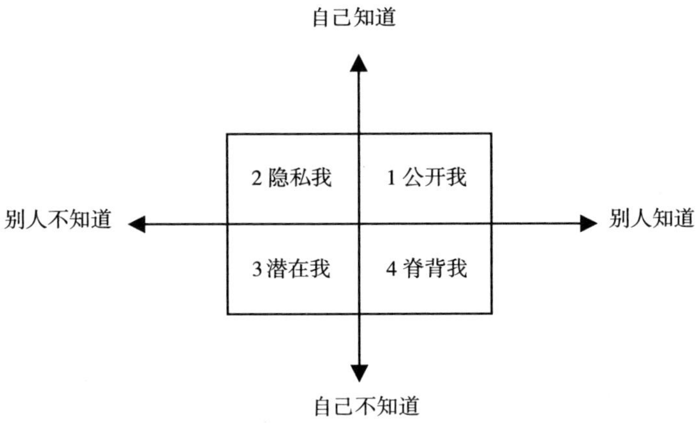


**图 2-1 杰哈利窗口**

公开我是指自己了解、别人也了解的个人特质,也就是透明真实的自我,是主体我与客体我相统一的部分。隐私我是自己了解但别人不了解的自我特质,有可能是自己刻意隐藏起来的部分。潜在我是别人和自己都不了解的潜在部分,需要通过一定的机会挖掘出来。脊背我是别人看得很清楚,自己却不了解的自我特质。

生活中,每个人都有这四个自我的窗口,但是每个窗口所占的比例却不大相同。四个窗口不同的比例显示了我们自我认知的程度和人际交往的方式:公开我所占的比例越大,说明我们主观上对自己的认识和客观上他人对我们的评价越统一,人际交往方式好,可以很好地表现和表达自己;隐私我如果占有较大的比例,可能存在两方面的原因:一是对自我不够接纳,刻意地隐藏起自己不够理想的部分;二是与他人的交往之中不会充分地表达自己,导致别人看到的他与实际的他可能截然不同;潜在我,即所谓的"本我",无法通过一般方法去观察,需要通过特殊的契机展现和激发出来;脊背我如果占有较大的比例,也可能有两方面的原因:一是自我认知不够客观,二是自我的表达不够准确和充分。

客观完善地认识自我,需要综合各方面的信息。杰哈利窗口可以帮助我们了解自己在他人心目中的形象,并通过自己和他人的多角度分析,对自我进行综合评估,从而能够避免自我认识的盲点,使自我评估更加趋于客观。

**【资料链接】**

**橱窗分析技术练习**

第一步:用20个句子对自己作一个全面的评价。

例如:我是一个的人。＿＿＿＿＿＿＿＿＿＿＿＿＿＿

第二步:请2~3位熟悉你的朋友,用20个句子对你作一个全面的评价。

例如:是一个的人。＿＿＿＿＿＿＿＿＿＿＿＿＿＿

第三步:请1~2位你所信赖的父母或师长,用20个句子对你作一个全面的评价。

例如:是一个的人。＿＿＿＿＿＿＿＿＿＿＿＿＿＿

第四步:对照你的自我评价和他们对你的评价,抽取其中的关键词,看哪些评价是一致的,哪些评价是不同的,按照以下类别填充到杰哈利窗口中。

在公开我窗口中填写自评和他评一致的特征;

在隐私我窗口中填写他人认为没有,但我认为自己有的特征;

在脊背我窗口中填写他人认为有,但我认为自己没有的特征。

借助人力资源素质测评结果填写潜在我。

(资料来源:张乐敏,等.大学生职业生涯规划与管理[M].上海:复旦大学出版社,118.引用时略作改动。)

## 二、非正式的自我测评

个人在自我评估过程中，可以采用各种非正式的自我测评技术。这些非正式的自我测评技术包括以下一些方法：(1)书面个人简历，用来记载个人的生活经历，如学习经历、工作经历、生活中的重大事件、生活中的转折点、所做出的重大决定、对未来的规划以及个人爱好等；(2)全天日记，按时间顺序记述24小时之内发生的事情，至少记录两天，即工作日一天，周末一天；(3)依次写出自己的价值观，并对重要的价值观进行排序；(4)分析生活中的“峰点”，即生活中的高峰和低谷以及自己在当时情境下的内心感受；(5)写一份现在死亡和将来死亡的讣告；(6)分析你对于近期工作的满意之处和不满意之处；(7)描绘一种理想的工作；(8)想象一下你将来的生活。

除了上述非正式的自我测评方法以外，职业咨询师会经常采用下面两种方法进行非正式的测评：撰写生涯故事、生涯幻游。

### (一)撰写生涯故事

每个人都有自己的成长经历，或一帆风顺，或辛酸坎坷。时至今日，留在你记忆长河中的事件有哪些？这些事件对你产生了怎样的影响？在人生的重要转折点上，你的经历和内心的感受如何？撰写生涯故事可以帮助我们回忆过去、直面现在、展望未来，从而更好地对自己做出正确的评估。

#### 1. 生涯故事的撰写步骤

(1)头脑风暴。准备好纸笔，找一个安静的地方坐下，让自己放松。打开记忆的闸门，穿越时空，回溯自己的成长历程。首先映入你脑海的是什么事情？你印象最深刻的是什么事情？这些事情对你有什么样的影响？不要阻断你的思绪，让它自由地驰骋，记忆所到之处，在纸上简单地记下它的关键词，然后继续你的记忆旅行。

(2)绘制我的生命轴。等你的记忆旅行回到了现实的终点，冷静下来，审视一下头脑风暴中留下来的关键词。这时候，让我们沿着时间的维度，做一个有条理的组织，绘制出自我的生命轴，如图2-2所示。在生命轴上，标注从出生开始到现在的时间，在每一个时间点上标注你曾经经历过的事件，对你有影响的人物和你思想的重大变化。

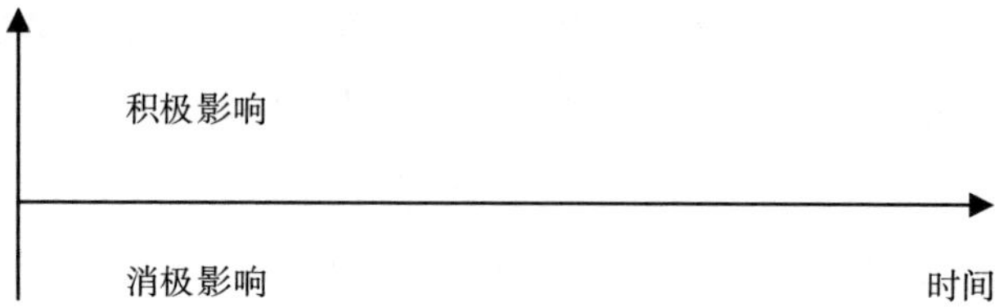


**图 2-2　我的生命轴**

（资料来源：张乐敏等．大学生职业生涯规划与管理［M］．上海：复旦大学出版社，112.）

（3）分析我的生命轴。回顾你的成长历程，分析经历中的每一个事件，这个事件对你的影响是正面的、积极的，还是负面的、消极的？而后重新绘制你的生命轴，把正面的事件标在生命轴的上方，负面的事件标在轴的下方。详细回顾这些事件的全过程，仔细分析这些事件：当时你是如何表现的？当时你的感受如何？这个事件对你有什么样的影响？

（4）撰写生涯故事。沿着一定的线索（可以是时间、心路历程、重大事件等），结合生命轴，详细撰写自己的生涯故事。分析撰写好的生涯故事，客观地面对自己的成长经历，进行自我评估。

**2. 生涯故事的撰写思路**

（1）遵循时间顺序，叙述人生经历。按照时间顺序叙述生涯发展过程中每一个阶段的经历，在写作时要将影响你人生的重要转折阶段、事件、感受写出来，比如中考、高考、转学等。同时还要对各个重要阶段的转折过程和原因进行分析，将当时情境中的人物、事件、环境、感受写出来。这种写作思路可以对个人经历、个人背景、个性特点等做较为全面的观察。

（2）聚焦重点事件，探寻深刻体验。也就是要以影响个人成长的重要事件来贯穿个体的经历，比如令你感觉最惬意的、最成功的、最满足的、最尴尬的、最失败的、最悲伤的事件。这些事件可能散落在不同的人生阶段中，把它们串起来，就可以透过事件分析个体的性格，探寻重要事件对个体生涯的影响。

(3)详述心理发展,挖掘个性特点。也就是要透过内在心理发展,来深入挖掘个体生涯发展特点。在你的成长过程中,性格、兴趣、能力、价值观等心理特征发生了怎样的变化?变化的原因是什么?对你产生了哪些影响?这些影响对你今后发展的意义?

**【资料链接】**

**撰写与分析生涯故事**

我来自山区农村,家境非常贫困。从小到大,我印象最深刻的就是父亲经常带着我四处去借学费的经历。我们家兄弟三人,我有两个弟弟,每到学期开学,三个人的学费是家里的大问题。经常是在开学的前几天,父亲带着我去那些生活富裕点的亲戚家借钱。我永远也忘不了那些亲戚看到我们时那种厌烦的眼神,也忘不了父亲张口求人的无奈面孔,所以很早我就立下志向将来一定要挣很多钱,支持家里,让父亲再也不要受这种委屈。在学校里我学习一直很好,经常得到老师的表扬,每次考试都得第一,我雄赳赳气昂昂地拿着奖状回家,一路上恨不得能碰到全村所有的人。家人也一直以我为荣,父母逢人便很自豪地向人夸耀我的成绩。高中时,在县城的高中寄宿,那是非常难熬的一段时光,县城的东西贵,可同学们仿佛都挺有钱似的,每次我都是硬着头皮去打饭,感觉像低人一等,把自己封闭在学习的小圈子里。准备高考是一段很艰苦的日子。我像马拉松到了冲刺期,带着长期的压力和疲惫迎接决战时刻的到来。那真是一段不堪回首的往事,身体接二连三地出现问题,头痛、失眠、鼻炎,但是我一定要坚持。为了全家的寄托,我总算挺了过来,进入了理想的大学。到我拿到录取通知书的那天,全家真的像过节一样,他们都比我还要高兴。

作为家中的长子,我一直都要给两个弟弟做出表率,并且主动承担家庭的责任。所以,我作为儿子和兄长的角色是最重要的。但是,对我来说,在家庭中我充当的角色是很沉重的,我一直在想一定要好好读书、好好工作来贴补家里。相比而言,做学生是比较轻松的，但是我的朋友很少，在这方面做得不好。提到未来，我觉得我最重要的任务是努力学习，多做些兼职，争取能够自食其力。毕业后一定要找到一份好工作，到时候可以资助小弟上大学。对于其他的，我现在还不敢有什么奢求，先帮家里度过难关再说。

生涯故事自我分析：

家庭贫困是我面临的最大问题。跟父亲去借钱的经历对我的影响很大，有正面的、也有负面。正面影响是这样的经历推动我下定决心一定要努力、一定要好好学习、一定要出人头地。也正是抱着这样一种决心，我克服了很多困难，取得了优异的学习成绩。负面影响是，直到今天，一提到钱，我就觉得自己低人一等，抬不起头来。很多同学都说我特别敏感、自尊心很强，但我觉得自己很自卑。考试得第一名的经历对我的影响非常积极，高中时当我学不下去的时候，我常常回想起那段时光，还真的就能产生很多动力。尤其是想到父母那种骄傲的表情，我觉得再苦再累也要坚持。高中的经历对我来说是灰色的，我压抑、封闭的个性很多来自那段时期。

这些经历还带给我一个影响，那就是在我价值观的深处，有一种对经济和社会地位的渴望。我觉得自己一定要出人头地，将来一定要找一份高薪的工作，怎么工作怎么辛苦都不怕。在生涯角色方面，我觉得过去的角色、现在的角色重点都是学生、儿子和兄长，谈到未来，我觉得家庭状况决定了我必须首先完成家庭的角色，然后才可能考虑继续深造、休闲甚至结婚生子的问题，所以对我来说，毕业以后的第一个五年，我必须全力以赴地工作、赚钱。说实话，我觉得自己有点掉进钱眼儿里了，比起很多同学远大的抱负来我显得很铜臭气。但是我觉得自己人穷志不短，我一定会通过自己的努力、用自己的双手去创造更多的财富，来回馈我自己和我的家庭。

（资料来源：张乐敏，等．大学生职业生涯规划与管理[M]．上海：复旦大学出版社，116.）

（二）生涯幻游

生涯幻游活动是职业咨询师进行职业咨询时经常采用的一种方法。职业咨询师借助音乐，透过幻游画面，带领来询者去想象未来的生活，并鼓励参与者分享自己的幻游情景，最终协助参与者了解自身的期待与价值观，对于自己的未来给予期待与规划。

生涯幻游的目的是唤醒来询者内心真正的需要，帮助他们构建未来生涯愿景，了解自我生涯期待。生涯幻游一般在安静的室内展开，用轻音乐作辅助，规划师帮助来询者先进行放松，然后利用指示语进行引导。具体包括以下几个步骤：

**1. 进入情境**

在开始幻游之前，咨询师要播放轻音乐，引导来询者做自我放松练习，引导来询者想象自己未来三年、五年或十年后的生活场景。

**2. 引导想象**

在轻柔的背景音乐声中，咨询师以清楚、温和的声音慢慢念出引导语，并注意适当停顿，以便让来询者进入幻想。

**3. 分享经验，交流体会**

邀请来询者描述自己未来的“典型一天”，叙说幻游历程中的经验和感受，引导他们从述说经验中去觉察自己的内在需求与心愿。

**4. 构建愿景**

从对自己内在需求与心愿的探索历程中，进一步帮助来询者构建未来的生涯愿景和具体的生涯期待。

**【资料链接】**

**生涯幻游练习**

尽可能放松，使你自己能舒服地坐在椅子上（或躺在地上）……现在，闭上眼睛并完全放松自己……舒缓你的呼吸……看看身体还有哪些地方紧张……有的话，请放松、放松、放松……

现在，我希望你想象自己经由时空旅行来到未来十年后，十年后的世界……在十年后的今日……新的一天，而你刚醒来，几点了……你看到天花板了吗，它是什么颜色的……你听到什么……闻到什么……你还感觉到什么……有其他人与你一起吗？谁？

接着你准备下床，尝试去感觉脚指头接触到地面那一刹那的温度……是凉凉的……还是暖暖的……

经过一番梳洗后，你要穿衣服了，请注意，你穿的是什么样的衣服……然后你开始吃早餐，早餐吃的是什么？一起用餐的还有谁？你跟他们说了什么……

接下来，你关上家里的大门，准备前往工作的地点。回头看一下你的家，它是一栋什么样的房子……（暂停）……你上路了，搭乘什么交通工具……（暂停）……有人和你在一起吗……谁呢……（暂停）……

你即将到达工作的地方，首先注意一下，这个地方看起来如何……（暂停）……你跟同事打招呼了吗？他们怎么称呼你……你还注意到哪些人在那里，他们在做什么？

你在你的办公桌前坐下，开始工作，你的工作内容是什么……

很快，上午的工作结束了，中餐如何解决？吃的是什么？跟谁一起吃？心情怎么样？

接下来是下午的工作，跟上午的工作内容一样吗？

快到下班时间了，你是先回家还是先去办些别的事情……或者参加些什么活动……

终于到家了。到家时，有人欢迎你吗……（暂停）……回家的感觉又是如何……（暂停）……既然到家了，想做的是什么？……（暂停）……你与家人分享你做的事吗……（暂停）……你已准备去睡了……（暂停）……

过一会儿，我将要求你回到现在，回到学校及教室来，我从10开始倒数，当我数到0的时候，你就可以睁开眼睛了，好，10–9

-8-7-6-5-4-3-2-1-0。好了，你回来了，请睁开眼睛，看看周围的一切，欢迎你旅行归来，喜欢的话，可以分享你的经历……若不想，花些时间思考，想想这些经历。然后，考虑下面事情：

1. 十年后与今天有何不同

(1)人：

(2)事：

(3)生活内容：

2. 十年后与今天有何关系

(1)延续了今天的＿＿＿＿＿＿＿＿＿＿＿＿＿＿＿

(2)改变了今天的＿＿＿＿＿＿＿＿＿＿＿＿＿＿＿

(3)最深的感受是＿＿＿＿＿＿＿＿＿＿＿＿＿＿＿

## 三、SWOT 分析法

SWOT 分析法，是由美国哈佛大学 K. J. 安德鲁斯教授于 1971 年提出来的，他在《公司战略概念》一书中将企业面临的竞争环境分为内、外两部分。其中，内部环境主要指企业自身的相对优势(Strengths)与劣势(Weaknesses)，而外部环境主要指企业面临的机遇(Opportunities)与威胁(Threats)。SWOT 分析法经常应用于企业战略的制定和竞争对手分析等场合。近年来，SWOT 分析法已广泛应用于许多领域，其中在个人职业生涯规划与发展的分析过程中发挥了巨大作用。

在自我评估的分析过程中，我们可以采用 SWOT 分析法对自身的内因、外因进行分析。具体地内因包括自身的优势(S)，即分析自己适应某种职业的长处，自身的劣势(W)，即分析自己适应某种职业的弱项；外因包括自身的机会(O)，即分析自己有可能发生的机遇，自身的威胁(T)，即选择职业时外界对自身发展的制约因素。

运用 SWOT 分析法进行自我评估时，通常需要构建 SWOT 分析矩阵，如表 2-1。

表 2-1　SWOT 分析表

| 优　势 | 劣　势 |
| --- | --- |
| 指个体可控并可利用的内在积极因素：<br>什么是我最优秀的品质？<br>我曾经学习了什么？<br>最成功的是什么？ | 指个体可控并努力改善的内在消极因素：<br>我的性格有什么弱点？<br>经验或者经历上还有哪些缺陷？<br>最失败的是什么？ |
| **机　会** | **威　胁** |
| 指个体不可控但可以利用的外部积极因素：<br>什么样的环境会是我的机会？<br>什么样的行业？<br>什么样的组织？<br>什么样的职业？ | 是指个体不可控但可以使其弱化的外部消极因素：<br>什么样的环境会是我的威胁？<br>什么样的行业？<br>什么样的职业？<br>什么类型的组织？ |

**【资料链接】**

### SWOT 分析法的应用

一名师范大学毕业的男生，心理学专业，在校期间专业成绩优异，曾多次获得奖学金，发表论文若干，且一直担任学生干部工作。但是他性格急躁，易冲动，而且没有直接的工作经历，唯一的工作经历是三年级时他在一家大型电子公司的人力资源部门实习了半年。现在他想谋取一份人力资源管理的工作。他采用 SWOT 分析法对自己做出评估，如下表。

| 优　势 | 劣　势 |
| --- | --- |
| 成绩优秀<br>丰富的学生干部经历<br>具有心理学的知识背景<br>大型公司实习半年的经历 | 专业不对口<br>没有丰富的工作经历<br>性格急躁，易冲动 |
| **机　会** | **威　胁** |
| 人力资源管理部门逐渐受到企业的重视<br>入世后，外资企业的进入导致人力资源管理人才需求量的增加<br>心理学在人力资源管理中的重要性逐渐凸显出来 | 人力资源管理方向的毕业生<br>人力资源管理在很多企业中仍然处于刚刚起步阶段，其运作很不规范<br>比起学历，我国许多企业更看重工作经验 |

## 第三节　职业心理测评

所谓职业心理测评,是以现代心理学和行为科学为基础,通过心理测量等技术手段,对人的职业心理素质状况和发展潜力进行客观的测量、科学的评价。职业心理测评由职业心理测量和职业心理评价两部分组成。其中,职业心理测量是基础,是决定职业心理测评是否科学的核心环节,职业心理评价是对职业心理测量结果的综合分析、判断和推理。

职业心理测评是心理测量学在职业心理领域的应用,其方法主要来自心理测量学。职业心理测评的内容涉及面比较广,具体来说包括职业价值观分析与测量、人格分析与测量、职业兴趣分析与测量、职业能力分析与测量、职业锚分析等。

### 一、职业价值观的分析与测量

#### (一)职业价值观的内涵与特征

价值观是人们希望获得哪些结果的一种抽象化的说法。从理论上来讲,价值观是指人们对周围客观事物的意义、重要性或个人行为的总体评价和看法,也就是人们对人生价值的认识和根本态度。每个人都可能有几种自己认为重要的理想,并形成了独特的组合。了解一个人的价值观,可以让我们充分了解其职业生涯志向。

职业价值观是人们希望从工作中获得哪些结果的一种抽象化说法。职业价值观揭示的是人们看待工作或职业回报、薪酬或其他问题的不同态度。职业价值观对于一个人的职业生涯具有重要意义:其一,职业价值观决定着人们的择业意向;其二,职业价值观影响着人们的从业态度;其三,职业价值观影响着人们的工作绩效。

一个人的职业价值观受来自家庭、教育、社会等多方面因素的影响,自然而然地体现在日常的行为和态度上。虽然每个人的职业价值观有所不同,但是总体而言职业价值观具有以下四方面特征:

(1)职业价值观因人而异。由于个人的身心条件、家庭影响、生活阅历、教育状况、兴趣爱好等方面的不同,形成的职业价值观也各不相同;(2)职业价值观是相对稳定的。职业价值观是人们认识和评价客观事物的根本观念,它是在环境、教育长期影响下逐渐形成的牢固观念;(3)职业价值观具有阶段性,个体在不同人生阶段,职业价值观的重点也会有所不同;(4)职业价值观具有多元化特征。每个人都拥有一种或多种职业价值观。

**【资料链接】**

**"这是我想要的生活吗?"**

慧在银行工作了10年,30岁出头的她,猛然发现自己常常在算自己还有几年可以退休。当初,她专科毕业考进银行,同学们都很羡慕,父母高兴得到处炫耀,就连上菜市场也不忘带着她去炫耀一番。慧也知道自己一直喜欢从事和人接触的职业,喜欢扮演老大姐的角色,帮助大家解决问题。虽然银行的文书事务工作是她可以做的,而且也做得不错,可是她并不感兴趣,她常常问自己:"这是我想要的生活吗?"

慧很喜欢慈善家的精神,希望从助人的过程中得到快乐。银行的工作和自己的理想不相符,她早就心知肚明,这半年来职业升迁不如意,让她更加怀疑这份工作的意义。经过仔细思量,她很清楚离职是现实上最不明智、经济上最不划算的决定(理想与现实的冲突),但是情感上她真的很想换一换职业环境,去当修女或义工。有一天,她从广播上得知本市志愿者协会在招募义工,有一连串助人的辅导训练,包括一阶段、二阶段的训练课程……慧想通了,为了现实,她继续待在银行,为了理想,她到志愿团当义工,这样做两全其美,对自己、对家人都有交代。至于过程的辛苦,她相信自己撑得过来。

许多时候,我们会像慧一样,满足于一份体面的、收入不菲的职业,可是在内心深处,我们却忽略了其他许多有价值的事情,如家庭、友谊、爱情、休闲、帮助他人、健康等,而在我们的价值观体系里,这些也很重要。职业生活可以让我们获得金钱、地位、权力,但也常常让我们觉得拼命工作是不值得的。值不值得的关键取决于你的职业价值观。

(资料来源:洪凤仪.一生的职业规划[M].稍作改动。)

### (二)职业价值观的类型

职业价值观是个体的价值观在职业方面的体现,是人们对某一特定职业的根本态度和看法。关于职业价值观的分类,相关的研究很多,比较有代表性的是萨柏(Donald E. Super)的观点。

萨柏将职业价值观分为15种类型:(1)利他主义,能为了他人的福利做贡献,社会服务方面的兴趣;(2)审美,能够制作美丽的事物并将美带给世界;(3)创造、发明新事物,能设计新产品或产生新思想;(4)智力刺激,能独立思考、了解事物如何运行和作用;(5)成就感,能给人以现实可见的成果,有做好工作的成功感;(6)自主独立,能以自己的方式和步调工作;(7)声望,在别人眼里有地位、受尊重;(8)管理,计划并安排别人工作;(9)经济收入,报酬高、又丰厚的收入;(10)安全稳定,不太可能失业,就业有保障;(11)工作环境,对工作环境比工作本身更感兴趣,要求环境良好、舒适;(12)上下级关系,和上级相处融洽;(13)同事关系,能与喜欢的人接触并共事;(14)多样性,在同一份工作中有机会尝试各种不同种类的风格,追求新意;(15)生活方式,工作能让你按照自己所选择的生活方式生活并成为自己所希望成为的人。

**【资料链接】**

**职业价值观大拍卖活动**

1. 以小组为单位,组长当主持人进行拍卖活动。

2. 规则说明:

(1)每个人有一百万。

(2)每项价值观定价10万元。

(3)每次喊价以5万元为单位。

(4)组长亦可参与拍卖活动。

3. 请大家先选好项目,排出顺序,并预估价钱。

4. 各组开始进行活动。

5. 活动结束后,请大家填写学习单。

| 职业价值观项目 | 购买顺序 | 预估金额(元) | 实际购买金额 |
|---|---|---|---|
| 1. 利他主义:感受到帮助他人的快乐 | | | |
| 2. 美的追求:可以使世界更美好,增加艺术气氛 | | | |
| 3. 创意的寻求:发挥个人的创造力,能够发明新事物或设计新产品 | | | |
| 4. 智力刺激:有独立思考以及学习与分析事理的能力 | | | |
| 5. 成就感:获得完成的成就感 | | | |
| 6. 独立性:可以以自己的方式或步调来进行工作 | | | |
| 7. 声望:受到他人的尊崇和尊重 | | | |
| 8. 管理:发挥督导或管理他人的能力 | | | |
| 9. 经济报酬:丰厚的收入 | | | |
| 10. 安全感:提供安定生活的保障 | | | |
| 11. 工作环境:良好舒适的工作环境 | | | |
| 12. 与上司的关系:与主管平等且融洽地相处 | | | |
| 13. 与同事的关系:与志同道合的伙伴一起愉快地工作 | | | |
| 14. 变异性:工作富有变化,不枯燥单调 | | | |
| 15. 生活方式的选择:有充裕的时间和假期 | | | |

**【想想看】**

1. 我买到________，我觉得它重要的原因是：________。
2. 我买到________，我觉得它重要的原因是：________。
3. 我买到________，我觉得它重要的原因是：________。
4. 我的目标职业之中有哪几种职业符合我所重视的价值观（请写出五种）：________________。
5. 这次活动中，我最大的感想是________________。

（三）职业价值观的测量

个人的职业价值观相对稳定，而且持续终生。由于这种特性，价值观的澄清与探测成为了生涯决策过程中相当重要的步骤。澄清职业价值观可以帮助个人克服迷惑、冲突，从而提高职业满意度。那么个人如何测评自己的职业价值观呢？

一方面，人们可以通过分析生活史，研究过去所做的职业生涯决策，追究其中的原因来挖掘自己的职业价值观；另一方面，也可以通过"职业价值观量表"测量自己的职业价值观。

萨柏（1959）制定的《工作价值观量表》（Work Values Inventory, WVI），用来衡量工作中和工作外的价值观以及激励人们工作的目标。通过让受测者根据重要程度对15种工作价值观进行排序，WVI对这15种工作价值观进行衡量。如果做WVI测验，你可以在每种工作价值观旁边的空白处记录你的分数，并圈出3～5种得分最高的价值观。

萨柏与内维尔（Dorothy Nevill）（1985）制定的《价值观量表》（Value Scales, VS）拓展了《工作价值观量表》中的价值范围。VS像WVI一样，让受测者按照其重要性排列价值陈述。每种价值观的衡量尺度包含5个项目。

## 二、人格的分析与测量

### (一)人格的内涵与分类

人格是心理学的概念,是指个体所具有的稳定的心理特征,如品质、气质、态度、情绪、兴趣等。人格是一个人稳定的思维方式和行为风格,它贯穿于个人的整个心理过程,是个人独特性的整体反映。人格特征在一定程度上决定了个体适合什么样的工作以及可能取得的成就。

人格不是天赋的,它是在先天的生理结构的基础上,在后天的生活环境和教育环境的影响下,从事不同的社会实践活动而形成的。受遗传因素、环境因素和重大生活经历的影响,人格具有独特性、稳定性、一致性和复杂性的特征。首先,受到社会环境和本人社会地位的制约,个人所形成的人格各有各的特点。其次,一个人的人格一旦形成,就具有相对的稳定性。再次,一个人的人格可以通过日常行为表现出来,其行为与人格之间具有一致性。最后,一个人可能同时拥有多种相互冲突的人格特征。

人格有着丰富的内涵。与职业相关的人格概念主要包括气质和性格。

**1. 气质**

在心理学上,气质是指人生来就有的典型的、稳定的心理活动的特征。它是人在进行心理活动时或行为方式上表现出来的强度、速度、稳定性、灵活性等动态性的人格心理特征,例如情绪的强弱、思考的快慢、注意力集中时间的长短、注意力转移的难易、心理活动倾向于外部事物还是内心世界等。个人的气质显著地受到遗传因素或生理结构特点的影响而具有独特性和一定的稳定性。由于社会生活的变化,环境和教育的影响,个人的气质可能会发生一定程度的变化。

气质不是人们通常所说的“仪表”或“内涵”的意思,而是与“脾气”“秉性”或“性情”具有相近的含义。它反映了人的神经、生理机能,体现了人格的生物属性。对于气质的生理基础问题,专家有不同的看法:有人认为气质取决于血型;有人认为气质依赖于体型;有人认为气质与基因有关。

关于气质的类型,国内外有不同的划分方法。古典气质学说将人的气质分为以下四类,并给出了相应的职业倾向。

(1)胆汁质型。其特征是积极热情,感情深刻而稳定,易产生爆发性情绪,精力充沛,外倾性强,对兴奋性行为反应灵敏而迅速,坚忍不拔,自信心十足。这类人适合从事那些工作内容不断变化,所处环境经常转变、与人打交道的工作,如企业推销员、导游、勘探工作者、节目主持人、公共关系人员等,显然不适合做那些长时期安坐、细致而持久的工作。

(2)多血质型。其特征是情感易产生、易变化,行动快,行为的外倾性明显,易与周围群体相处,易于适应新环境。这类人适合从事那些富有刺激性和挑战性的、与人打交道的工作。如记者、律师、驾驶员、运动员、演员、服务员、外交家、公关人员、管理人员等,而不太适合去做那些细致而单调的机械工作。

(3)黏液质型。这类人情感不易产生和暴露,一旦产生某种情绪,便会非常强烈而稳定;其特点是精力旺盛,沉着稳重,反应迟缓,不够灵活敏捷,行为有明显的内倾性。这类人适合从事平静而稳定的、规律性强的工作,如会计师、出纳员、法官、医生、播音员、保育员、话务员等。

(4)抑郁质型。这类人敏感多疑,对事物的感受能力很强,其行为反应迟缓而细腻;行为的内倾性严重,比较难以改变。这类人适合于安静而细致的职位,如编辑校对人员、技术员、秘书、检验员、保管员、登记员等。

不论你属于哪种类型,气质本身并无优劣之分,每一种气质都有长处和短处。而且,在现实社会中,纯粹属于某种气质类型的人也是少数,绝大多数人都具有多种气质特征。气质虽然不能决定一个人职业生涯的成败,但是每种气质类型确实有其较为适应的职业范围。个体可以依据自己的气质类型,在相应的范围内选择职业,从而发挥出个人优势。

**【资料链接】**

### 气质类型自测

一、测试

试题为60个陈述句。为了准确地测出个体的气质,对于每个问题都要不留空白地回答;应当直接按照个人平时的想法和行为来回答;答题要迅速,不要考虑答题是否正确(答案无所谓是非与好坏),不要在某道题上花费过多时间。

请自测者根据自己的实际情况来记分:非常符合自己情况的计2分;比较符合的计1分;介于符合与不符合之间的计0分;比较不符合的计–1分;完全不符合的计–2分。

1. 做事力求稳妥,不做无把握之事。
2. 宁肯一个人做事,也不愿同很多人在一起。
3. 遇到可气的事就怒不可遏,想把心里话都说出来才痛快。
4. 到一个新环境能很快适应。
5. 厌恶那些强烈的刺激,如尖叫、噪声、危险画面等。
6. 与人争吵时总是先发制人,喜欢挑衅。
7. 喜欢安静的环境。
8. 善于同别人交往。
9. 羡慕那些善于克制自己感情的人。
10. 生活有规律,很少违反作息制度。
11. 在多数情况下抱乐观情绪。
12. 碰到陌生人觉得很拘束。
13. 遇到令人气愤的事,能很好地自我克制。
14. 做事总是有旺盛的精力。
15. 遇到问题时常常举棋不定,优柔寡断。
16. 在人群中从来不觉得拘束。
17. 情绪高昂时,觉得什么都有趣;情绪低落时,觉得什么都没有意思。
18. 当注意力集中在一事物时,别的事很难使我分心。
19. 理解问题总是比别人快。
20. 碰到危险情境时,常有一种紧张感和极度恐惧。
21. 对学习、工作和事业抱有极大的热情。
22. 能够长时间地从事枯燥、单调的工作。
23. 对符合兴趣的事情干起来劲头十足,否则就不想干。
24. 一点小事就能引起情绪波动。
25. 讨厌做那些需要耐心和细致的工作。

26. 与人交往不卑不亢。
27. 喜欢参加热闹的活动。
28. 常看感情细腻、描写人物内心活动的文学作品。
29. 工作、学习时间长,往往会感到厌倦。
30. 不喜欢长时间谈论一个问题,愿意实际动手干。
31. 宁愿侃侃而谈,不愿窃窃私语。
32. 别人说我总是闷闷不乐。
33. 理解问题常比别人慢些。
34. 疲倦时,只要短暂的休息,就能精神抖擞地重新投入工作。
35. 心里有话宁愿自己想,不愿说出来。
36. 认准一个目标,就希望尽快实现,不达目的誓不甘休。
37. 学习或工作同样长的时间,但常比别人更感疲倦。
38. 做事情有些莽撞,常常不顾后果。
39. 总是希望老师或师傅在教授新知识、新技术时讲慢些,多重复几遍。
40. 能够很快忘却那些不愉快的事情。
41. 做作业或完成一项工作,花费的时间总比别人多。
42. 喜欢运动量大的剧烈的体育运动,或喜欢参加各种文艺活动。
43. 不能很快地把注意力从一件事转移到另一件事上去。
44. 接受一项任务后,就希望把它迅速完成。
45. 认为墨守成规比冒险好些。
46. 能够同时注意几种事物。
47. 当我烦闷时,别人很难使我高兴起来。
48. 爱看情节跌宕起伏、激动人心的小说。
49. 对工作抱以认真负责、始终如一的态度。
50. 总是处理不好与周围人的关系。
51. 喜欢复习学习过的知识,重复做已经掌握了的工作。
52. 希望做变化大、花样多的工作。
53. 小时候会背的诗歌,似乎比别人记得更清楚。
54. 别人说我“语出惊人”,可自己觉得未必如此。

55. 在体育活动中，常因为反应慢而落后。

56. 头脑机智，反应敏捷。

57. 喜欢有条理而不甚麻烦的工作。

58. 兴奋的事常使我失眠。

59. 老师讲概念时，常常听不懂，但在听懂之后就很难忘记。

60. 如果工作枯燥无味，情绪马上就会低落。

二、测评

首先将每道题得分按照题号填入附表1，然后分类相加，得出各类的总分。

附表1　气质类型测评得分表

| 类别 | 每题得分统计 | | | | | | | | | | | | | | | | 合计 |
|---|---|---|---|---|---|---|---|---|---|---|---|---|---|---|---|---|---|
| 黏液质 | 题号 | 1 | 7 | 10 | 13 | 18 | 22 | 26 | 30 | 33 | 39 | 43 | 45 | 49 | 55 | 57 | |
| | 得分 | | | | | | | | | | | | | | | | |
| 胆汁质 | 题号 | 2 | 6 | 9 | 14 | 17 | 21 | 27 | 31 | 36 | 38 | 42 | 48 | 50 | 54 | 58 | |
| | 得分 | | | | | | | | | | | | | | | | |
| 抑郁质 | 题号 | 3 | 5 | 12 | 15 | 20 | 24 | 28 | 32 | 35 | 37 | 41 | 47 | 51 | 53 | 59 | |
| | 得分 | | | | | | | | | | | | | | | | |
| 多血质 | 题号 | 4 | 8 | 11 | 16 | 19 | 23 | 25 | 29 | 34 | 40 | 44 | 46 | 52 | 56 | 60 | |
| | 得分 | | | | | | | | | | | | | | | | |

如果某类气质的答题得分合计超过20分，其他三类得分相

对较低，则可确定自测者属于该类典型气质。如果某类合计得分在10～20分之间，而其他三类得分相对较低，则可确定自测者属于该类的一般气质。

如果某两类气质的答题得分合计比较接近（其差别低于3分），并显著超过另外两类合计得分，则认定自测者属于该两类的混合气质。

如果某类气质的答题得分合计很低，其他三类总分也不高，但很接近，则认定自测者属于后三类的混合气质。

如果四类的合计得分都不高（小于或等于3分），且认定自测者属于四类的混合气质。

一般来说，属于典型气质或多种气质混合型的人并不多，大多数人的气质属于一般型气质或两种气质混合型。

（资料来源：张渤，宁焰．职业生涯与发展规划[M]．西安：西北工业大学出版社，2010：194-197．）

### 2. 性格

性格是指一个人对现实稳固的态度以及在与之相适应的习惯化的行为方式中表现出来的心理特征，如刚强、寡断、懦弱等。

性格的形成与人格有机地结合在一起，是在生理素质的基础上，通过家庭、教育和环境影响，在社会实践活动中逐渐形成、变化和发展的。由于个人的生理条件和生活道路不同，其性格也千差万别，各具特征。性格一旦形成，便具有相对的稳定性，并贯穿于个体的一切活动中。

按照不同的原则，性格可以有多种不同的划分方法。其中，学者根据人们不同的心理活动倾向，将性格大致分成了两种类型：内向型和外向型。

所谓内向型，是人的精神指向比较关注内心主观世界，不依靠外界的认同与赞许，喜欢独处、内省。一般来说，具有内向型性格的人比较适合于从事相对稳定的、有预订计划的、无须与人过多交往的职业，如科学工作者、技术人员、文学艺术工作者、会计师等。

所谓外向型，是人的精神指向比较关注外部世界，习惯于外界活动，喜欢与人接触。具有外向型性格的人比较适合从事能够发挥个人能力和积极性，与社会有广泛接触的职位，如政治家、公务员、律师、记者、教师、管理者、营销人员等。

性格影响着一个人的职业适应性，选择职业要考虑性格的职业品质，尽量选择适合自己性格特点的工作。不同的职业对人的性格有不同的要求，选择适合自己的工作，有利于个体顺利适应工作环境、提高工作效能、增进个体对工作的满意感和认同感。另外，不论哪一种性格，都是在一定的社会历史条件下，在长期的社会实践中逐步形成的。职业也可以影响和造就从业者的性格，从而使从业者更加适合职业发展的要求。在职业环境中，个体可以主动改变自己，主动塑造与职业相适应的性格特征，更好地适应职业环境。

**【资料链接】**

**性格倾向自测**

一、测试

根据个人的真实情况，对下列陈述句进行“是”“否”或“不定”的选择。

1. 与观点不同的人也能友好往来。
2. 我看书较慢，力求把书读懂。
3. 我做事较快，但较粗糙。
4. 我经常分析自己、研究自己。
5. 生气时，我总不加克制地把怒气发泄出来。
6. 在人多的场合，我总是力求不引人注意。
7. 我不喜欢写日记。
8. 我待人总是很小心。
9. 我是个不拘小节的人。
10. 我不敢在众人面前发表演说。
11. 我能够做好领导团体的工作。
12. 我常会猜疑别人。

13. 受到表扬后,我会更加努力地学习。
14. 我希望过平静而轻松的生活。
15. 我从不考虑几年后的事情。
16. 我常会一个人想入非非。
17. 我喜欢经常变换的生活。
18. 我常常回忆自己过去的生活。
19. 我很喜欢参加集体娱乐活动。
20. 我总是三思而后行。
21. 用钱时,我从不精打细算。
22. 在我学习时,我讨厌别人在旁边观看。
23. 我始终以乐观态度对待人生。
24. 我总是独立思考问题。
25. 我不怕应付麻烦的事情。
26. 我从不轻易相信陌生人。
27. 我几乎从不主动制订学习或工作计划。
28. 我不善于结交朋友。
29. 我的意思和观点常会发生变化。
30. 我很注意交通安全。
31. 我肚里有话藏不住,总想对别人说。
32. 我常有自卑感。
33. 我不大注意自己的服装是否整洁。
34. 我很关心别人会对我有什么看法。
35. 和别人在一起时,我的话总比别人多。
36. 我喜欢一个人独自在房间内休息。
37. 我的情绪很容易波动。
38. 看到房间里杂乱无章,我就无法静下心来学习。
39. 遇到不懂的问题,我就去问别人。
40. 旁边若有说话声或广播声,我就无法静下心来学习。
41. 我的口头表达能力还不错。
42. 我是个沉默寡言的人。

43. 在一个新的环境里,我很快就能熟悉。

44. 同陌生人打交道,我常感到为难。

45. 我常会过高地估计自己的能力。

46. 遇到失败后,我总是忘却不了。

47. 我感到脚踏实地去干比探索理论原理更加重要。

48. 我很注意同伴们的工作或学习成绩。

49. 与读小说和看电影相比,我更喜欢跳舞和郊游。

50. 买东西时,我经常犹豫不决。

二、测评

对于序号为奇数的陈述句,选择“是”的计 2 分,选择“不定”的计 1 分,选择“否”的计 0 分;对于序号为偶数的陈述句,选择“是”的计 0 分,选择“不定”的计 1 分,选择“否”的计 2 分;

将所有的 50 个题目的记分加起来,其和即为自测者的性格倾向指数(简称性向指数)。性向指数在 0 ~ 100 分之间。

我们可以按照下述规定来确定自测者的性格:

性向指数在 0 ~ 19 分之间者,属于内向型;

性向指数在 20 ~ 39 分之间者,属于偏内向型;

性向指数在 40 ~ 59 分之间者,属于混合型(中性);

性向指数在 60 ~ 79 分之间者,属于偏外向型;

性向指数在 80 ~ 100 分之间者,属于外向型。

(资料来源:张渤,宁焰. 职业生涯与发展规划[M]. 西安:西北工业大学出版社,2010:197-199.)

### (二)人格的测量

人格测量,也称个性测验,主要用于测量个人在一定条件下经常表现出来的、相对稳定的性格特征,如兴趣、态度、价值观等。人格测量的方法有自陈量表法、投射技术、境遇法和笔迹综合分析法等。其中,自陈量表法应用最为广泛。量表设计成能够反映人格特征的一系列陈述句或问题,要求被测者直观地回答,再由测评师加以评定。常用的人格测评量表有两种:卡特尔 16 种人格因素测验(16PF)和麦耶尔斯—布雷格斯人格类型指标(MBTI)。

**1. 卡特尔16种人格因素测验(16PF)**

16PF是由美国心理学家卡特尔编制的一套个性心理测验量表。卡特尔认为,人的行为之所以具有一致性和规律性,是因为每个人都有根源特质。经过多年研究,卡特尔和他的同事确定了可以构建各种人格的16种根源特质,并据此编制了测验。这16种根源特质分别是:乐群性、敏锐性、稳定性、影响性、活泼性、规范性、交际性、情感性、怀疑性、想象性、隐秘性、忧虑性、变革性、独立性、自律性和紧张性。

卡特尔把这16种根源特质在某些情况下可能产生的表现编成16组,每组包括十几个问题的问卷。每个问卷有三个答案,供测试者选择,然后对测试者答卷的得分进行统计处理,得出测试者的人格倾向。16PF已广泛应用于心理咨询、生涯设计、人才选拔、职业指导和潜能开发等领域,它适用具有中学以上文化程度者测试。测试要求测试者在40~60分钟内完成量表,测试者凭直觉反应,不要推敲迟疑,尽可能地避免选择中间答案。

根据回答16PF测验问卷的16个量表所得的标准分高低,可以分别对测试者的人格因素进行单项解释。表2-2列出了人格因素、表现特征和对应的职业类型。

**表2-2 人格因素、表现特征和对应的职业类型**

<table>
<tr><th colspan="2">个性因素</th><th>个性特征</th><th>对应的职业</th></tr>
<tr><td rowspan="2">1 乐群性 A</td><td>高分</td><td>外向、热情、开朗、随和、喜欢社交,在群体内倾向于承担责任和担任领导;和蔼可亲,与人相处,合作与适应的能力特强;参加或组织各种社团活动,不斤斤计较,容易接受别人的批评</td><td>社会工作者、商人、企业经理、推销员、会计、教师等</td></tr>
<tr><td>低分</td><td>冷漠、孤独、严肃、保守、生硬,倾向于从事富于创造性的工作;喜欢吹毛求疵;宁愿独自工作,对事而不对人;不轻易放弃自己的主见,为人做事的标准很高</td><td>科学工作者、工程师、作家、艺术家等</td></tr>
</table>

续表

| 个性因素 | | 个性特征 | 对应的职业 |
| --- | --- | --- | --- |
| 2聪慧性B | 高分 | 聪敏,擅长抽象思维,富有学识;学习能力强,思考敏捷、准确。教育、文化水平高,个人身心状态健康 | 自然科学工作者等 |
| | 低分 | 思想迟钝,抽象思维能力差,学习能力弱,学识浅薄;不能“举一反三” | |
| 3情绪稳定性C | 高分 | 情绪稳定,成熟,能够沉着地应付各种现实问题,易与人合作,受到人们尊重;能面对现实,沉着应付现实中的各种问题;行动充满魄力;尊重集体 | 研究员、运动员、飞行员、医护人员等 |
| | 低分 | 易激动,易烦恼,意气用事,在事业和爱情受挫时不能泰然处之,情绪沮丧且不易恢复;容易受环境的支配,心神不定。不能面对现实,时时会急躁不安,甚至有时出现失眠、做噩梦等现象 | 教授、艺术家、会计、办事员、售货员等 |
| 4恃强性E | 高分 | 好强,固执,独立,积极,自我评价很高,坚持己见,常挑战权威或驾驭不如自己的人;非常看重自己的能力与才华,对自己的评价很高;有时自以为是;武断 | 领袖人物、有成就者、救火队员、飞行员等 |
| | 低分 | 谦逊、顺从、通融、恭顺;善于迎合他人的旨意;即使自己正处于优越境地,也常感到“事事不如人” | |
| 5兴奋性F | 高分 | 轻松兴奋、随遇而安;非常活泼、愉快、健谈;对人对事,很热心而富有感情,有时因冲动而变幻莫测 | 行政主管人员等 |
| | 低分 | 十分严肃、冷静、寡言;深思熟虑,言行审慎,给人以稳重的感觉;可能骄傲自大,但工作尽职尽责 | 实验技术人员等 |
| 6有恒性G | 高分 | 有恒心,做事尽职尽责,有始有终;把是非善恶作为行为的指标;不喜欢诙谐有趣的场合 | |
| | 低分 | 敷衍,缺乏责任感;不重视远大目标与理想;不保守,为达目的有时不择手段;常能有效地解决实际问题 | |

续表

| 个性因素 | | 个性特征 | 对应的职业 |
|---|---|---|---|
| 7 敢为性 H | 高分 | 不畏缩,敢冒险,敢作敢为;能经历艰辛而保持刚毅;有时粗心,易遭受挫折;喜欢向异性献殷勤 | 救火队员和飞行员等 |
| | 低分 | 畏怯退缩,缺乏自信;羞怯不自然,有自卑感;不愿和陌生人交谈;凡事采取观望的态度 | |
| 8 敏感性 I | 高分 | 敏感,易受感动,较女性化;爱好艺术,富于幻想;不够务实,缺乏耐心;不喜欢接近粗人和做笨重的工作 | 音乐家、艺人等 |
| | 低分 | 理智,注重现实;多以客观、坚强、独立的态度处理当前的问题;重视文化修养;可能骄傲,冷酷无情 | 工程师、外科医生、统计师等 |
| 9 怀疑性 L | 高分 | 怀疑、刚愎自用、固执己见,通常多怀疑,不信任别人。与人相处,常斤斤计较,不顾及他人的利益 | 行政人员、警察等 |
| | 低分 | 信赖随和,易与人相处;通常无猜忌,不与人竞争,顺应合作,善于体贴人 | 工程师、精神病护理员等 |
| 10 幻想性 M | 高分 | 富于幻想、创新,不注重现实;易忽视生活的细节;常会因一时冲动便去行动,易被他人误解。 | 艺术家、作家、研究员等 |
| | 低分 | 注重现实;遇事能十分镇静,力求妥善处理,从不鲁莽行事;常因过于现实而为人索然无味 | |
| 11 世故性 N | 高分 | 精明、能干、非常世故;处事老练,行为得体;能够冷静地分析一切,理智、客观、宽容 | 科学家、工程师、飞行员等 |
| | 低分 | 坦白、直率、天真、单纯;能够做到与人无争,有自许、满意之感;常常显得幼稚、粗鲁、笨拙 | 牧师、神父、护士等 |
| 12 忧虑性 O | 高分 | 忧虑抑郁,多烦恼;常叹世道艰辛,壮志难酬,沮丧悲观;患得患失;觉得不被人接受,没有勇气与人接近 | |
| | 低分 | 安详、沉着、自信;对人对事能够应付自如,有安全感;但显得缺乏同情心而令人反感 | |

续表

| 个性因素 | | 个性特征 | 对应的职业 |
|---|---|---|---|
| 13激进性Q1 | 高分 | 激进、自由,不拘泥于现实;喜欢检验和评价一些现有的理论与事实;是非分明,企图了解先进的思想和行为;往往见多识广,十分愿意充实自己的生活经验 | 行政主管、政治家、科学家等 |
| | 低分 | 保守,尊重传统观念与行为标准;不愿探求并往往激烈地反对新思潮、新事物;在信仰上墨守成规 | 护士、牧师、神父、技工等 |
| 14独立性Q2 | 高分 | 独立自强,当机立断,能独立地完成自己的工作;行为不受社会舆论的约束;无意控制或支配他人 | 科学家、行政主管等 |
| | 低分 | 依赖性强、随群附众;非常愿意与人共同工作,而不愿意单独完成;需要集体支持,但并非真正的乐群者 | |
| 15自律性Q3 | 高分 | 知己知彼,自律严谨;言行一致,能够合理地支配自己的感情和行为;受到他人的尊重,但常常固执己见 | 领袖人物等 |
| | 低分 | 不能克制自己,很难尊重礼俗,不顾大体;不愿考虑别人的需要;内心矛盾重重,却无法靠自己来解决 | 生活适应有问题者等 |
| 16紧张性Q4 | 高分 | 有挫折感,紧张困扰,心神不定;在压力下惊慌失措;易激动,举止做作,常常感到不被别人接受和尊重 | 记者、作家、售货员等 |
| | 低分 | 心平气和、反应迟钝,缺乏进取心;遇事镇静自若,从容处之,善于保持内心平衡;容易知足,因而常乐 | 海员、飞行员、空中小姐等 |

(资料来源:张渤,宁焰.职业生涯与发展规划[M].西安:西北工业大学出版社,2010:64-66.)

但是,对于某个人而言,不能只看其个别人格因素,还应参照其他人格因素的得分,再做出整合的解释。

**2. 麦耶尔斯—布雷格斯人格类型指标(MBTI)**

麦耶尔斯—布雷格斯人格类型指标(MBTI)是美国心理学家麦耶尔斯(I. B. Myers)和布雷格斯(K. C. Briggs)母女研发的一种人格测评技术。

MBTI 把人格按照能量指向(内倾 I—外倾 E)、接受信息(感觉 S—直觉 N)、处理信息(思维 T—情感 F)、行为方式(判断 J—知觉 P)方面的不同偏好分成四大类 16 种倾向,构成了 16 种人格类型,并据此编制了测验。

MBTI 是一种自陈量表式的人格测评方法,用来衡量人们在获取信息、做出决策、对待生活等方面的心理活动规律和人格类型倾向。表 2-3 列出了每种不同的人格类型特征及与其相适应的职业类型。

## 三、职业兴趣的分析与测量

### (一)兴趣与职业的关系

尼采说过:“想要知道你自己是个什么样的人,只要看一看你自己喜欢什么。”兴趣对于我们认识自我、了解自我具有非常重要的意义。

在心理学中,所谓兴趣是指人们力求认识某种事物和从事某项活动的心理倾向,是个体对特定的事物、活动及人所产生的积极的、带有倾向性的、选择性的态度和情绪。简单地说,兴趣就是人们为了快乐,主动想要做的事情。

**表 2-3　MBTI16 种人格类型与相应的职业类型**

| 人格类型 | | 个性特征 | 对应的职业 |
|---|---|---|---|
| 情感主导型 | ISFP<br>(内向+感觉+情感+知觉) | 沉着、仁慈、敏感、易与他人相处 | 艺术、服务、商业、医护等 |
| | INFP<br>(内向+直觉+情感+知觉) | 忠诚、敏感、理想化、适应力强 | 社会科学工作者、编辑、艺术指导、记者、建筑师、心理学家、顾问等 |
| | ESFJ<br>(外向+感觉+情感+判断) | 谨慎、现实、友爱、合作、有责任心 | 人事、销售、公共关系、餐饮与保健服务等 |
| | ENFJ<br>(外向+直觉+情感+判断) | 温情、友爱、敏感、有条理、有责任心 | 作家、记者、教师、公关人员、广告经理、程序设计员、销售经理、生态旅游专家等 |

续表

| 人格类型 | | 个性特征 | 对应的职业 |
| --- | --- | --- | --- |
| 思维主导型 | INTP<br>（内向+直觉+思维+知觉） | 沉静、喜欢独立思考和探索、热衷于理论研究和富有想象力的活动 | 金融规划师、系统分析员、软件设计师、研发人员、信息服务开发商、战略规划师等 |
| | ISTP<br>（内向+感觉+思维+知觉） | 平和、坦率、容忍、诚实、讲求实效 | 经济学者、技术人员、管理顾问、银行职员、软件开发商等 |
| | ESTJ<br>（外向+感觉+思维+判断） | 果断、负责、讲求实效、追求高效率地完成任务 | 经理、经纪人、银行官员、承包商、教育工作者、技术人员等 |
| | ENTJ<br>（外向+直觉+思维+判断） | 坦率、果断、富有决策和领导能力 | 业务主管、销售经理、环保工程师、程序设计员、技术顾问等 |
| 直觉主导型 | INTJ<br>（内向+直觉+思维+判断） | 独特的思想、足智多谋、喜欢以自己的方式行事 | 经济学家、管理顾问、金融规划师、网络专业人员等 |
| | INFJ<br>（内向+直觉+情感+判断） | 富有理想、忠诚、坚定、有领导才能 | 社会科学工作者、编辑、艺术指导、教师、人力资源经理、营销人员等 |
| | ENTP<br>（外向+直觉+思维+知觉） | 睿智、警觉、足智多谋、善于激励他人 | 投资经纪人、工业设计经理、金融规划师、营销策划人员、国际营销商、人事系统开发人员等 |
| | ENFP<br>（外向+直觉+情感+知觉） | 热情洋溢、富有想象力、即兴发挥能力强、善于发现与创新 | 人力资源经理、改革管理顾问、营销经理、广告撰稿人等 |

续表

| 人格类型 | | 个性特征 | 对应的职业 |
| --- | --- | --- | --- |
| 感觉主导型 | ISTJ<br>(内向+感觉+思维+判断) | 严肃、通情达理、有责任心 | 单位领导人、学者、工程师、警察、律师、财务人员、医学专家等 |
| | ISFJ<br>(内向+感觉+情感+判断) | 谨慎、友善、忠诚、有责任感,有奉献精神 | 人事管理、销售、公共关系、餐饮与保健服务等 |
| | ESTP<br>(外向+感觉+思维+知觉) | 现实、友善、灵活、有忍耐力、注重结果 | 企业家、业务顾问、销售人员、财会人员、新闻记者、工程师、演艺人员等 |
| | ESFP<br>(外向+感觉+情感+知觉) | 内向、包容、友善、通融、富有同情心、乐意与人相处 | 公关、社会、演艺、旅游、销售、保险等 |

兴趣是一种自觉自愿的心理和行为倾向,意味着人们的主观喜好,是人们爱做的事、想做的事、感到快乐的事。兴趣对个体的职业选择具有重要意义:当人们从事某种工作时,如果对它有兴趣,就会情绪饱满、干劲十足;如果对它没有兴趣,就会敷衍了事、消极怠工。兴趣对人的职业活动所起的重要作用主要体现在以下几个方面:

**1. 兴趣是职业选择的重要依据**

兴趣是最重要的心理特征之一,是个体力求认识某种事物或从事某种活动的心理倾向,是人们选择职业的重要依据。孔子说:“知之者不如好之者,好之者不如乐之者。”如果一个人对某种职业发生兴趣时,就能积极感知和关注该职业的知识、动态,并且积极思考,大胆探索。如果一个人选择了自己不感兴趣的工作,就很难在该职业上发挥出个人的优势,做出大的贡献,只会日复一日地加剧对工作的厌烦情绪,使整个生活失去绚丽的色彩。

**2. 兴趣可以提高工作效率,充分发挥个人才能**

兴趣表现为个体对某种事物、某项活动的选择性态度或积极的情绪反应。如果一个人对他所从事的工作有兴趣,就能够发挥全部才能的80% ~90% ,并且能较长时间保持高效率而不感到疲劳,而对某项工作缺乏兴趣的人,只能发挥其全部才能的20% ~30% ,且容易精疲力竭。

3. 兴趣是保证职业稳定、职场成功的重要因素

兴趣是最好的老师,是工作动力的重要源泉之一。在其他条件相似的情况下,从事自己感兴趣的职业,会使枯燥的工作变得丰富多彩、趣味无穷,并由此导致工作的长期性和稳定性,更加容易获得职业成功。爱迪生就是个很好的例子。他几乎每天都在实验室里辛苦工作十几个小时,在那里吃饭、睡觉,但丝毫不觉得苦,他说:“我一生中从未间断过一天工作,我每天其乐无穷。”

(二)职业兴趣的类型与测量

职业兴趣是与职业有关的兴趣,是指一个人对某种类型的职业活动自发地关心、钻研并专心致志的思想倾向。[1] 职业兴趣不是天生的,一个人的天赋特点、家庭环境、社会环境、教育程度、实践活动、生活需求等都会对其职业兴趣的形成产生重要影响。

依据不同的标准,职业兴趣可以划分为许多类型。其中,以美国职业指导专家霍兰德的职业兴趣划分方法最具有代表性。

霍兰德十分重视兴趣与职业的关系,认为兴趣是工作的巨大动力,凡是符合自己兴趣的工作,都能提高个人的积极性,使人积极愉快地从事这项工作。霍兰德在此基础上提出了职业的类型论,他的类型论认为:(1)大多数人的职业倾向可以归纳为六种类型;(2)社会环境中的职业也可以分为六种类型;(3)个体总是寻找适合个人兴趣类型的职业类型;(4)如果个体所从事的职业类型与自己的职业兴趣越吻合,他的职业满意度就会越高。

霍兰德归纳的六种职业倾向类型分为现实型(R 型)、研究型(I 型)、艺术型(A 型)、社会型(S 型)、管理型(E 型)和常规型(C 型)。

现实型(R 型),即现实技能操作型兴趣志向,他们具有务实、简朴、谦虚、真诚、呆板等个性特征,动手能力强,喜欢户外、技能性和具有明确任务导向的工作,例如机械师、工匠、烹饪师、电器维修工等。

研究型(I 型),即科学调查研究型兴趣志向,他们具有独立、好奇、聪

[1] 张渤,宁焰. 职业生涯与发展规划[M]. 西安:西北工业大学出版社,2010:52.

敏、细心等个性特点，擅长逻辑推理，喜欢思考性、创新性、探索性工作，如科学研究者、技术创新发明者等。

艺术型（A 型），即文化艺术创意型兴趣志向，他们具有浪漫、开放、热情、自由等个性特征，充满激情、富有表现力，喜欢艺术创造性工作，如音乐、美术、戏剧表演、广告创意、宣传策划等工作者。

社会型（S 型），即社会人际交往型兴趣志向，他们具有友好、善良、外向、慷慨、热心、忍耐等个性特征，并具有责任感、乐于助人，善于交往、容易合作，喜欢与人打交道的服务类工作，如教师、人事、咨询、护理、生活服务等工作者。

企业型（E 型），即经营管理领导型兴趣志向，他们具有冒险、乐观、开拓、创新、权威等个性特征，支配欲、权力欲较强，喜欢影响他人，成就成功目标导向，喜欢从事创业、营销、领导、管理和经营类工作。

常规型（C 型），即传统习惯事务型兴趣志向，他们具有顺从、节俭、务实、精明、细致等个性特征，有很好的数字和计算能力，喜欢室内的、按部就班的、日常事务性的工作，如会计、秘书、测量人员、办事员等。

以上六种类型职业兴趣和职业情景不是截然分开的，而是相互关联的（如图 2-3 所示）。在霍兰德六维职业兴趣相关图中，相邻两条边的兴趣相关度较高，对角线的兴趣相关度较弱。霍兰德认为，如果一个人的兴趣类型正好与实际工作情景特点相匹配或者相吻合，那么他的职业生涯可能顺利很多。相关度越高，职业生涯成功的机会也就越高。

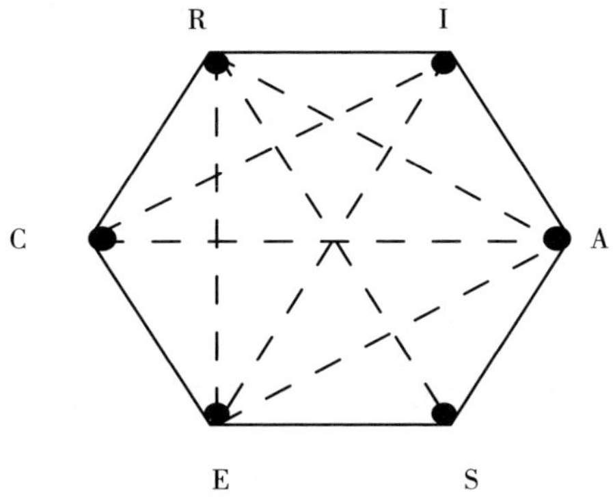


图 2-3　霍兰德六维职业兴趣相关图

**【资料链接】**

## “美丽岛屿”小游戏

假定在苍茫的大海上，我们是一群游客，由于轮船搁浅，我们必须上岛。未来有救援船只到来的可能性是零，而这些岛屿很有可能就是我们今后一辈子要待的地方。如果我们只能待在这些岛屿上，那么你会如何选择？

六个岛屿分别生活着不同的人。俗话说，物以类聚，人以群分。你最愿意到哪个岛上生活？每个同学都做一个选择。如果加入你第一个要选择的岛屿已经人满为患了，你的第二选择是哪个岛？如果第二个也满了，你的第三选择又是什么？请大家保留自己的选择结果。

R 岛：自然原始的岛屿，岛上保留有热带的原始植物林，自然生态保护得很好，也有相当规模的动物园、植物园和水族馆。岛上居民以手工见长，自己种植瓜果蔬菜、修理房屋、打造器物，制作各种工具。

I 岛：深思冥想的岛屿，岛上人迹较少，建筑物多偏处一隅，平川绿野，适合夜观星象。岛上有多处天文馆、科博馆，以及科学图书馆等。岛上居民喜好沉思、追求真知，喜欢和来自各地的科学家、哲学家、心理学家等交换心得。

A 岛：美丽浪漫的岛屿，岛上充满了美术馆、音乐厅，弥漫着浓厚的艺术文化气息。同时，当地的原住民还保留了传统的舞蹈、音乐与绘画，许多艺术和文艺界的朋友都喜欢在这里找寻灵感。

S 岛：温暖友善的岛屿，岛上居民个性温和、十分友善、乐于助人，社区均自成一个密切互动的服务网络，人们互助合作，重视教育，充满人文气息。

E 岛：显赫富足的岛屿，岛上居民热情豪爽，善于贸易和经营。岛上的经济高度发展，到处是高级饭店、俱乐部、高尔夫球场。来往者多是企业家、经理人、政治家、律师等，岛上衣香鬓影、夜夜笙歌。

C 岛：现代井然的岛屿，岛上建筑十分现代化，是进步的都市形态，以完善的户政管理和地政管理、金融管理见长。岛民个性冷静保守，处事有条不紊，善于组织规则。

你的选择是：第一选择________

第二选择________

第三选择________

分析：______________________

## 四、能力分析与测量

### （一）能力的内涵与类型

心理学家认为，能力是指直接影响活动效率，使活动顺利完成的个性心理特征。能力就是成功地做事情或工作的潜能，具有一定的稳定性。能力只有与人的活动联系在一起时，才能表现出来。

能力具有不同的类型。加德纳（Howard Gardner）在《智力的结构》一书中将能力划分为七种类型：

（1）表达/语言的能力，指个体听、说、读、写的能力，表现为个人能够顺利而高效地利用语言描述事件、表达思想并与人交流的能力，在教师、记者、编辑、作家、演讲家等人身上有较为突出的表现。

（2）音乐/韵律的能力，指个体感受、辨别、记忆、改变和表达音乐的能力，表现为个人对节奏、音调、音色和旋律的敏感以及通过作曲、演奏和歌唱等表达自己思想和情感的能力，在作曲家、指挥家、歌唱家、演奏家和乐器调音师身上有较为突出的表现。

（3）逻辑/数学能力，指个体运算和推理的能力，表现为个人对事物间各种关系（如类比、对比、因果和逻辑等关系）的敏感以及通过数理运算和逻辑推理等进行思维的能力，在警察、律师、工程师、科学家等人身上有较为突出的表现。

（4）视觉/空间能力，指个体感觉、辨别、记忆、改变物体的空间关系并借此表达自己思想和情感的能力，表现为个人对线条、形状、结构、色彩和空间关系的敏感以及通过平面图形和立体造型将它们表现出来的能力，在画家、雕塑家、建筑师、航海家、设计师等人身上有较为突出的表现。

(5)身体/运动能力,指个体运用四肢和躯干的能力,表现为个人能够较好地控制自己的身体,对事件能够做出恰当的反应以及善于利用身体语言来表达自己思想和情感的能力,在运动员、舞蹈家、外科医生、赛车手和发明家等身上有较为突出的表现。

(6)自我认知能力,指个体认识、洞察和反省自身的能力,表现为个人能够正确地意识和评价自身的情绪、动机、欲望、个性、意志,并在正确的自我意识和自我评价的基础上形成自尊、自律和自制的能力,在哲学家、小说家、作家、心理学家等人身上有较为突出的表现。

(7)人际能力,指个体与人相处和交往的能力,表现为个人觉察、体验他人情绪、情感和意图并据此做出适宜反应的能力,在教师、律师、推销员、公关人员、律师、咨询师等人身上有较为突出的表现。

我们每个人都同时拥有上述相对独立的七种能力,这七种能力在现实生活中错综复杂地组合在一起,使得我们每一个人的活动、行为方式都不同,并显示出不同的能力风格。

(二)能力的测量

在职业领域,能力是影响人们职业活动效果的基本因素。一方面,人们只有具备职业相关的能力素质,才有可能从事某项工作。能力水平越高,工作表现越好;另一方面,我们只有对自己的职业能力有充分的认识和判断,才能找到适合自己的工作,才能获得职业的长足发展。

能力测评是个人了解自己能力的一种非常重要的方法,是非常有价值的自我评估的方法。职业能力测试的方法有很多,通常分为一般能力测试(也称智力测试)和特殊能力测试。

一般能力即完成一切活动所需要具备的基本能力,也就是一般意义上的智力,如观察能力、记忆能力、操作能力、想象能力、思维能力、语言能力等。一般能力测试就是测量个体的一般能力,其目的在于提供对个体一般能力的鉴定结果,为更好地预测个体在各个职业领域的成就高低提供依据。目前国内外最具有影响也最具有权威性的智力测试主要有比奈—西蒙智力量表、韦克斯勒成人智力量表、瑞文推理测试等。

特殊能力是指个体从事某种专业活动应具备的各种能力,如绘画能力、表演能力、演讲能力、数理能力等。特殊能力测试就是测量个体的特殊能力，其目的在于评价个体在某一方面的发展潜能，用以预测个体在接受适当的训练后，从事某种工作可能获得的成就大小，尤其适用于那些仅具有较少经验或缺乏经验的个体。目前对于特殊能力的测试有：一般能力倾向成套测试（General Aptitude Test Battery，GATB）、鉴别能力倾向成套测试（Differential Aptitude Test，DAT）、机械倾向测试（Mechanical Aptitude Test，MAT）、文书倾向测试（Clerical Aptitude Test，CAT）等。

## 五、职业锚分析

### （一）职业锚的内涵与特点

"职业锚"的概念是由美国麻省理工大学埃德加·施恩教授发明的。施恩认为，职业锚是一个人在工作过程中按照个人的需要、动机和价值观，经过不断搜索，所确定的长期职业贡献或职业定位。职业锚是个人的职业生涯主线或主导价值取向，也就是当一个人不得不做出选择时，无论如何都不能放弃的原则性东西，是人们选择和发展自己的职业时所围绕的中心。

施恩认为，在一个人进入职业岗位之前，职业锚是不存在的。只有在真正拥有了职业经历、工作体验之后，个体才能清楚、正确地估测出自身的才能，从而找到职业方面的"自我"与适合自我的职业。可见职业锚的概念包含以下三方面的内容：(1)自省的动机和需要，以实际情境中的自我测试、自我诊断以及他人的反馈为基础；(2)自省的才干和能力，以个人工作环境中的实际成功为基础；(3)自省的态度和价值观，以自我与雇用组织的准则和价值观的实际情况为基础。

职业锚的概念具有以下五个特点：(1)职业锚产生于最初的工作价值观和工作动机之上，但又受到实践工作经验和自我认识的具体强化，因此"职业锚"定义工作价值观、工作动机的概念更具体、更明确；(2)由于实践工作成果的偶然性，职业锚不可能通过各种测试来预测；(3)职业锚强调了能力、动机和价值观的互动作用，突出三者相互之间的整合作用；(4)职业锚的确定需要各种情境下实践工作的反复验证方可确认，因此，职业锚在个体正式工作若干年后才可能被发现;(5)职业锚概念倾向于寻求个人稳定的成长区域,它并不意味着个人停止变化或成长,“职业锚”本身才会发生变化。

(二)职业锚的类型

施恩教授对斯隆研究院的44名硕士毕业生进行了为期10~12年的纵向研究之后,归纳出5种职业锚类型。后来,经过国外许多机构的大量实验和研究,先后增加了3种类型,共有8种职业锚类型。

**1. 技术/职能型职业锚**

属于技术/职能型职业锚的人由于个性和兴趣,追求在技术或职能领域不断发展,选择职业的范围是围绕着技术或业务能力的特定领域。他们不喜欢做管理工作。他们往往性格内向、独立思考、做事谨慎。这些人大多在工程技术、财务分析、营销策划等职位上谋求发展。即使晋升,也不愿升任全面管理职位,其最高目标是技术/职能系列的最高职位,例如,公司的项目经理、财务副总监、技术副厂长、会计、统计、研究开发人员等都属于此种类型。

**2. 管理型职业锚**

属于管理型职业锚的人对做管理工作有强烈的愿望,追求权力,追求升迁,把管理更多的人和更大的职责作为事业成功的标准。他们把具体的技术或职能工作看作是通向更高管理层的阶梯。他们重视提升自己的人际沟通能力和影响、应对、操纵、控制他人的能力;提升分析、判断、解决问题的能力;提升个人情绪控制能力。他们一生都在百折不挠地向上攀登。这一类型的职业大多在政府机构、企业事业单位等,担任这些单位的主要负责人,如市长、局长、厂长、经理、校长等。

**3. 创造型职业锚**

属于创造型职业锚的人意志坚定、敢于冒险,并孜孜不倦地追求建立或创造属于自己的成就。创造是他们自我发展的核心。他们最高的享受是能够感受到外界所发生的一切都与自己的创造成果联系在一起。他们希望创造自己的名字命名的产品、机构,由此体现自己的才干。属于这类职业锚的主要职业有发明家、企业家、产品开发人、风险投资者等。

#### 4. 自主独立型职业锚

属于自主与独立型职业锚的人喜欢独来独往，总想随心所欲地安排自己的工作和生活，追求最大限度地摆脱组织的约束、施展个人职业能力的工作环境。他们认为组织生活是受限制的、非理性的、妨碍个人自由的。他们大多都有相当高的技术型职业定位，但却不愿进入组织发展。这种类型职业锚的主要代表有学者、作家、艺术家、个体工商户、手工业者、咨询人员等。

#### 5. 安全型职业锚

属于安全型职业锚的人最关心职业的安全性与稳定性。他们非常重视职业的稳定、收入的丰厚、福利的优越和退休待遇的良好，并愿意为此做出贡献。这类人有的选择进入政府当公务员，有的到大型公司当高级职员，有的在有利于家庭幸福和人际和谐的单位谋职。

#### 6. 服务型职业锚

属于服务型职业锚的人由于个人的价值观，喜欢能在工作中体现出服务于人的精神，选择能够帮助别人的职业。与此对应的职业有社会工作者、医生、教师、护士等。

#### 7. 挑战型职业锚

属于挑战型职业锚的人富有挑战性，喜欢解决一些无法解决的问题，克服别人无法克服的困难，征服难度较大的危险，战胜强硬的对手。他们从事某种职业，只是因为这种职业能够给他们提供各种挑战。这类人的典型职业有探险者、特种兵、高级顾问等。

#### 8. 生活型职业锚

属于生活型职业锚的人注重平衡个人、工作、家庭的需要，强调工作与生活的整合。他们喜欢弹性的工作环境，不愿意承担超出最低工作要求的“分外”工作；遇到矛盾冲突时，甚至可以牺牲一部分工作来换取三者的平衡。他们对成功的理解不仅仅局限于职业，而是更加的广泛。与职业和事业相比，他们更加注重自己如何生活，如何提升自己和家人的生活质量。

### 【本章小结】

自我评估是个体制定职业生涯规划的一项基础而重要的工作。要正确地进行自我评估,首先要了解自我的概念。自我有着十分丰富的内涵,人们可以从“主体我”与“客体我”,“生理我”“心理我”和“社会我”,“理想我”和“现实我”,“本我”“自我”与“超我”等不同层面来认识自我。

所谓自我评估,就是指通过全面的自我剖析,了解自己的身体素质、具备的能力、个人的兴趣和性格情况。自我评估包括生理自我评估、心理自我评估、社会自我评估等内容。

自我评估的方法有很多,个体可以通过橱窗分析技术、非正式的自我测评、职业心理测评与分析技术、SWOT 分析法等方法进行自我评估。其中,职业心理测评包括职业价值观的分析与测量、人格的分析与测量、职业兴趣的分析与测量、职业能力的分析与测量、职业锚的分析等。

**【思考题】**

1. 自我的含义是什么?
2. 什么是自我评估?自我评估包括哪些内容?
3. 简述自我评估的基本方法。
4. 简述职业心理测评的内容与方法。
5. 简述霍兰德的职业倾向理论的内容。
6. 什么是职业锚?职业锚有哪几种类型?

**【案例分析】**

### 李一男,出走华为的叛逆男人

华为准接班人李一男,沉默两年之后火线换亲加盟百度。就在两年前,他曾以更为悲壮的方式进入华为,那是他第二次走进这家以狼作为图腾的公司。

像大多数人认为的那样,李一男是个倔强的理想主义者,虽然他刻意低调,却又不时卷入没有硝烟的战场。而此次,百度会成为李一男期待的“黎明”吗?

与那些同在通信行业前台的人物相比,李一男此次离开华为缺少一个辉煌的告别——与现在华为的告别、与过去港湾的告别,或许也将是与通信行业的彻底告别。但他的离开却是对犬牙交错的通信产业一个最真实的呈现。李一男两次离职华为,潜藏在其中的不仅包括梦想,也包括在商战的残酷中显得单薄而可怜的骄傲和叛逆。

## 通信少帅梦断华为

1992年,正在读研究生第二学年的李一男与他的几位同学一起,怀揣着理想进入当时毫不起眼的华为实习。一年之后,这个戴着黑色边框眼镜的大男孩正式加盟华为。华为的多位老员工回忆,当时的李一男不爱讲话,但天生的技术敏感让他深得华为高层的赏识。

"他的确是个技术天才,但在与同事相处的过程中却处处左支右绌。如果是在其他公司,李一男肯定会被排挤出去。"时任华为人力资源部专员的于蓉(应被访者要求,此处隐去真实姓名)如今已不愿轻言往事,记者辗转联系到她时,她已经是一家生产化学试剂公司的人力资源总监。

"当时在华为明显的气氛是,争论强烈但没有复杂的办公室政治,而且当年的华为确实在任正非的领导下唯才是用,这正是吸引李一男留在华为并能被委以重任的原因。"于蓉在接受记者电话采访时表示,"最明显的例子是,在李一男的思想中根本没有层级制度,在技术和产品方面的见地他常常只跟两个人分享——与他一起进入华为的徐某和任正非本人。李一男这种在任何一家国内公司看来都显得有点特立独行的行为方式,却大受任正非的喜欢。"

或许是李一男的技术天赋打动了任正非,1995年,李一男被破格提升为华为总工程师。当时的李一男25岁,当时的华为刚刚推出C&C08数字程控交换机,在华为历史上颇占分量的华为上海研究院是在李一男加盟升任总工后一年才宣告正式成立的。

少年得志的李一男并没有因此而改掉骄傲和叛逆的行为方式,"他很少对人假以辞色,对其他副总也是态度粗暴,这一点和任正非很相像。这可能源于他的单纯,不知道去如何做人,或许压根儿就不屑于学习有关做人的常识。"于蓉向记者叙述着李一男的当年。

有趣的是,李一男对产品和技术发展趋势的把握却总能走在时间的前面,因此华为与任正非本人也给了他足够大的发展空间。于蓉表示:"当时,外界议论说李一男身上有太多任正非的影子,任正非这位华为的开创者和精神领袖用独到、乖张的性格感染了业界,自然也影响了'不谙世事'的李一男。李一男在2000年离开华为时,除了与任正非和少数技术主管仍保持顺畅的沟通之外,和其他大多数高管都有不同程度的交恶。这预示了不失才华的李一男最后与华为的曲终人散。”

2000年,一致被认为是任正非准接班人的李一男携1 000万元分红第一次走出华为,踏上深圳飞往北京的航班,华为企业网络产品的高级分销商港湾网络是年正式成立。饶有意味的是,就在李离开之际,任正非在五洲宾馆举办隆重的欢送会,期望港湾成为华为内部创业的典范。2001年,港湾推出路由器和交换机等产品,港湾与华为自此反目,任正非昔日的爱将在此后7年的时间内,不断跟这位华为"老船长"开着不合时宜的玩笑。

"李一男在离开华为后的4年内,并没有与华为直接竞争。这其中除了种种说不清的竞争利益之外,还能看到李本人对任正非、对自己在华为的5年经历的认同与尊重。”熟悉港湾的一位资深评论人士认为,"2005年9月是港湾与华为正面冲突的分水岭。2005年是华为国际化拓展历史上最为重要的一年,华为先后与沃达丰和Telefónica签署战略合作协议,共同开发以欧洲和拉美为主的全球市场。面对竞争对手西门子欲收购港湾的消息,华为向港湾发出律师函,要求港湾尽快解释对华为多项产品的知识产权侵犯问题。”

2005年11月西门子移动网络部总裁克里斯托弗·卡塞里茨公开表示,将在中国开展一次15个收购项目的大胆计划,这使得外界更加相信港湾是西门子最佳的收购目标。2006年西门子鉴于华为与港湾的知识产权纠纷问题,宣布放弃收购港湾。从此,港湾不断传出被某公司收购的传闻,直至港湾成为华为的囊中之物。

### 谁能让李一男走人

2006年6月,华为宣布收购港湾网络——没有新闻发布会,没有红酒,李一男与任正非这对昔日的师徒、如今的对手再次握手。

"公司在发展中遇到了很多困难和挫折,由于管理层,尤其是我本人在知识和能力方面的欠缺,导致在公司战略的制定和内部的管理上都存在很多不足,错失了企业发展的机遇,辜负了大家对我的期望,对此我也感到深深的自责。”倔强的李一男从未做过像6月6日发给员工的内部邮件中那样诚恳的道歉。作为与任正非多年是非恩怨感情交错的后辈,5年前还接受任正非干杯祝愿的通信少帅,最终被迫放弃了自己一手养大的"孩子"。

这次少帅李一男重新回归华为,在许多接近李一男的人眼里是一件不可思议的事情。原港湾市场部公关专员杨先生在与记者聊天的过程中表示,8年前李一男的离职就已经注定了与老东家华为今后的关系将非常微妙。“李总跟着港湾回到华为让公司上上下下都感觉很惊讶,李总不像是屈服在资本意志下的人。”他说。

据杨先生回忆,华为收购港湾时,李一男本人的状态并没有因被迫放弃自己一手带大的“孩子”而失常。“相反,他看起来心情还蛮好,尽管公司上上下下的气氛对他都很不友好。”

在李一男的价值观中,倔强与骄傲似乎从未走远,即使在与华为抗争中明显处于劣势的情形下,李一男也从未张口向昔日的故人作任何的讨价还价。李一男的傲骨,与之前在华为颇为不利的人际关系,注定其在华为将再次度过孤寂的两年。

李一男在华为与港湾的近10年中,一直都是一个备受争议的人物。他曾经用自己极其敏锐的技术嗅觉领导了华为的技术研发,也曾在后来与老东家进行的收购大战中处处被动。在两次进出华为的过程中,李一男收获了人生历程中最为宝贵的经验、资本和为人处世之道,却失掉了与生俱来骄傲的天性。

与李一男一样,华为副总裁郑宝用也是任正非的得力干将。他先后主持华为公司几代交换机的设计与开发。任正非提倡副总裁每周和客户面谈几次的制度,郑宝用完成得最好,任正非为此经常夸奖他进步得快。

对于李一男和郑宝用,任正非并没有像柳传志那样协调好二虎相争的关系。但树欲静而风不止。尽管两个当事人相互之间并没有成见,但公司内部人言可畏,许多人都风传两人在争夺任正非接班人的位置,这一度让社会关系学不佳的李一男非常被动。

如今,大多数华为内部员工都认为,李一男此次离开华为加盟百度,原因有二:其一是有了李一男第一次“叛逃”华为的经历,任正非对其信任已经大打折扣,在此后的两年时间内,李一男本人也曾一度以首席科学家的身份而被华为束之高阁,并没有施展身手的机会;其二是李一男本人的倔强使他在华为内部并不受欢迎。

华为的同行、四川迈普集团品牌推广部经理刘炜知道李一男离开华为后,用了易卜生《玩偶之家》式的“出走”二字来形容李的离职。他认为,所有人都明白李一男的技术天赋对华为的意义，但李一男根本得不到重用，所以李的离职“应该只是时间问题”。

伟大的领导者都是“一个人的表演”，但其中真正伟大的却是那些在表演之余仍能将政治和人际关系把控于掌中的人。与华为的第一次反目经历毫无意外地注定李一男在今后的两年内不会再得到任正非重用，叛逆而倔强的个性也因此失去了最有力的支撑。36岁时，李一男只能郁闷地说：“我没有别人幸运。”而38岁时，他必须选择离开。

**山的那一边**

从华为“跳槽”到百度，从通信转行到互联网，淡出公众视野两年之久的李一男再次回到公众的视野。通信少帅李一男加盟百度的消息传出后，业界震撼之余，对李一男和百度双方的选择充满猜想。

与事件本身造成的影响相比，李一男本人保持了学术派沉稳低调的风格。或许是考虑到此次转型的轰动程度之大，记者第一时间致电百度市场部，但对方表示，李一男在加盟百度的前三个月将潜心熟悉业务，不接受任何采访。

对于李一男选择百度，业内很多人不理解这一行为，不知道百度如何为李一男提供足够的发展空间，也不理解李一男如何通过百度这个平台来发挥他的“天才”价值。对此，华为内部知情人士认为，李一男选择离开华为加入百度是非常合适的选择。对他来说，经历了港湾的失败以后，没有必要贸然重新再次创业。他选择了百度以后，应该不会轻易回到通信行业，因为互联网有着更大的发展空间。

“李一男的眼光非常敏锐，他的事业选择即表示了他对未来的选择。而这种选择往往具有极强的前瞻性。”这位高层告诉记者，“由于有通信行业的深厚积累，李一男进入与通信关联紧密的互联网行业障碍并不大。通信行业独特的视角为李一男提供了转型的资本，而百度正好为他提供了这种实践的机会。”

（资料来源：葛玉辉. 职业生涯规划管理实务[M]. 北京：清华大学出版社，2011.）

**【分析与讨论】**

（1）你如何评价李一男的职业生涯？

（2）李一男的职业经历与他的价值观、兴趣、性格、能力有何关系？

# 第三章　环境分析

**【学习目标】**

掌握家庭分析、职业分析、行业分析、组织分析、就业市场分析及宏观环境分析的内容;认识家庭、用人单位、人力资源市场和政府等在个体职业生涯管理方面发挥的重要作用;了解外部环境变化,尤其是经济、科技、法律环境的变化对个人职业生涯的影响。

**【重要概念】**

宏观环境分析、经济环境、科技环境、人力资源市场环境、就业法律与政策、微观环境分析、家庭分析、家族职业树、职业分析、行业分析、组织分析

**【引导案例】**

**一个电话让她陷入焦虑**

对于大多数刚走进大学的新生来说,大学生活是多姿多彩的,但王荣的这种兴奋仅仅持续了几天,之后就变得沉默、焦虑。她整天为以后的就业担忧,甚至惶惶不可终日,起因是父母给她打来的一个电话。

王荣是法学院大一的新生,原来填报志愿的时候觉得当法官、当律师挺风光的,于是选择了法律专业。在法学院的学习开始之后,她才真正开始关注这个专业的各个方面,不过大学的新鲜感还是让她对自己的前途充满了信心。这个时候,父母打来一个电话,说最近法律专业不太好就

业，很多法院基本上处于饱和状态，对于人才的需求不是很多，让她多想办法。父母的担忧也让她开始为自己的未来着急。本来以为考上大学，可以放松一下了，没想到却仍需要为将来的就业而烦恼。

王荣逐渐产生了转专业的念头，想转到一个就业较好的专业，但她对各个专业的前景根本不了解。于是，王荣预约了职业咨询，寻求专业帮助……

（资料来源：方伟．大学生职业生涯规划咨询案例教程[M]．北京：北京大学出版社，引用时稍作改动。）

社会是个体生存的基础，每个人都是在一定的社会环境中度过自己的职业生涯。在重要而又漫长的职业生涯过程中，个体职业生涯规划不仅仅需要自我“修身”，进行自我评估，还要分析个体所处的家庭、社会、经济、文化等多方面的社会环境因素。通过分析社会环境因素，个体可以更清楚地对自身的职业生涯进行规划和管理。具体而言，环境分析包括家庭分析、职业分析、组织分析、行业分析、人力资源市场分析等。我们将其归纳为宏观环境分析与微观环境分析两大方面。

## 第一节　宏观环境分析

社会的飞速发展改变了我们的生活，影响着我们的工作时间、方式、地点、价值观，进而影响到我们对职业生涯的规划和追求。宏观环境的变化，为个体职业生涯发展提出了新的挑战，也带来了很多的不确定性。本节将从经济、科技、劳动力市场、法制、企业等几方面分析宏观社会环境变化可能对个体职业生涯带来哪些影响，甚至是冲击。

### 一、经济环境的变化

经济环境的变化对个体职业生涯发展影响重大。对于经济环境，我们可以从国际经济环境变化和国内经济环境变化两个角度进行分析。其中，国际经济环境变化的一个最为显著的特征就是全球化，而国内经济环境的分析需要我们关注区域经济的发展。

(一)全球化对职业生活的影响

20世纪60年代,人们首次使用“地球村”这一术语描述世界经济与生活的变化。到了20世纪80年代,“全球化”一经提出,就迅速演进成为一个含义深刻的概念。全球化既是对国际经济发展一体化进程的描述,又反映了人们对于时代变化的一种主观感受。

全球化改变了企业的生存之道。大多数公司,主要是国际市场而非本国市场才是它们开展业务、开拓市场和吸引人才的平台。对于大型公司而言,跨国运营已经司空见惯。尤其20世纪80年代之后,跨国公司并购重组的浪潮已达到了白热化程度。据统计,世界各国目前至少有7 500万人在外企工作,其中有2 500万人在给美国企业打工,发展中国家在美国企业工作的也有1 200万人。[1]“市场全球化”与“企业全球化”也推动了生产要素的全球化。货币资本在全球范围内大规模流动重组,据2000年统计,每天世界货币市场成交额已超过10 000亿美元,近年美国每月都有700亿美元以上的兼并事件发生。进入21世纪,全球化的产业结构调整,促使美国、欧洲、日本、韩国、中国台湾等发达国家或地区进一步进行大规模的产业转移,并呈现出多层次、多元化、多国别的整体转移的态势。可以说,全球化带来的新问题和新挑战是显著的、严峻的和前所未有的。

**【资料链接】**

**戏说全球化**

时至今日,很多学者都对全球化进行过详细的理论阐释,但是网络上一则调侃全球化的帖子,却令人印象深刻。

“一位英国王妃和他的埃及男友,在法国的隧道里发生撞车事故,被撞的车子是荷兰工程师设计的德国轿车,司机是比利时人,事故原因是他喝了苏格兰出产的威士忌,整个车祸事件经过被意大利的自由摄影师跟踪拍摄,该摄影师当时骑的是日本

[1] 李宝元.职业生涯管理:原理、方法、实践[M].北京:北京师范大学出版社,2007:341.

的摩托车。伤亡者经过一个美国医生急救,使用的是巴西生产的药物。后来一位中国人在网上把这条消息告诉我,我当时使用的是 IBM 的电脑。这台电脑是孟加拉的工人在新加坡的工厂里组装的,然后由一个印度司机开车送出工厂,卖给了墨西哥的商贩。最后,我从以色列店员的手里买到了这台电脑。”

全球化对于个人职业生涯的影响主要表现为人力资源流动与配置的全球化。人们常常在超越地理和文化界限的领域内工作。一个从业者要生存和发展,就必须学会在全面开放的环境中,面对来自“五湖四海”的竞争对手,不断提高职业技能和竞争力。[1] 在变化莫测的职业环境中,职业发展影响因素复杂而多变,不确定性和风险加大,职业规划和调控管理的难度也越来越高,对人们的职业适应性要求也越来越高。

全球化带动着产业链国际化。商品在一个国家生产,在另一个国家包装,在全世界销售已成为趋势。与此同时,职业竞争的全球化已呈不可逆转之势。“出国工作者”“跨国工作者”“旅行工作者”,甚至“环球工作者”不断涌现。未来的工作者需要具备越来越多的跨文化知识,也需要对自己进行跨文化的职业生涯管理。同时,伴随着全球化,我们也必须关注职业的变化。一些旧职业在不断消亡,一些新职业在不断涌现。如何调适自己适应新生活、新职业,是新时代职业者必须面对并积极应对解决的新问题。可以说,全球化对于我们每一个人的职业生涯都是一场“危机”,我们需要思考的是如何避开危险、抓住机遇。

(二)区域经济发展对职业生活的影响

从宏观角度看,个人职业生涯发展也会受到区域经济发展的影响。目前,我国已经形成了以珠江三角洲、长江三角洲、环渤海地区、东北老工业基地、西部等几个重要的经济集群带。这些经济集群带推动着区域经济的蓬勃发展,也深刻地影响着个人的职业选择和职业发展。

---

[1] 李宝元.职业生涯管理:原理、方法、实践[M].北京:北京师范大学出版社,2007:342.

### 1. 珠江三角洲经济区

珠江三角洲，简称“珠三角”，是中国经济最发达、最有活力的都市群。珠江三角洲经济区，包括广州、深圳、珠海、佛山、江门、东莞、中山、惠州和肇庆，总人口 4 230 万，土地总面积 41 698 平方公里。

2009 年 1 月 8 日，国务院发布《珠江三角洲地区改革发展规划纲要(2008—2020)》。纲要提出，到 2012 年，由广州、深圳、佛山、珠海、东莞、中山、惠州、江门、肇庆 9 个城市组成的珠江三角洲地区率先建成全面小康社会，人均地区生产总值达到 80 000 元；到 2020 年，率先基本实现现代化，人均地区生产总值达到 135 000 元。珠三角经济区具有以下特点：

(1)经济实现持续快速增长。1980 年到 1996 年，珠江三角洲地区实现国内生产总值年均递增 17.8%，不仅高于全省 14.5%、全国 9.7% 的同期平均增长速度，而且高于亚洲“四小龙”经济起飞阶段的平均增长速度，地区的生产总值从 1980 年的 80 亿美元急升至 2005 年的2 321.7亿美元。

(2)外向型经济总体水平较高。珠江三角洲地区充分发挥毗邻港澳的地缘优势和侨胞遍及世界各地的有利条件，以国际市场为导向，以国内市场为依托，推动外向型经济高水平、快速发展。1994 年，珠江三角洲地区出口贸易总额高达 384.6 亿美元，占全省当年出口贸易总额的76.6%；实际利用外资 87.98 亿美元，分别占全省、全国当年实际利用外资总额的 68% 和 24%。

(3)产业结构优化合理。珠江三角洲地区已经完成了从传统的农业经济向重要的制造业中心的转变，并成功实现了第二产业、第三产业双重主导的经济社会全面联动发展。珠江三角洲地区第一、二、三产业占国内生产总值的比重，从 1980 年的 25.8∶45.5∶28.9 发展为 1994 年的 8.8∶51.2∶40。总体上看，珠江三角洲地区的产业结构已经基本实现了产业多元化发展的转变。

(4)社会流动走向健康有序。珠江三角洲地区是全国最大的外来工聚集地。现在，在该地区就业的外来务工人员有数百万，形成了规模庞大、富有特色的外来务工人员流动群。这种社会流动符合现代市场经济的逻辑,是人力资源优化配置的自然体现。经过多年的探索和努力,政府有关部门和劳务机构对外来务工者的管理,已经基本上实现了依法管理,使社会流动从无序走向了有序。

目前,珠江三角洲已与周边省市、港澳台形成优势互补、联合互动的经济格局,“大珠三角”“泛珠三角”区域特征明显,这是珠江三角洲经济发展的现实优势。但是,近年来,外商投资趋势发生了重大变化,即由以前偏重珠三角区域向长江经济带集结,珠江三角洲产业竞争力面临来自长江三角洲的严峻挑战。

**2. 长江三角洲经济区**

长江三角洲简称“长三角”,包括江苏省东南部和上海市,浙江省东北部,面积约5万平方公里。在经济上指以上海为龙头的江苏、浙江经济带。长江三角洲城市群是中国最大的城市群,它由沿江城市带和杭州湾城市群构成,成员包括上海,江苏(南京、苏州、无锡、常州、镇江、扬州、南通、泰州、盐城、淮安),浙江(杭州、宁波、嘉兴、湖州、绍兴、舟山、台州、衢州、金华)以及安徽(合肥、马鞍山)等22个城市。

以上海为龙头的江苏、浙江经济带是中国目前经济发展速度最快、经济总量规模最大、最具发展潜力的经济板块,其经济总量相当于全国GDP的20%,且年增长率远远高于全国平均水平。

2004年度统计数据表明,长三角地区占全国土地面积的1%,人口占全国5.8%,创造了18.7%的国内生产总值、全国22%的财政收入和18.4%的外贸出口。正在长江三角洲快速积聚的国际资本和民间资本,不仅规模越来越大,而且以其特有的活力强有力地推动着这一地区的经济快速发展。据统计,2003年1~9月,苏州、杭州、无锡、宁波四市的国内生产总值均已超过1 000亿元,同期增幅均超过12%,上海市国内生产总值已超过3 900亿元,同比增长10%以上。

在这片中国最富饶的土地上,充满活力的大型城市群正在不断崛起:“超级巨人”上海2010年国内生产总值已超过1.6万亿元,位列全国第一;“重量级巨人”苏州、杭州、无锡、宁波、南京,国内生产总值在4 000亿~9 000亿之间;一批“小巨人”城市的国内生产总值呈飞速增长,经济总量基本过千亿元人民币。为“长三角”都市圈带来丰富性和层次感的县域经济，极具竞争力。2005 年 11 月揭晓的全国百强县市竞争力排名中，有七个“长三角”的县市(区)进入前十位。

这一经济巨人群，更直接吸引了众多世界级经济巨人的目光。目前，世界 500 强企业已有 400 多家在这一地区落户。其中，在上海设立地区总部和中国总部的就有逾 200 家，仅在苏州投资的就有 81 家，投资项目达 188 个。长江三角洲已变成一个吸引国际资本与技术的强大磁场。

“长三角”一体化是中国入世后中国经济全球化的一个缩影。大量外企使得“长三角”地区的经济国际化程度大幅度提升，整个“长三角”正在成为“世界工厂”，“中国制造”的产品正源源不断地从这里走向世界。

**3. 环渤海经济圈**

继珠江三角洲、长江三角洲经济圈大展活力之后，环渤海经济圈正在加速崛起，未来有望成为中国经济板块乃至东北亚地区极具影响力的经济崛起地带。

环渤海经济圈，指以辽东半岛、山东半岛、京津冀为主的环渤海滨海经济带，同时延伸辐射到山西、辽宁、山东及内蒙古中东部。环渤海地区是我国北方经济最活跃的地区，属于东北、华北、华东的接合部。改革开放以来，环渤海已经形成了发达便捷的交通优势，雄厚的工业基础和科技教育优势，丰富的自然资源优势，密集的骨干城市群五大优势。据统计，1997 年环渤海经济圈 13 座城市的 GDP 占全国 GDP 的 7.8%。环渤海经济圈经济总量相当于长江三角洲经济圈的 45.3%，比珠三角经济圈低 10%。经济学家们从统计数字的对比中看到了差距，同时也看到了以京津冀为代表的环渤海区域拥有的巨大发展空间和广阔合作潜力。

环渤海地区在我国参与全球经济合作及促进南北协调发展中所处的重要位置，将使加快启动该地区发展成为必要选择。位于太平洋西岸的环渤海地区是日益活跃的东北亚经济区的中心部分，也是中国欧亚大陆桥东部起点之一。新时期中国北方经济结构调整集中在以京津冀为核心的环渤海地区，将与日本、韩国产业继续向外转移形成互动，其联合趋势将为环渤海经济区发展提供更多的机会。

环渤海地区已成为继珠江三角洲、长江三角洲之后的我国第三个大规模区域制造中心。依托原有工业基础,环渤海地区不仅保持了诸如钢铁、原油、原盐等资源依托型产品优势,同时新兴的电子信息、生物制药、新材料等高新技术产业也发展迅猛。该区域科技资源和人才资源高度聚集,教育资源堪称全国最优,学科门类齐全,师资力量雄厚,科研成果丰硕。北京的重点高校占全国的1/4,天津有30多所高等院校和国家级研究中心。全区拥有高等院校376所,占全国的27%,高等院校教师约占全国的1/3,高校学生人数约占全国的1/4以上。从1990—2006年,该地区普通高校数量和在校生规模所体现出的整体培养能力一直很强,五省市在中国的比例稳定在22%~24%,超过"珠三角""长三角"两个经济圈的总和。

**4. 东北老工业基地**

东北老工业基地曾经是新中国工业的摇篮,为建成独立、完整的工业体系和国民经济体系,为国家的改革开放和现代化建设做出了历史性的重大贡献。1990年以来,由于体制性和结构性矛盾日趋显现,东北老工业基地企业设备和技术老化,竞争力下降,就业矛盾突出,资源型城市主导产业衰退,经济发展步伐相对放缓,与沿海发达地区的差距不断扩大。改革开放初期,辽宁省GDP是广东的2倍,而现在广东是辽宁的2倍;1980年黑龙江省的GDP与东部6省市的平均值相当,现在为其46.2%,人均GDP仅是上海的1/4。

改革开放以来,东北经济发展虽然也取得了不小的成就,但相比经济发展更快的地区,东北地区经济发展还是较为缓慢的。GDP和工业增加值由改革开放初的近15%和20%下降到现在的10%以下。2003年10月,中共中央、国务院发布《关于实施东北地区等老工业基地振兴战略的若干意见》,明确了实施振兴战略的指导思想、方针任务和政策措施。随着振兴战略实施,东北地区加快了发展步伐。

实施东北地区等老工业基地振兴战略以来,东北地区经济社会发展加快,改革开放以来被拉开的发展差距逐年缩小,赶上了全国的平均增速,逐步缩小了与全国的发展差距。目前,东北原油产量占全国的2/5,木材产量占全国的1/2,汽车产量占全国的1/4,造船产量占全国的1/3。

2008 年，东北三省地区生产总值增长率（按地区统计后折算的增长率）为 13.4%，超过全国平均水平 1.7 个百分点，这一增长率在四大板块中名列第一。以“十一五”规划实施以来的 3 年计算，东北三省经济增速为 13.7%，高于全国 0.5 个百分点，也分别高于东部、中部和西部地区 0.5 个、0.5 个和 0.3 个百分点，是改革开放以来增长最快的时期。

振兴东北老工业基地工作任重而道远，目前取得的成绩只是阶段性的，与全国特别是发达地区相比较还有较大差距：经济总量仍呈下降趋势，结构调整任务十分艰巨，深化国企改革战略重组困难重重，装备制造业持续发展面临考验，资源型城市持续发展缺少政策保障，就业民生和社会保障压力大，诸多风险依然存在等，尤其是东北三省思想观念转变和体制机制创新，以及一些历史上积累的影响长远发展的结构性、体制性矛盾还没有完全解决，振兴东北地区等老工业基地是一项长期、复杂和艰巨的工作。

**5. 西部**

“10+2+2”是西部地区的最新定义。中国西部由西南五省市（四川、云南、贵州、西藏、重庆），西北五省市（陕西、甘肃、青海、新疆、宁夏）和内蒙古、广西以及湖南的湘西、湖北的恩施土家族苗族自治州组成。其土地面积 538 万平方公里，占全国国土面积 71.4%；目前有人口约 2.87 亿，占全国人口总数的 22.99%，约占国内生产总值的 15%。

西部地区自然资源丰富，市场潜力大，战略位置十分重要。但由于自然、历史、社会等原因，西部地区经济发展相对落后，人均国内生产总值仅相当于全国平均水平的 2/3，不到东部地区平均水平的 40%，迫切需要加快改革开放和现代化建设步伐。

由于东西部地区发展差距的历史存在和过分扩大，已成为一个长期困扰中国经济和社会健康发展的全局性问题。支持西部地区开发建设，实现东西部地区协调发展，是我国现代化建设中的一项重要的战略任务。

2000 年 1 月，国务院西部地区开发领导小组召开西部地区开发会议，研究加快西部地区发展的基本思路和战略任务，部署实施西部大开发的重点工作。2001 年 3 月，九届全国人大四次会议通过的《中华人民共和国国民经济和社会发展第十个五年计划纲要》对实施西部大开发战略再次进行了具体部署。2006 年 12 月 8 日，国务院常务会议审议并原则通过了《西部大开发“十一五”规划》。目标是努力实现西部地区经济又好又快发展，人民生活水平持续稳定提高，基础设施和生态环境建设取得了新突破，重点区域和重点产业的发展达到新水平，教育、卫生等基本公共服务均等化取得新成效，构建社会主义和谐社会迈出扎实步伐。西部大开发总的战略目标是：经过几代人的艰苦奋斗，到 21 世纪中叶全国基本实现现代化时，从根本上改变西部地区相对落后的面貌，建成一个经济繁荣、社会进步、生活安定、民族团结、山川秀美、人民富裕的新西部。

“青藏铁路”“西电东送”“西气东输”等重大项目的启动和实施标志着西部大开发取得了举世瞩目的成绩。但是，基础设施落后仍然是制约西部地区经济和社会发展的重要因素。实施西部大开发，必须加快基础设施建设。

以上我们分析了国内几个重要的经济带及其发展特点。当代大学生在制定职业生涯发展规划以及进行职业选择时，一定要加深对自己感兴趣地区的了解，了解该地区人力资源需求的特点，并做好相应的职业准备

## 二、科技的发展

科技的发展对个人职业生涯发展的影响意义深远。科技的发展一方面使工作的基本性质发生了变化，一方面也对个人职业生涯带来了巨大冲击。

科技发展的重要里程碑是“工业革命”。第一次工业革命是蒸汽机的发明，第二次工业革命是石油的使用，而第三次工业革命则是微芯片的发明和广泛应用。在越来越多的领域，计算机、机器人、电信和其他技术正在逐步替代人类工作，由此带来的裁员、业务重组、工作场所的变化也与日俱增，这些变化将最终导致每周 40 小时的传统工作方式逐渐衰落。一个深刻的例子来自农业。美国经济学家里夫金（Jeremy Rifkin）指出，目前世界上有将近一半的人还在耕种土地，然而技术和生物领域的新发展可以在 50 年内让 24 亿依靠土地生存的人结束户外耕种。里夫金还预测未来农民更加戏剧化的改变。这些改变一方面来自农业软件的升级、在线系统、专家

系统和机器人,一方面来自新的基因合成技术,这将大大地改变植物和动物的养殖方式。

20 世纪后期以来,核能技术、航空航天技术、生物工程技术、信息通讯技术的突飞猛进引发了全球的技术革命浪潮。它给社会经济生活带来了翻天覆地的变化:原有传统行业的技术结构普遍快速升级;以高科技为基础的新兴行业更是飞速发展。这促进了知识经济时代的到来,组织与个人的专业科技知识和创新能力正在逐步代替货币资本而成为经济财富增长的决定性因素。组织的人力资源需求发生了质的变化。

科技改变了许多企业的运营模式。例如,在银行业,当预先设定一些程序后,电脑就能够自动地从账户中存款或提款。这种业务一天 24 小时在世界各地不间断地发生着。当你睡觉的时候,你账户里的钱也许正在不同的交易所中流动着。而互联网的出现也使得公司之间花费很少的费用就能够进行即时联系。理查德・朱迪(Richard Judy)和卡罗尔・德埃米科(Carol D' Amico)认为,科技变化的速度从没有像今天这样快,而且还将以指数速度增长。他们认为,21 世纪科技带给国家经济、企业和个人的"创造性破坏"将会比过去更大。[1]

科技的变化改变了人们的工作和生活方式。弹性工作制、远程办公、居家办公、工作共享等新的工作模式应运而生。科技带来的生产率的提高也使得企业柔性用工非常普遍。业务外包、临时工、兼职工、员工租赁、员工派遣颠覆了传统的组织职业的发展路径,使得员工很难终其一生在一个组织内部度过自己的职业生涯。因此,无边界职业生涯、易变职业生涯的概念相继而出,这意味着在未来工作场所,雇主已经不再倾向于为员工提供职业生涯服务,员工将更多地肩负起自我职业生涯管理的重任。

## 三、人力资源市场分析

人力资源市场是配置人力资源并协调就业决策的市场,它以市场机制

[1] Reardon, Lenz, Sampson, Peterson. 职业生涯发展与规划[M]. 侯志瑾等,译. 北京:高等教育出版社,2005:95.

调节人力资源供求的经济关系。个体在进行职业生涯规划和职业选择时，一定要调查清楚人力资源市场的供给与需求状况。

### （一）人力资源市场供给分析

分析人力资源市场供求情况，首先要研究人力资源供给数量。人力资源供给数量，通常是指一个国家或地区所拥有的具有一定劳动技能的人口总和。为此，各国都根据其国情对人口进行劳动年龄的划分。我国现行的劳动年龄规定是：男性 16～60 岁，女性 16～55 岁。在劳动年龄上下限之间的人口称为“劳动适龄人口”。适龄劳动人口规模取决于人口总规模、劳动年龄法定范围以及健康状况等。除此之外，一个国家或地区的人力资源供给数量还会受到性别结构、工作价值取向、民族风俗习惯、文化传统和就业政策等复杂因素的影响。把握人力资源市场供给情况，必须对这些因素进行一一分析。

分析人力资源市场供求情况，还要研究人力资源供给结构。人力资源供给结构包括年龄结构、性别结构、专业结构等。这些因素反映了一个国家、一个地区人力资源的质量。人力资源质量可以用每百万人口中接受高等教育的人数、小学教育普及率、中学教育普及率、专业人员占全体劳动者比重等经济社会统计常用指标来表示。人力资源质量，还可以最直接地表现为人力资源的体质水平、文化水平、专业技术水平以及心理素质、道德水平高低等。

与人力资源数量相比，人力资源质量与结构更为重要。人力资源数量能反映出可以推动物质资源的人的规模，人力资源质量则反映可能推动哪种类型、哪种复杂程度和多大数量的物质资源。一般来说，复杂劳动只能由高质量的人力资源来从事，简单劳动则可以由低质量的人力资源来从事。经济越发达，技术越现代化，对于人力资源质量的要求越高。与这一发展趋势相适应，劳动者的类型大致发生了如下变化，如图 3-1 所示。

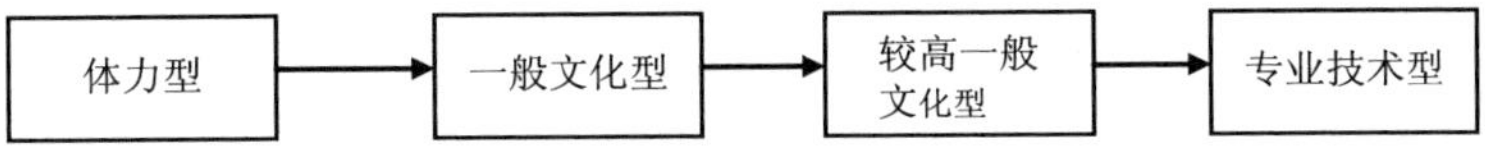


**图 3-1　劳动者类型的变化图**[1]

在这个链条中,第一类劳动者全凭体力去劳动;第二类劳动者具有一些文化,但劳动还是以体力劳动为主;第三类劳动者具有较高的一般文化,劳动已不再是以体力为主,他们主要是与机械技术相联系;最后一类劳动者以专业技术为主,基本摆脱了体力劳动,他们是与当代和将来的自动化技术联系在一起的。劳动者类型的变化同时表明未来社会对人力资源质量的要求已越来越高。

### (二)人力资源市场需求分析

人力资源市场需求分析,是对某一国家、某一地区在未来某一特定时期所需要的人力资源数量、质量以及结构进行估计。人力资源市场需求分析具体包括行业需求分析、地域需求分析与职业需求分析等。

用人单位的行业分布特点,与社会体制、产业结构的状况密切相关。世界各国,尤其是经济发达国家工业化和现代化的进程表明,产业结构变动的总趋势如下:(1)随着农业劳动生产率的不断提高,它所占有的劳动力从相对减少趋向绝对减少,占社会总劳动力的比重不断下降;(2)随着科学技术的进步,生产力发展和第一、第二两大部门劳动生产率的提高,第三产业部门所占有的劳动力不断增多,占社会总劳动力的比重也不断上升。

新中国成立以来,我国三类产业就业结构的演变情况见表 3-1。可以看出,我国的就业人数,从 1949 年的 18 082 万人,增加到 2007 年的76 990 万人,增加了 3.26 倍。其中,第一产业的劳动者占社会总就业人数的比重有所下降;第二产业的劳动者绝对数量有所增长,占社会总就业人数的比重明显提高;第三产业的劳动者绝对数量缓慢增长,占社会总就业人数的比重有所增加。

用人单位的地域分析与职位需求分析,也可以沿着宏观视野展开。例如,从地域特点来看,北京、上海两地用人单位分布和工作职位设置就有很

[1] 董克用. 人力资源管理概论[M]. 北京:中国人民大学出版社,2011:8.

大不同。北京作为我国首都，政府机关云集，教育文化单位众多，而上海作为商业大都市和国际金融中心，商业气息较浓，高科技产业发展迅速，两地的职位需求有所不同。例如，北京市职业声望排行榜的调查结果显示，党政机关干部、国有大中型企业经理、大学教授、法官、社会科学家排在最前列，而上海市职业声望排行榜中，除了政府干部和大学教师外，主要是网络工程师、自然科学工作者、软件设计师和翻译等排在前列。《我国就业结构演变情况》见表3-1。

**表3-1　我国就业结构演变情况**

| 年度 | 全国就业人数(万) | 第一产业 | | 第二产业 | | 第三产业 | |
|---|---|---|---|---|---|---|---|
| | | 人数(万) | 百分比(%) | 人数 | 百分比(%) | 人数 | 百分比(%) |
| 1949 | 18 082 | 16 544 | 91.5 | 453 | 2.6 | 1 070 | 5.9 |
| 1958 | 26 000 | 15 490 | 58.2 | 7 076 | 26.6 | 4 034 | 15.2 |
| 1970 | 34 432 | 27 811 | 80.8 | 3 518 | 10.2 | 3 103 | 9.0 |
| 1980 | 41 896 | 30 206 | 72.1 | 6 821 | 16.3 | 4 869 | 11.6 |
| 1990 | 63 909 | 38 428 | 60.1 | 13 654 | 21.4 | 11 828 | 18.5 |
| 2007 | 76 990 | 31 444 | 40.8 | 20 629 | 26.8 | 24 917 | 32.4 |

（资料来源：张渤，宁焰. 职业生涯与发展规划[M]. 西安：西北工业大学出版社，2010：123.）

随着中国社会转型的推进，就业区域状况也必将发生变化，个体在进行人力资源市场供给与需求分析时，只有密切关注目标行业、区域和职业的变化，进行深入细致的市场调研和数据分析，才能进行准确的自我定位，为职业生涯规划打下坚实的基础。

### 四、法律与就业政策的变化

与个体职业生涯发展相关的法律和政策因素包括劳动法律体系和就业政策。一般来说，劳动法律体系是指与劳动者权益有关的一切法律制度的总称，其所调整的对象是劳动关系。劳动法律体系包括宪法、法律、行政法规、地方法规等，如公务员招考、工时制、最低工资的强制性规定等。就业政策则包括与人才流动、人才开发相关的规章制度，如现行的户籍制度、住房制度、人事制度和社会保障制度等，这些因素都会对个体的职业发展产生重要的影响。从我国的实际情况来看，政治法律环境对高级人才的限制比较少，许多地区对引进大学生有不少优惠政策。作为大学生，要特别关注与就业相关的两方面内容。

### （一）劳动法律法规

大学生们要了解和关注劳动法律法规，对就业法律法规了解得越多，越能增强自己的就业能力，避免在职业生涯规划方面犯错误。例如，2008年1月1日施行的两部法律对大学生就业产生了极大的影响，这两部法律分别是《中华人民共和国就业促进法》（以下简称《就业促进法》）和《中华人民共和国劳动合同法》（以下简称《劳动合同法》）。《就业促进法》对于消除就业歧视、提供公平就业的社会环境提供了很好的法律保障。《劳动合同法》则成了大学生就业的“双刃剑”。一方面，对大学生就业的法律保障有积极作用。如根据《劳动合同法》的规定，用人单位需先签订合同再试用，试用期包含在劳动合同期限内，大学生就业因此有了法律的保障。另外，按照规定，用人单位应当向劳动者如实告知用工要求、工作岗位及内容、劳动报酬、劳动条件、规章制度等与订立和履行劳动合同有直接关系的事实情况，这对大学生就业的权益也是一种保护。另一方面，《劳动合同法》实施后，大学生面临的就业竞争会更大。因为按照《劳动合同法》的规定，单位不能随便辞退员工，对企业用工的规定也更加严格。这将提高企业的用工成本，因此企业在招聘大学生时会比以前更谨慎、理性，严把进人关。大学生要争取好工作就更不容易了，还会增加“跳槽”的难度。

除了上述两部法律，与大学生就业相关的法律法规还包括《劳动法》（1994）、《最低工资规定》（2005）、《职业病防治法》（2001）、《职工休假管理规定》（1991）以及社会保险方面的立法等。

### （二）大学生就业政策

大学生就业政策是国家为实现一定时期的路线、方针而制定高层次人力资源配置的行动准则，体现了一定时期社会发展的需要，是大学生就业过程中所应遵循的基本规范。

我国大学生就业制度经历了一个不断发展和改革的过程,有关的政策也做过相应的调整。目前正在运行的毕业生就业制度,是在国家就业方针、政策指导下,毕业生和用人单位双向选择的制度。虽然毕业生有自主择业的权利,但不是说就业政策就失去了导向、调控和约束的功能。用人单位有自主用工的权利,因此毕业生自主择业不是毕业生的一厢情愿或随心所欲的事情。双向选择是选择与被选择的关系,是主客体的辩证统一,选择的双方不是谁必须服从谁的问题,而是双方在相互满足对方需要的基础上达成的一种契约关系。因此,双向选择体现了毕业生就业中更本质的关系。既然是契约关系,就摆脱不了政策的导向、调控和约束。如单位的劳动用工政策、吸引人才的政策,发达地区和中心城市的进人控制政策,都将对毕业生择业产生重要的制约作用。而且还要看到,有些约束性的政策不是在择业期才体现出来,而是在招生时和培养过程中就形成的一种契约关系,比如对委托培养生、定向培养生以及享受专业奖学金的学生的政策等,它们直接制约着择业者的择业行为。

近年来,为支持大学生创业,国家和各级政府都出台了许多优惠政策,涉及融资、开业、税收、创业培训、创业指导等诸多方面。对打算创业的大学生来说,了解这些政策,才能走好创业的第一步。这些政策包括:(1)大学毕业生在毕业后两年内自主创业,到创业实体所在地的工商部门办理营业执照,注册资金(本)在50万元以下的,允许分期到位,首期到位资金不低于注册资本的10%(出资额不低于3万元),1年内实缴注册资本追加到50%以上,余款可在3年内分期到位;(2)大学毕业生新办咨询业、信息业、技术服务业的企业或经营单位,经税务部门批准,免征企业所得税两年;新办从事交通运输、邮电通信的企业或经营单位,经税务部门批准,第一年免征企业所得税,第二年减半征收企业所得税;新办从事公用事业、商业、物资业、对外贸易业、旅游业、物流业、仓储业、居民服务业、饮食业、教育文化事业、卫生事业的企业或经营单位,经税务部门批准,免征企业所得税一年;(3)各国有商业银行、股份制银行、城市商业银行和有条件的城市信用社要为自主创业的毕业生提供小额贷款,并简化程序,提供开户和结算便利,贷款额度在2万元左右。贷款期限最长为两年,到期确定需延长的,可申请延期一次。贷款利息按照中国人民银行公布的贷款利率确定,担保最高限额为担保基金的5倍,期限与贷款期限相同;(4)政府人事行政部门所属的人才中介服务机构,免费为自主创业毕业生保管人事档案(包括代办社保、职称、档案工资等有关手续)2年;提供免费查询人才、劳动力供求信息,免费发布招聘广告等服务;适当减免参加人才集市或人才劳务交流活动收费;优惠为创办企业的员工提供一次培训、测评服务。

## 第二节 微观环境分析

宏观环境的变化对个体职业生涯发展会产生重要的影响,但相比较而言,微观环境的变化对个体职业生涯影响的作用更大。影响个体职业生涯发展的微观环境因素分为家庭因素、职业因素、行业因素与组织因素。因此,微观环境分析包括家庭分析、职业分析、行业分析与组织分析。

### 一、家庭分析

家庭分析是环境分析的首要内容。我们将从两方面阐述家庭分析的内容:一是家庭与个体职业生涯发展的关系;二是家庭分析的内容与方法。

#### (一)家庭与个体职业生涯发展的关系

家庭是社会的细胞,是个人生活的重要场所。一个人的家庭是造就其素质以至影响其职业生涯的主要因素之一。很多教育专家都指出,家庭是孩子的第一所学校,父母是孩子的第一任老师。个人往往从幼儿时期开始,价值观、行为方式和生活习惯就受到家庭环境的深刻影响,并经长期的潜移默化而形成。心理学专家认为,父母在子女的职业发展过程中处于核心地位,父母通过奖励和惩罚塑造孩子的行为,通过教导和说理启发孩子思考父母期望他们选择的职业,通过言传身教的榜样作用影响子女的职业规划。[1]

---

[1] 侯志瑾.家庭对青少年职业发展影响的研究综述[J].心理发展与教育,2004(3):91.

父母对孩子职业发展的影响是有目的、有计划的,“子承父业”正说明了家庭对于个人职业生涯的多方面影响。布什总统、居里夫人的女儿、奥运冠军邓亚萍、喜剧演员陈佩斯、相声演员侯跃文等,他们的职业发展都曾深受家庭的影响。曾经有学者对加拿大和中国的中学生做了一项研究,要求中学生对可能影响他们职业选择的人进行排序。结果发现,无论是加拿大还是中国的中学生,均将父母排在第一位,即父母是对他们职业选择最有影响的人。

在现实的职业选择和职业生涯规划中,一个人的职业志向和生涯路径往往受到家庭因素的影响很大。家庭环境对个体职业生涯的影响,不但包括原生家庭的影响,还包括新生家庭的影响。家庭环境对一个人职业生涯的影响可能是积极的,也可能是消极的。具体而言,家庭环境对个体职业生涯的影响主要体现在以下几个方面:

**1. 家庭会影响个体的职业生涯价值观**

不同家庭环境中,父母的期望也不同。父母的职业意识会影响到青年对职业的看法,使他们认同并选择父母欣赏的某些职业。研究显示,干部和工人家庭的大学生比农民家庭的大学生更重视经济报酬、变动性、声望、工作环境;农民家庭的大学生比干部和工人家庭的大学生更注重利他主义、监督关系等职业价值。而价值观必然从根本上影响到人们的职业抱负和职业目标、职业选择的方向和种类、职业选择的冒险与保守程度、对职业岗位的认可态度以及工作中的种种行为和表现等。

**2. 家庭会影响个体受教育的机会和受教育的程度**

家庭经济状况和社会地位不同,其获取的社会资源也不同。研究显示,教育不公平现象在我国依然存在。出身优势家庭背景的孩子会享受到更多受教育的机会。同样,他们在择业和就业方面也会有更多的机会和优势。家庭拥有的较好的经济状况和社会地位同样会赋予个体较高的起点,使其在竞争中处于优势。

**3. 家庭会影响个体的职业生涯决策**

家庭还会影响到个体的职业生涯决策。尤其当子女在职业选择道路上犹豫不决并寻求帮助时,父母意志的作用就会放大,对子女的职业选择产生重要影响。有些大学生完全按照自己的意愿选择了某种职业,有些大学生则被引入了父母正在从事或者希望子女从事的职业。在后面这种情况下,子女是被看作父母希望的延伸,或者家庭的代表,他们的使命是实现父母的理想。这种职业选择的效果不能一概而论,不过这也在无形中隐藏了一种危险,即如果职业实践不尽如人意,那么子女很可能会将这种结果归咎于父母,让父母来承担职业实践不理想的责任。

有研究显示,家庭因素对大学生职业选择的影响程度由高到低依次排列为:家庭经济地位、家庭背景、个人成长经历、教养方式、父母期望、家庭居住地、在兄弟姐妹中的排位、对他人生有重要影响的人、家庭职业传统、共同兴趣爱好。无论是父母的期望还是家庭的社会经济地位,这些因素都会在子女的职业选择过程中留下痕迹。这种影响会随着子女专业知识的丰富、职业意识的明晰、心理的日渐成熟而逐渐降低。其后,随着个体结婚生子,新生家庭的影响作用将会逐渐增强。

### (二)家庭分析的内容与方法

#### 1. 家庭分析的内容

在现实的职业选择和职业生涯规划中,一个人的职业志向和生涯路径往往受到家庭因素影响会很大。家庭对一个人职业生涯规划的影响可能是正面的,也可能是负面的。

家庭分析包括原生家庭与新生家庭分析。具体而言,包括以下层面:(1)父母的情感需求;(2)配偶的职业生涯志向;(3)配偶的情感需求;(4)子女的情感需求;(5)家庭的财务需求;(6)家庭期望的生活方式;(7)家庭的发展阶段;(8)本人和配偶在职业生涯上所处的阶段。

#### 2. 家庭分析的方法

家庭分析的方法很多,其中比较常用的一种方法是家族职业树。家族职业树(occupational family tree)即以画图的方式,寻找家庭对个人职业的影响,促进个体对自我生涯的认知。其操作步骤如下:

(1)在"树梢"处填写个人爱好的职业(可填数种)。

(2)将家族成员的职业分别标到树的枝干上(各枝干代表家庭成员,标出称谓)。由于个人职业可能有所变动,因此可同时填上目前的职业与先前从事过的主要职业，并将与咨询对象有密切关系的重要人物圈起来。

(3)将家族人员职业的共同特点填在“树根”处。

(4)老师与同学(或者同学分组)共同讨论“家族职业树”，可以从下列问题引向深入：对家族中个人的职业有何感觉(骄傲、尴尬、羡慕、不屑等)；他们希望我选择何种职业；在兴趣、能力、体能、外貌等方面我与家族中谁最相似，他们从事的职业与我的偏好有何关联；我的家庭成员对工作最感到满意的是什么(如休闲时间、生活条件、家庭气氛等)。

(5)经过上述讨论，老师或者组长可以进一步引导同学探讨各种职业的优点与缺陷(如普通的职业对个人与社会的正面价值，或高层次职业的负面影响等)。

## 二、职业分析

职业分析是以工作性质的同一性为基本原则对社会职业进行的系统划分与归类。所谓工作性质，即一种职业区别于另一种职业的根本属性，一般通过职业活动的对象、从业方式等差异予以体现。对职业分析的根本目的就是要将社会上纷繁复杂、数以万计的现行工作类型，划分成类系有别、规范统一、井然有序的层次或类别。

职业分析与职业生涯规划、职业选择、职业发展之间有着密切的联系。大学毕业生与用人单位在就业市场进行“双向选择”，也就是求职者选择职业和职业选择求职者的过程。因此，对于高校毕业生来说，不了解职业的种类及分类的依据，不了解职业对于劳动者素质的不同要求，就很难做出正确的择业决策。

### (一)职业分析的内容

科学的职业分析有助于个体更好地选择自己的职业。通过职业分析，我们要获得 7 个方面的信息：工作职责、工作关系、工作条件与环境、薪酬福利、任职资格、岗位发展路线、职业发展前景。

(1)工作职责。包括员工的主要工作内容是什么，每项内容在整体工作中的重要性是怎样的，任务的负责程度等。

(2)工作关系。包括工作的内部关系和外部关系。内部关系涉及上下级关系,即这个岗位的直接上级和直接下级是谁,与公司内部哪些部门或岗位有合作关系。外部关系是指这个岗位与哪些政府部门、企业机构或其他组织有联系。

(3)工作条件与环境。工作环境包括工作的地点、有无噪声和有害气体、室内温度。工作条件包括该职位完成工作任务需要哪些工具、机器和设备等,比如秘书所用的打印机、复印机、电脑、一般文具等。

(4)薪酬福利。包括基本工资、奖金、绩效工资、社会保险、休假制度、企业福利等。

(5)任职资格。包括受教育程度、工作经验、岗前培训种类、身体条件、心理素质、性格和特殊技能。

(6)岗位发展路线。它分为员工发展和自我发展两种。自我发展是针对每一位员工,他们为了做好本职工作及本身的发展需要接受哪些培训;员工发展是针对管理人员,管理人员需要对其下属做出什么样的培训安排。

(7)职业发展前景。昨天的热门职业,往往会成为明日黄花,许多旧职业消失的同时,许多新职业又在产生。如何准确把握、分析不同职业的特点及其未来走向,是个体寻找合适职业的桥梁。现如今许多国家都会定期发布有关职业前景的信息,以帮助人们选择学习专业、接受职业培训。

### (二)职业分析的方法

职业分析的方法很多,获取与职业相关的信息主要有以下几种方式:查阅职业分类大典;查阅其他文献资料;职业生涯访谈;参观、实践、实习。

#### 1. 查阅职业分类大典

《中华人民共和国职业分类大典》是我国的国家职业分类标准。《中华人民共和国职业分类大典》将职业分为4个层次,包括8个大类,66个中类,413个小类,1 838个“细类”。“细类”为最小类别,即职业。查阅职业分类大典可以了解我国政府对每个职业基本职责的要求与工作内容的界定。

### 2. 查阅其他文献资料

其他文献资料包括各种出版物(如书籍、专著、论文等)、各类网络信息、各种视频资料等。通过这些文献资料,个体可以了解每一种职业的名称、职责、工作环境、工作程序、工作内容,以及工作对人的兴趣、资质、身体条件、受教育程度等方面的要求。

### 3. 职业生涯访谈

通过与职业持有人交流,可以深入了解相关职业知识和技能需求、待遇发展前景等。通过交谈,还能够直观地获取他们的工作信息并了解他们的工作环境,这是其他方式所达不到的。采用这种方式,个体不仅可以检验通过其他方式所获取的信息是否正确,还能够了解到人们对于自己工作的感受。访谈法的不足之处在于:由于访谈对象不同,对同一问题的回答可能差异会很大。因此,个体可以通过其他信息来源验证访谈信息。

**【资料链接】**

**职业生涯访谈提纲**

(1)你是怎样决定自己的职业的?

(2)你做了哪些准备?

(3)这个工作要求有什么样的技能?

(4) 如果你正想雇一个人来做这项工作,你希望受雇者有什么样的资历?

(5)在工作中,你的主要责任是什么?你对此有何评价?

(6)你的职业有哪些让你喜欢的地方?有什么回报?

(7)你的工作条件怎么样?(包括时间、工作环境、着装要求、可能的危险以及工作决策是怎样制定的等。)

(8)一个典型的工作日是什么样子的?

(9)这个行业中的起薪和平均工资是多少?通常有哪些福利?

(10)你认为你的职业(和你的公司)发展前景如何?

(11)还有哪些职业与这个行业紧密相关?

(12)什么样的兼职工作经历能使我熟悉这个职业?

(13)我还能和其他某位业内人士谈一谈吗?

#### 4. 参观、实践、实习

参观、实践、实习是一种比较全面了解职业的方法。参观、实践、实习能让对特定职业感兴趣的人更加清楚地认识到该职业的任务、需求,以及自己是否能够胜任。实习应该注重针对性,即应尽可能地将其与自己感兴趣的职业联系起来,而不是视其为一项纯粹为了获得经济利益而从事的活动。

上述4种方式对于认识和分析职业具有一定的帮助和指导意义。一旦我们认识了职业本身,在择业时我们就会将职业与我们自身的条件相匹配。

## 三、行业分析

“职业”由“职”和“业”构成。“职”是指职位、职责,即我们平时所说的在一定的职位上承担一定的责任;“业”是指从事的行业、事业。临近毕业,很多大学生总是咨询这样一些问题:自己应该从事哪个行业?哪个行业更热门?哪个行业更有发展前景?其实,这些问题可以借助于行业分析来回答。

### (一)行业分析的内容

行业分析包括行业类别划分、行业生命周期阶段分析、行业发展趋势分析、行业对人才的需求分析等。

#### 1. 行业类别划分

我国的行业划分标准分为三个产业。第一产业,农业(包括种植业、林业、牧业和渔业);第二产业,工业(包括采掘业、制造业、自来水、电力、蒸汽、热水、煤气)和建筑业;第三产业。除第一产业、第二产业外的其他各业,又可分为两个部门:流通部门和服务部门。

**【资料链接】**

**我国国民经济行业分类方法(GB/T 4754—2002)**

A 农、林、牧、渔业

B 采矿业

C 制造业

D 电力、燃气及水的生产和供应业

E 建筑业

F 交通运输、仓储和邮政业

G 信息传输、计算机服务和软件业

H 批发和零售业

I 住宿和餐饮业

J 金融业

K 房地产业

L 租赁和商务服务业

M 科学研究、技术服务和地质勘查业

N 水利、环境和公共设施管理业

O 居民服务和其他服务业

P 教育

Q 卫生、社会保障和社会福利业

R 文化、体育和娱乐业

S 公共管理和社会组织

T 国际组织

**2. 行业生命周期阶段分析**

行业的生命周期主要包括4个发展阶段:幼稚期、成长期、成熟期、衰退期。处于幼稚期的行业市场增长率较高,需求增长较快,技术变动较大,企业进入壁垒较低。成长期的市场增长率很高,需求高速增长,技术渐趋定型,企业进入壁垒提高,产品品种及竞争者数量增多。成熟期的市场增长率、需求增长率不高,技术上已经成熟,买方市场已形成,行业赢利能力下降。衰退期的市场增长率、需求下降,产品品种及竞争者数量减少。

**3. 行业发展趋势分析**

行业最明显的发展趋势表现在:第一产业、第二产业的社会职业以消亡、变动和重组为主;第三产业的社会职业迅猛发展,如交通运输业、邮电通信业、商业、服务业、金融保险业、信息咨询业、租赁广告业、卫生、体育、教育培训和文化艺术等。其中,被称为第四产业的信息产业发展潜力巨大。新兴行业的出现和兴起,将为社会提供更多的就业岗位。但同时,新技术、新成果的不断推广应用,将为传统行业提供新的发展机遇。

**4. 行业对人才的需求分析**

不同的行业对人才的素质要求是不同的,大学生在制定职业生涯规划时,一定把想要进入的行业对人才的素质要求弄清楚。例如,酒店管理行业对人才的要求是,具备开拓进取精神和创造性思维;有高度负责的事业心;富于人格魅力,具备交际才能;有较强的专业知识与技能。不了解行业对人才的需求特点,只追求热门行业,往往并不能实现自身价值。在了解了行业的特点之后,根据自身的兴趣来选择行业才是明智之举。

(二)行业分析的方法

社会是在发展变化的,行业也处于不断的发展变化中。掌握好行业分析方法,有助于顺利实现求职者的职业生涯规划。具体而言,行业分析的方法如下:

**1. 文献分析法**

查阅国际组织、政府主管部门和学术中介组织发布的有关行业分类标准文件和行业分析研究报告,是了解社会总体职业分布状况的有效途径,可以对各种行业的工作内容、环境条件、资格要求、经济收入、生活方式、社会地位和发展前景等各方面信息进行全面系统的了解和把握。借助于这些权威文件和文献以及互联网等大众传播媒介提供的信息,有助于了解行业总体分布的情况以及各种行业的基本发展信息。

**2. 亲身实践法**

为了加深对行业的分析与了解,应尽可能多地争取一切可以争取的机会和途径,亲身投入到实际行业情境中。这种一线亲自体验的方式有利于深入了解自己重点意向的行业分布状况、需求状况以及从业者的工作和生活状况。同时还应关注政府对有关行业的政策导向,以便对职业生涯规划做出及时的修订和调整。

## 四、组织分析

组织既是个体最基本的社会存在形式,也是职业生涯的基本实现形式。在现代社会中,所有的人可以说都是“组织中的人”,没有组织,任何个体的职业生涯都无从谈起。组织与个人是紧密联系在一起的,组织与个人是相互作用、持续不断探索均衡关系的历史过程。组织由人组成,又因人而异。

组织分为政府组织、营利性组织、非营利性组织等。企业是营利性组织的主要形式,很多事业单位是非营利性组织。组织对于个人职业生涯的意义重大。组织为个人提供了最基本、最重要和最稳定的社会交往渠道及人际关系网络,提供了最基本、最重要和最稳定的经济收入来源。同时,个人在组织中可以获得一种“组织归属感”,从而在心灵深处获得一种内在的文化愉悦和精神满足。

### (一)组织分析的内容

任何组织,无论其具体性质、职能和形式如何,但其5个基本特征是不变的:组织赖以生存和发展的外部环境;特定的组织目标和发展战略;支撑组织运作的核心技术和独特的文化系统;组织发展阶段及其所达到的规模;组织结构,即组织中各工作单元间的分工协作关系和协调运作方式。其中,组织结构是决定组织基本架构和功能的最重要维度,与环境、目标、技术、文化和规模有直接关联性及互动影响。以企业为例,组织分析的内容包括以下几个方面:

**1. 企业外部环境分析**

企业外部环境分析具体包括行业的前途分析;企业在同行业中的地位分析;企业的竞争对手分析;上下游企业分析;企业类型分析。

**2. 企业发展战略与态势分析**

发展战略是指企业采取什么战略,是积极扩张、稳固市场还是收缩防御。发展态势是指该组织是处于发展期、稳定期还是衰退期。企业的经营战略和发展态势对员工的发展前途影响极大,须引起重视。

**3. 企业核心技术与企业文化分析**

企业核心技术是企业生存与发展的关键指标,也决定着企业人力资源的开发重点与方向。企业文化是企业全体员工在长期的生产经营中形成并共同遵循的最高目标、价值标准、基本信念和行为规范。个体要分析自己是否认同一个企业的文化,企业文化是否与自己的价值观相符。如果个人的价值观与企业文化有冲突,难以适应企业文化,在企业中就很难发展。

**4. 其他企业基本情况分析**

其他企业基本情况,包括企业的经营方针和经营理念、企业规模、业绩情况、地理位置、现任领导人、企业变革、企业特色、企业的人力资源现状等。在这些情况中,人力资源现状分析是重点,通过人力资源现状分析,了解企业未来需要什么样的人才,需要多少,对人才的具体要求是什么,以及招募方式、升迁政策、薪酬待遇、培训政策等。

### (二)组织分析的方法

组织的战略目标、企业文化、人力资源状况不同,用人标准也会不同。不同的组织有不同的用人制度,评价人才的尺度不同,用人的标准也不同。个体在寻求进入心仪的组织前,可以通过以下两种方法进行组织分析:

**1. 资料查阅法**

查阅组织的相关资料,如网站、新闻、内刊、招聘广告,对组织环境、工作条件、资格要求、经济收入、发展前景等各方面信息进行全面而系统的了解和把握,以分析自己是否满足该组织的要求,是否适合在该组织发展。

**2. 员工访谈法**

为了加深对组织的分析与了解,可以通过自己的人际关系,积极与组织内部的员工接洽。通过访谈的方法进一步了解企业的文化、招聘流程、员工职业生涯发展等信息。如果有可能,也可以争取在该组织实习,有利于自己深入了解该组织的工作和生活状况。

**【本章小结】**

本章将环境分析归纳为宏观环境分析与微观环境分析两大方面。

宏观环境分析分为经济环境、科技、人力资源市场、就业法律与政策分析。对于经济环境,我们可以从国际经济环境变化和国内经济环境变化两个角度来进行分析。其中,国际经济环境变化的一个最为显著的特征就是全球化,而国内经济环境分析需要我们关注区域经济的发展。

科技的发展一方面使工作的基本性质发生变化,另一方面也对个人职业生涯带来巨大冲击。人力资源市场是配置人力资源并协调就业决策的市场,它以市场机制调节人力资源供求的经济关系。个体在进行职业生涯规划和职业选择时,一定要调查人力资源市场的供给与需求状况。

与个体职业生涯发展相关的法律和政策因素包括劳动法律体系和就业政策。劳动法律体系包括宪法、法律、行政法规、地方法规等,如公务员招考、工时制、最低工资的强制性规定等。就业政策则包括与人才流动、人才开发相关的规章制度,如现行的户籍制度、住房制度、人事制度和社会保障制度等,这些因素都会对个体的职业发展产生重要的影响。

微观环境分析包括家庭分析、职业分析、行业分析与组织分析。家庭分析包括原生家庭与新生家庭分析。具体而言,包括以下层面:父母的情感需求;配偶的职业生涯志向;配偶的情感需求;子女的情感需求;家庭的财务需求;家庭期望的生活方式;家庭的发展阶段;本人和配偶在职业生涯上所处的阶段。比较常用的家庭分析的方法是家族职业树。

职业分析的内容包括工作职责、工作关系、工作条件与环境、薪酬福利、任职资格、岗位发展路线、职业发展前景。职业分析的方法很多,获取与职业相关的信息主要有以下几种典型方式:查阅职业分类大典;查阅其他文献资料;职业生涯访谈;参观、实践、实习。

行业分析包括行业类别划分、行业生命周期阶段分析、行业发展趋势分析、行业对人才的需求分析等。行业分析的方法有文献分析法和亲身实践法。

组织分析的内容包括企业外部环境分析;企业发展战略与态势分析;企业核心技术与企业文化分析;其他企业基本情况分析。可以通过资料查阅法、员工访谈法这两种方法进行组织分析。

**【思考题】**

1. 个体进行职业生涯规划时需要分析哪些宏观环境？
2. 个体进行职业生涯规划时需要分析哪些微观环境？
3. 简述家庭分析的内容与方法。
4. 简述职业分析的内容与方法。

**【案例分析】**

### 中国女孩稳步走上美国律师职业生涯之路

高倩，一个地道的中国女孩，5 岁时才被父亲接到美国，即被从事职业指导工作的父亲纳入人生设计轨道。通过有计划、有目标、有步骤的职业生涯开发，最后按部就班、循序渐进地走上了成才之路，24 岁的高倩就获得了美国顶尖法学院哥伦比亚大学的法学博士学位，未来"金灿灿"的律师职业生涯之路已经现实地铺设在了她的面前。

高倩的父亲原为中科院某研究所的研究人员，后到美国发展并定居下来。他看到如今在西方发达国家"走遍天下都不怕"的并非是学好数理化的人，真正"指点江山"的是人文社会科学出身的政治人物、财经豪杰！特别是在高度法制化的美国社会中，律师职业社会地位高、收入丰厚，因此他就设想女儿将来应该上哈佛读法学院，理想的目标职业是律师。后来，在"权威"父亲的潜移默化、宣传教育下，"长大当律师"就成为高倩认定的职业志向，并且小小年纪就能够积极主动"配合"执行父亲安排的求学及相关的技能培养计划，并乐意做同龄孩子不愿做或做不到的事情。

由于从小认定自己将来就要从事律师或相关的职业，因此在学习方面，她特别注意语言能力的培养，能说英、法、西班牙、汉语四种语言。在高中阶段，她预先学习了商业与法律交叉的专业，暑假到大学修经济学课程。她从小广泛涉猎浩繁的图书典籍，有意学习广博的知识。高倩所在的高中能够为四个年级的学生开设 217 门课程，其中包括大量的人文社会科学课程，如哲学、心理学、商业法律、社会学、经济学、政府管理、艺术等，即使是基础科学也并不局限于"数理化"，外语课更不是纯语言的学习。

同时,高倩在兼职的选择上也力求与未来的职业方向吻合。比如,在高中时,她找到一份卖珠宝的工作,在推销实践中培养自己说服人的口才和技能;另一份工作是替一家著名 IT 调查公司当电话调查员,每周工作 17 小时,每次调查需要一个半到两个小时耐心主动地配合。选择这些兼职工作,都是在有意识地为自己的职业目标做准备。在参加公益性社会活动方面也是如此。在中学阶段,高倩就曾应聘市少年法庭的律师、检察官工作,定期出庭,参与审判少年罪犯;参加高中模拟法庭比赛,以及其他各种的演讲比赛;她还参加各种社团组织,并成为社团领导者。

高倩进入哈佛大学也是早有"预谋"的。早在 7 岁时父亲就曾带她到哈佛大学"朝圣",哈佛在她幼小的心灵里留下了"刻骨铭心"的印象。在美国,律师是热门职业,法学的人就业路子很宽,但存在明显的两极分化,是否名校毕业有天壤之别。要成为一名好律师,找到一份好工作,最好先上个好大学,接着再上名牌法学院。为此,必须在上大学前就认真做出自我评估、生涯设计和学习规划,在求学期间参加众多含金量高的工作。对此,高倩早有准备,在整个基础教育阶段,她都能够按照事先拟订的周密计划,高密度、高频率、高强度地完成自己的学业和素质训练,学语言、练口才、学音乐、练钢琴、搞创作,走出家门到野外拓展训练,走向社会打工、做义工,参加选美、演讲、模拟政府组织比赛,回国体验生活、东方巡回演出……结果她在语言能力、教育背景、工作经验、学术著作、课业课外获奖项目和社区志愿活动等各个方面都很优秀,最后高倩终于如愿以偿地走进了哈佛。

上大学后,高倩也不是一味埋头读书,她从一年级开始就花大量时间投入到多种与自己未来职业有关的社会活动中,如到哈佛招生办做义务法律咨询,在波士顿中国城教英语,与贫困家庭小学生交友,任校园商店副经理,在《哈佛深红色》报社做商务主管等。这些活动和经验,除了锻炼能力、为未来的职业生涯做好了必要的铺垫外,还培养了被法学院录取所需的综合素质。

由于高倩从小就树立了职业目标,在十几年的成长历程中她能够持续积累专业知识,提高职业技能和综合素质,并不断充实和调整自己的人生计划,最终在哈佛大学毕业时如愿以偿地进入哥伦比亚大学法学院攻读法学博士学位,并成为顶尖法学院最优秀的学生之一。

如果高倩没有从小进行周密的人生设计,如果她没有自幼就锁定专业方向和职业目标,如果她没有经过长期的刻意追求和艰苦努力,是不可能一帆风顺地取得今天这样的成绩。不过,上哈佛、上法学院、拿博士学位并不是高倩的最高目标,更不是她的最终目标,甚至连短期的目标都不是,她的终极目标是什么?她现在还不知道,但关于自己未来的职业生涯基本方向和发展路径,她却是清楚无疑的。

(资料来源:高燕定.人生设计在童年[M].南宁:广西师范大学出版社,2005.)

**【分析与讨论】**

(1)结合案例思考家庭对个体职业生涯发展的影响。

(2)请思考高倩的职业成功给你带来的启示。

# 第四章　职业生涯规划

**【学习目标】**

清楚了解职业生涯规划的必要性和重要性,明确职业生涯规划要及早制定的道理;掌握职业生涯规划的内涵,熟悉职业生涯规划的流程和方法;学习制定职业生涯发展策略。

**【重要概念】**

职业生涯规划、职业生涯路径、职业生涯目标、职业生涯决策、生涯决策平衡单、PLACE 评估法、职业生涯策略、PDCA 循环法、目标管理法

**【引导案例】**

**蚯蚓的目标**

蚯蚓是我从小到大的朋友。蚯蚓不是他的原名,由于他长得黑矮瘦弱,因而得名。

18 岁分开后,我在外为生活四处漂泊奔波,蚯蚓上了大学,什么事都挺顺当。在这分开的 10 年里,我们几乎每隔两三年见一次面。每一次我都喜欢问他同一个问题:你将来的目标是什么? 蚯蚓的回答总是不相同。下面记录的是蚯蚓每次谈及目标时的原话:

18 岁,高中毕业典礼上——我发誓要当李嘉诚第二! 我要当中国首富。

20 岁,大二——我想创立自己的公司,30 岁时拥有资产 2000 万。

23 岁,某厂技术员,兼职炒股——我将全力炒股,3 年内用 5 万炒到 300 万。

25 岁,准备结婚,炒股受挫——我希望一年后能有 10 万元,让我风风光光结婚。

26 岁,在不太“风光”的结婚典礼上——不久的将来当个车间主任就行。

28 岁,工厂效益下滑,面临下岗——我希望这次下岗的名单中没有我。

(资料来源:石太峰.蚯蚓的目标阶梯[J].视野,2000(10).)

## 第一节　职业生涯规划概述

“凡事预则立,不预则废”。一个人要想实现自己的职业理想,就必须制定合理的职业生涯规划。蚯蚓的职业目标给了我们很多的启示:年轻时由于没有明确的职业发展规划,盲目地追求潮流和热点职业,树立了种种看似远大的职业目标,而这些不切实际的目标完全脱离了个人的主客观条件,结果注定遭遇职业生涯的失败。因此,我们每个人都应该客观、科学地设计自己的职业生涯之路。

### 一、职业生涯规划的内涵

职业生涯规划又称为职业生涯设计,是指个人或组织根据对个人的主观因素和客观环境的分析,确立个人职业生涯发展目标,设计职业发展路径,形成分阶段、渐进实施的具体行动方案的过程。要准确地把握职业生涯规划的内涵,应从以下几方面来理解:

(1)职业生涯规划的实施主体是个人。职业生涯规划一般是由个人制定,但也可能是由组织或组织与个人共同制定。

(2)职业生涯发展目标的确定以个人的主观因素和客观条件分析为基础。个人的主观因素包括兴趣、爱好、特长、性格、生理与健康状况、价值观等;客观条件包括社会环境、企业环境、家庭环境等;只有对这些因素进行综合而全面的分析才能够制定出适合个人的职业生涯发展目标。

(3)职业生涯规划不仅包含职业生涯发展目标的制定,还包含职业发展路径及为实现目标而制定的分阶段渐进实施的具体行动方案。职业生涯目标的实现是一个长远的、持续的过程,我们应将其划分为具有里程碑意义的多个阶段来制订实施计划,最终实现职业生涯目标。

(4)职业生涯规划具有阶段性,按照制定期限一般将其划分为短期规划、中期规划和长期规划。

简单地说,职业生涯规划要在职业生涯设计中实现定向、定点、定位和定心。

定向,就是要确定自己的职业方向。方向与目标有所不同,目标是自己拟定的、期望达到的一个理想,而方向是为达成目标而选择的一种路径。定向就是要解决自己"干什么"的问题。

定点,就是要确定职业发展的地点,这是要解决"何处干"的问题。地点也是现实环境的一个因素。就中国而言,各地的经济发展现状和前景都有所不同,甚至差异很大,我们要结合自身的状况做出合理的选择。

定位,就是要确定自己在职业人群中的位置,也就是说要解决"如何干"的问题。定位过低会导致个人在职业生涯中无法实现自我价值的最大化,过高则容易因连遭挫折而丧失信心。

定心,就是稳定自己的心态。人的一生必然会有高低起伏,成功与挫折总是结伴而行,个人的职业生涯也不例外。在实现职业理想与目标的过程中,要保持一种平常心,不以物喜,不以己悲,始终坚定地按照自己的正确计划去实现理想。

## 二、职业生涯规划的意义

人的一生主要是在职业生活中度过的。职业生涯的成败对人的一生有决定性影响。职业不仅是谋生的手段,更是用以实现个人美好理想的依托。职业生涯规划对人生发展具有重要意义。

**1. 有利于个体职业生涯发展的明确定位**

通过对自我和环境的全面、深入、客观地分析与评估,可以帮助个体认清自己为人处世所遵循的价值观念，盘点自己掌握的知识与技能，剖析自己的人格、兴趣、性格等特征，了解自己的优势与不足。通过这些方面的自我剖析，形成一个客观、全面的自我认识和定位。

**2. 有利于个体职业生涯目标的明确设立**

就个人职业生涯而言，目标设定可以是多层次、分阶段的。多层次的目标设定可以使人保持开放、灵活的心境。由于职业生涯跨越个人的青年、中年乃至老年，并且人在各个时期的体能、精力、技能、经验、为人处事的特点都有明显差别，所以有助于有针对性地制定切实可行的阶段性目标。

**3. 有利于促使个人职业目标的顺利实现**

良好的职业计划是成功的开始，它能帮助我们选定职业发展目标，并按照时间顺序做出接受教育、培训和参加工作的安排，采取必要的行动，逐步实现职业生涯目标。它还可以帮助我们妥善调解职业目标与其他人生目标的冲突，在实现职业目标的过程中，根据实际情况自觉地总结经验和教训，修正对自我的认知和对最终职业目标的界定。

**4. 有利于个人工作与生活之间的平衡**

在职业生涯发展的过程中，面对已经变化的生活需求和工作需求，职业生涯规划可以帮助个人发现自己的人生目标，平衡工作、家庭与个人爱好之间的需求，做出更好的职业选择。人们在工作与生活的相互冲突与调适中，才能更清楚、更透彻地实现自我的认知和定位，才能弄清自己喜爱并适合于从事什么样的职业，过什么样的生活。

总之，职业生涯规划有助于个人发现自己的人生目标，平衡工作与家庭、工作与休闲之间的关系，并且能够帮助个人在职业选择过程中做出正确的决策。更为重要的是，职业生涯规划有助于个人在职业发展过程中，面对现实条件的变化和个人需求的变化，及时做出恰当的调整，并最终实现职业目标。

## 三、职业生涯规划的特征

进行个人职业生涯规划，应结合自身情况以及机遇和制约因素，为自己确立职业目标，选择职业道路，确定发展计划、教育计划等，并为自己实现职业生涯目标而确定行动方向、行动时间和行动方案。其过程反映了职业规划的个性化、预期性、客观性和动态性的特征。

**1. 个性化**

个性化是职业规划最重要特征。职业规划不是外界强加给个人身上的实施方案,而是个人在内心动力的驱使下,依据现实条件和机会所制定的个人化的发展方案。由于每个人人生发展的轨迹和经历不同,使得其个性、价值观、思维方式、行为方式等方面存在着很大差异,由此决定了个人职业规划的个性化。

**2. 预期性**

职业规划体现着个人对未来职业发展的一种心理预期。它包括有关职位、技能、薪酬、晋升等期望,以及职业满意度、生活舒适度、个人自我实现等预期。这种心理预期可以使个人在发展前景及个人生活和职业生涯之间寻求平衡。个体定期对这种心理预期进行分析、修正,可以将心理预期作为一种积极的方式加以利用,随着时间的推移,逐步实现自己的职业目标。

**3. 客观性**

每个人所处的环境不同,加之个体之间的差异,职业生涯发展中往往充满了许多偶然的因素,但从长远来看,职业生涯发展是可以规划的。职业生涯发展具有阶段性,在每一个阶段都表现出不同的特征,规划的目的在于给个人提供总体的指导,它不预言具体细节,而是对职业发展的方向做出战略性的把握,并根据阶段性特征,做出阶段性的抉择方案。因此,职业生涯规划必将有助于克服职业生涯发展中的盲目性。

**4. 动态性**

职业生涯规划是一种动态性管理,它将贯穿于个体职业生涯发展的全过程。每个人在职业生涯发展的不同阶段,发展任务、发展特征都是不同的,每个阶段都有各自的特点、各自的发展特征、各自的发展目标和各自的发展重点,所以对每个发展阶段的管理也应有所不同。因此,职业生涯规划不是只做一次就可以一劳永逸,而是要根据自身条件和环境的变化定期进行检查和反馈。

## 四、职业生涯规划的原则

职业生涯规划的主要依据是知己知彼。知己就是客观地认识自己的价值观、性格、兴趣、能力，这些都与家庭、学校和社会的教育密切相关。知彼就是了解外在世界，包括我们所处的经济环境、法律环境、文化环境、职业环境等内容。在知己知彼的基础上，我们可以把择世所需、择己所爱、择己所长、择己所利作为基本原则来确定自己的职业目标，规划个人的职业生涯。

### 1. 择世所需

所谓择世所需，就是从当前和未来的社会需求出发来考虑职业发展。随着知识经济的到来，已使许多旧职业被陆续淘汰，新职业不断涌现。我们需考虑到经济发展全球化的趋势、产业结构的调整与升级、网络化与高新技术对劳动者素质的需求，来设计自己的职业前程，既要适应当前社会需要，又要适应未来社会的需要。由于社会在不断进步，社会对劳动者素质的要求也在不断提高，我们也必须以发展的眼光认识职业的社会需求，符合社会发展规律，在为社会做出贡献的职业活动中体现出自己的人生价值。

### 2. 择己所爱

所谓择己所爱，就是从自己的兴趣倾向和价值观来考虑职业发展。兴趣是最好的老师，兴趣是成功之母。从事一项自己喜欢的工作，工作本身就会提供一种满足感，工作起来不会觉得枯燥无味。价值观则是个人职业发展的原动力，寻找到与自己价值观相匹配的工作，会使得个体在工作过程中获得源源不断的内驱力。

### 3. 择己所长

所谓择己所长，就是根据自己的能力和特长考虑职业发展。尺有所短，寸有所长，人各有优缺点，一定要选择最有利于发挥个人优势的职业。比较优势原理同样适用于职业生涯规划，当你长处较多时，不妨观察一下周围的人群，研究一下别人的优劣，如果你的长处也正是别人的长处，不妨放弃这种选择，尽量寻找一个你非常拿手、而别人却感到棘手的职业，这种选择会充分发挥你的比较优势。因为在这一领域里,很少有人能和你竞争,只有你是一枝独秀。

**4. 择己所利**

所谓择己所利,就是从满足个人多种需求的角度来考虑职业发展。按马斯洛对人需求的划分,人的需求可分为生理需求、安全需求、爱的需求、自尊需求和自我实现需求。人人都希望职业前程能带来个人多种需求的最大满足,这种满足程度表现在经济收入、社会地位、稳定性与挑战性等多个方面。决策是一个优选的过程,在个人需求满足的同时,力求效益最佳。人们应当权衡利弊,从一个社会人的角度出发,在由收入、地位、稳定性、挑战性等许多变量组成的个人发展函数中寻求最优。

## 第二节　职业生涯规划的流程

职业生涯规划的目的绝不只是协助个人按照自己的资历条件找一份工作,而是帮助个人真正了解自己,为自己定下事业大计,筹划未来,拟定一生的职业方向,进一步详细评估内外部环境的优势和限制,在知己知彼的情形下设计出合理可行的职业生涯发展方案。

职业生涯规划基本上可以分为自我评估,环境分析,确定职业生涯目标,选择职业生涯路径,制定职业生涯策略,实施、反馈与修正等六项基本步骤,如图 4-1 所示。自我评估与环境分析是确定目标的基础,具体内容在第二章和第三章中已经阐述。本节重点是探讨职业生涯目标的设定、职业生涯路径的确定、职业生涯策略的实施和职业生涯设计的调整。

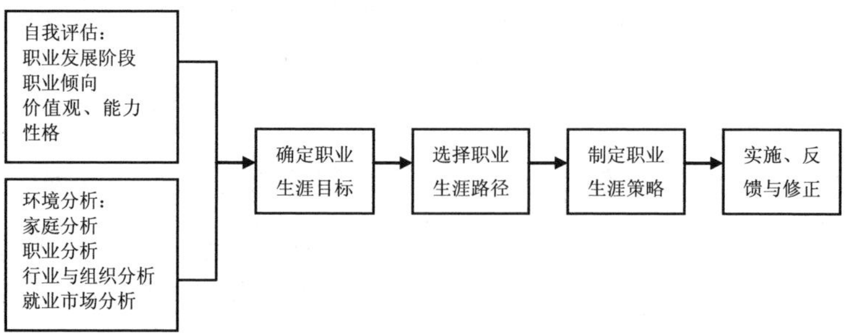


**图 4-1　职业生涯规划设计流程图**

## 一、确定职业生涯目标

职业生涯目标的确定是指个体根据对个人特征的分析和内外部环境的分析,形成长期、中期与短期职业生涯目标的过程。职业生涯目标的设定是职业生涯规划的核心部分。一个人职业生涯规划是否成功,很大程度上取决于是否确立了适当的职业生涯目标。

### (一)职业生涯目标的内容与意义

个人事业的成败,很大程度上取决于有无正确适当的目标。没有目标如同驶入大海的孤舟,四野茫茫,没有方向,不知道自己走向何方。只有树立了目标,才能明确奋斗方向,目标犹如海洋中的灯塔,引导人们避开险礁暗石,走向成功。

职业生涯目标是一个人希望从自己的职业生涯中获得的结果。职业生涯目标的作用包括以下四个方面:(1)职业目标能使人预先看到结果,稳定心情,从而产生持续的信心、热情和动力;(2)参照目标,个人可以使自己知道什么是最重要的事情,有助于合理安排时间;(3)个人可以给自己的职业行为设定明确的方向,使自己充分了解每一个行为所产生的效果;(4)对比目标要求,个人能清晰地评估出自己每一个行为的进展,正面检讨每一个行为的效率。

一般来说,职业生涯目标可以根据目标跨度的时间分为短期职业目标、中期职业目标、长期职业目标和最终职业目标。其中短期职业目标须服从于中期职业目标,中期职业目标须服从于长期职业目标,长期职业目标须服从于最终职业目标。

短期职业目标通常为一年,它是中期、长期职业目标的分解及具体化,因此必然是清晰、确定及切实可行的;中期职业目标的时间跨度一般为1~5年,较长期职业目标要具体,且可以根据情况做适当灵活的调整;长期职业目标通常为5年以上,并会随着环境的变化而进行调整的职业目标,和最终职业目标的发展方向是一致的;最终职业目标是指整个人生的职业目标,时间长达40年左右。

施恩教授将职业生涯分为内职业生涯和外职业生涯。内职业生涯是指从事一种职业时的知识、观念、经验、能力、心理素质、内心感受等因素的组合及其变化过程。外职业生涯是指从事一种职业时的工作时间、工作地点、工作单位、工作内容、职务与职称、工资待遇等因素的组合及其变化过程。内职业生涯目标与外职业生涯目标密不可分。内职业生涯目标的实现是外职业生涯目标实现的前提,内职业生涯目标的实现促进外职业生涯目标的实现。

### (二)职业生涯目标的确定原则

职业生涯目标的确定应遵守"SMART"原则。SMART原则是:具体的(Specific)、可衡量的(Measurable)、可实现的(Attainable)、相关的(Relevant)、有时限性的(Time-based)。

#### 1. 具体的(Specific)

"具体的"是指制定目标必须是具体清晰的,可产生行为导向的,不能是抽象模糊的。如"我要当领导"就是一个不具体且很模糊的目标,而"我要在三年内成为人力资源部门经理"则是一个清晰、具体的目标。当我们开始做职业规划时,应该更加注重细节的具体化;只有细节问题处理好了,才不会只有大方向,却没有脚踏实地的前进步伐。

#### 2. 可衡量的(Measurable)

"可衡量的"是指目标必须用指标量化,有一定的评定标准,尤其是针对结果而言。制定职业生涯目标最好是以明确的数据单位来描述,如"三年内我的工资要达到6000元"。制定一个可衡量的目标,能让个人真切地感受到自己在逐步的进步,并积累成功经验和树立信心。此外,制定长远的目标最好将之分成几个渐进达成的步骤,并且随时检视是否需要修正进度或方向。

#### 3. 可实现的(Attainable)

"可实现的"就是目标必须是可以达到的。"可实现"有两层意思:一是目标应该在能力范围内,二是目标应该有一定的难度。也就是说,制定目标要在我们能力所及的范围之内,制定出我们可以逐步达成且有成就感的目标,而不能好高骛远。因为目标经常达不到会让人沮丧,但太容易达到的目标也会让人失去斗志。

4. **相关的**(Relevant)

“相关的”指的是所制定的目标必须和其他目标具有相关联性。在职业生涯规划中,所制定的目标要与岗位的工作职责相互关联,不能彼此孤立起来。

5. **有时限性的**(Time-based)

“有时限性”指的是制定目标需要有预定达到的进度和完成的时间表,这样才能确认要投入多少时间以及完成的时间。

(三)职业生涯目标的确定方法

职业生涯目标可以通过以下方法和步骤来完成:(1)发现愿望。在自我分析的基础上,冷静思考你这一生最想得到的某些东西是什么,这些东西是你最想得到的,而不是因为你感到别人想让你得到的。(2)坚定信念。必须绝对相信你有足够的能力达到目标。(3)记录下来。把你的目标记录下来,不做记录的目标不是目标而仅仅是愿望或者空想。(4)明确利益。想象你的目标达成后为你带来的喜悦、成就、收获或满足。(5)找到着眼点。发现从何处入手去实现你的目标。(6)最后期限。明确达成目标的最后时间。(7)理清障碍。扫除实现目标的障碍,包括内部的、外部的原因造成的障碍。(8)附加信息。根据实现目标的需要,按优先次序区分所需的信息、技能、能力、经验,以决定如何去达成。(9)明确可以从哪里得到帮助。(10)做计划。计划可以是粗线条的、轮廓性的。(11)记忆与回忆。当你每达成一个目标时都要庆祝一下并留下一个清晰的记忆,反复回忆达成目标时的喜悦和对未来充满的信心。(12)坚持。切记:在实现目标的过程中,千万不要放弃。

**【资料链接】**

**想象五年后的你**

让我与你分享一段小故事,或许在这个阶段,可以很实际地帮助你走出目前的困境。

1976 年冬天,当时我 19 岁,在休斯敦太空总署旁边的休斯敦大学主修计算机专业。尽管我每天忙于学校与工作之间,但是只要有多余的时间,我总会把所有精力都放在我的音乐创作上。

我知道写歌词不是我的专长，所以在那段日子里，我到处在寻找一位擅长写歌词的拍档，与我一起合作创作。我认识了一位朋友，她的名字叫凡内芮(Valerie Johnson)。自从20多年前离开得州后，就再也没有听到过她的消息，但是她却在我事业起步的时候，给了我很大的鼓励。年仅19岁的凡内芮在得州的诗词比赛中，不知得过多少奖杯。她的作品总是让我爱不释手，当时我们的确合写了许多很好的作品，一直到今天，我仍然认为这些作品充满了特色与创意。

一个周末，凡内芮又热情地邀请我到她家的牧场烤肉。她的家族是得州有名的石油大亨，拥有辽阔的牧场。她的家庭虽然极为富有，但她的穿着、所开的车与虔诚待人的态度，更让我加倍地从心底佩服她。凡内芮知道我对音乐的执著。然而，面对那遥远的音乐界及整个美国陌生的唱片市场，我们一点渠道都没有。此时，我们两个人坐在得州的乡下，我们哪知道下一步该如何走。突然间，她冒出了一句话：

“想象你五年后在做什么?”

我愣了一下。

她转过身来，手指着我说：“嘿！告诉我，你心目中‘最希望’五年后的你在做什么？你那个时候的生活是一个什么样子?”我还来不及回答，她又抢着说：“别急，你先仔细想想，完全想好，确定后再说出来。”我沉思了几分钟，开始告诉她：“第一，五年后我希望能有一张唱片出现在市场上，而这张唱片很受欢迎，可以得到许多人的肯定。第二，我住在一个有很多很多音乐的地方，能天天与一些世界一流的乐师一起工作。”

凡内芮说：“你确定了吗?”

我慢慢稳稳地回答，而且拉了一个很长的“Yes——!”

凡内芮接着说：“好，既然你确定了，我们就把这个目标倒算回来。如果第五年，你有一张唱片发行，那么你的第四年一定是要跟一家唱片公司签上合约。”

“那么你的第三年一定是要有一个完整的作品，可以拿给很多很多的唱片公司听，对不对?”

“那么你的第二年，一定要有很棒的作品开始录音了。”

“那么你的第一年,就一定要把你所有要准备录音的作品全部编曲,排练就绪准备好。”

“那么你的第六个月,就是要把那些没有完成的作品修饰好,然后让你自己可以逐一筛选。”

“那么你的第一个月就是要把目前这几首曲子完工。”

“那么你的第一个礼拜就是要先列出一个清单,排出哪些曲子需要修改, 哪些需要完工。”

“好了,我们现在不就已经知道你下个星期一要做什么了吗?”凡内芮笑着说。

“噢,对了。你还说你五年后,要生活在一个有很多音乐的地方,然后与许多一流的乐师一起忙着工作,对吗?”她急忙补充说,“如果,你的第五年已经在与这些人一起工作,那么你的第四年照道理应该有你自己的一个工作室或录音室。那么你的第三年,可能是先跟这个圈子里的人在一起工作。那么你的第二年,应该不是住在得州,而是已经住在纽约或是洛杉矶了。”

次年(1977 年),我辞掉了令许多人羡慕的太空总署的工作,离开了休斯敦,搬到了洛杉矶。

说也奇怪,不敢说是恰好五年,但大约可以说是第六年。1983 年,我的唱片在亚洲开始畅销起来,我一天 24 小时几乎全都忙着与一些顶尖的音乐高手日日夜夜地一起工作。

每当我在最困惑的时候,我会静下来问自己:五年后你“最希望”看到你自己在做什么?

(资料来源:关培兰,张爱武.职业生涯设计与管理[M].武汉:武汉大学出版社.引用时略作修改。)

## 二、选择职业生涯路径

职业生涯路径是整个职业生涯规划的展开,是指当一个人选定职业后在什么方向上实现自己的职业目标,是向专业技术方向发展,向行政管理方向发展,还是先走技术路线,然后再转向行政管理路线。职业生涯路径的选择是职业生涯能够成功的一个重要步骤。

## (一)职业生涯路径的类型

根据国内外不同组织职业生涯路径设置的实践可以发现,当前个人的职业生涯路径主要分为四种形式,分别是直线职业生涯路径、双重职业生涯路径、横向职业生涯路径和三维职业生涯路径。

### 1. 直线职业生涯路径

直线职业生涯路径,又称为单一职业路径,指的是个体在一生职业发展中只从事一种职业。个体不断学习,提高专业技能,积累经验和资历,只在这个职业的一系列职位中发展。例如,大学教师的职业生涯路径一般为助教、讲师、副教授、教授。直线职业发展路径清晰明确、直线向前,但该模式只在一些性质比较单一的组织中才存在。

### 2. 双重职业生涯路径

双重职业生涯路径又称为 H 形路径,即组织为员工设置两种路径:技术道路和管理道路,并且在两种路径中设置多种转换通道,使员工可以在职业生涯发展的不同阶段根据自身的才干和追求在技术道路和管理道路间进行转换。双重职业路径模式侧重于使组织中的专业技术人员具有与管理人员平等的地位、报酬和更多的职业发展机会。一般而言,个人选择职业生涯路径,可以先从初级技术岗位做起,经过努力成为中级技术人员之后,可以转换职业路线,向管理岗位进军,成为管理人才。

### 3. 横向职业路径

横向职业路径是为拓宽个人职业生涯路径,满足人们不同的职业规划需求,消除因缺少晋升机会造成的职业生涯停滞而设计的。横向职业路径的设立,能够使人们的职业生涯焕发新的活力,迎接新的挑战,同时为个人提供了更广阔的空间,规划自己的职业生涯,实现在各种岗位上工作的经验和资历。这种横向流动不仅有利于激发个人的工作热情、积累工作经验,也有利于保持和发展整个组织的朝气与活力,实现组织内部稳定与流动、维持与发展的平衡。当员工在原有的职业通道上发展出现阻碍时,可以利用横向职业生涯路线,焕发新的活力、迎接新的挑战。虽然只是横向发展,并没有得到加薪或晋升,但个人可以增加自己对组织的价值自信,与此同时也使他们自己获得了新生。

### 4. 三维职业生涯路径

1971 年,施恩教授提出了职业圆锥三维模型,如图 4–2 所示。该模型描绘了个人在组织中的三种发展路线:沿着组织等级方向向上晋升(职业生涯的纵向路径)、在机构内部不同职能部门之间轮换(职业生涯的横向路径)以及向核心集团靠拢(职业生涯的水平向心路径)。显然,这种三维职业路径模式很好地概括了一个组织能为其内部成员提供的所有可能的路径类型。个人进入一个组织之后,可以有选择性地从事其中一条职业发展路线,并且在适宜的机会改变自己职业生涯发展的方向。

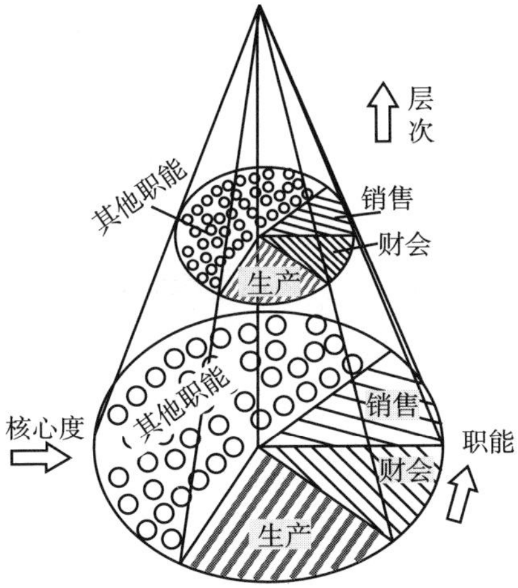


图 4–2　三维职业生涯路径模型图

**【资料链接】**

**七种职业形态**

台湾学者洪凤仪在其著作《一生的职业规划》之中,描述了七种常见的职业形态,可供个人选择。

(1) 步步高升型

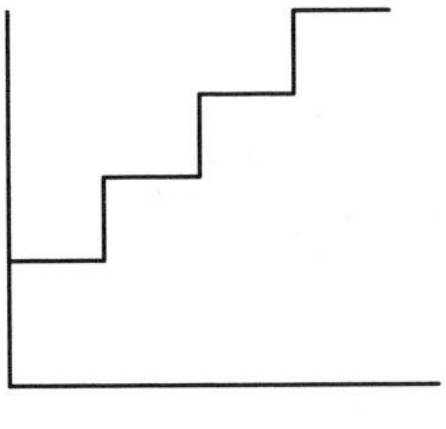

说明:在一个组织内,认真经营,即使工作地点或工作内容因公司的需要而有所改变,但是工作表现仍颇受主管的肯定,因而步步高升。

(2)阅历丰富型

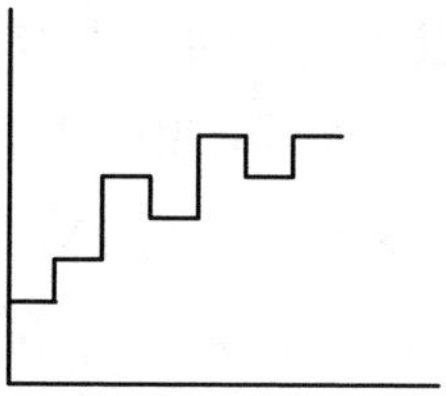

说明：换过不少工作，做过很多家公司，工作内容差异性很大，勇于改变与创新，而且学习能力强，能面对各种突发情况。

(3)稳扎稳打型

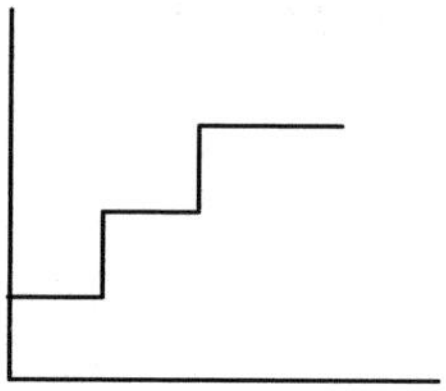

说明：在工作初期，处于探索阶段，工作转换较为频繁。经过一连串的尝试与努力之后，终于进入自己所向往的机构。此机构的升迁与发展有限，但是非常稳定，例如学校、行政机关、邮局和银行等。

(4)愈战愈勇型

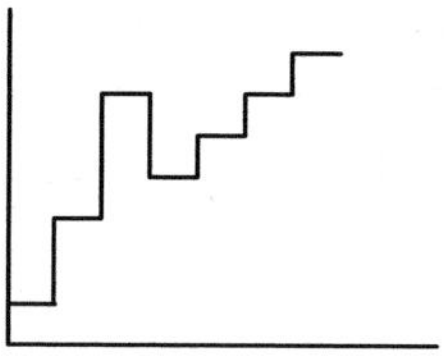

说明：工作职业发展已有明确的方向，但是因为某些原因受到打击而重挫。受挫之后，凭借自己的毅力与能力，积极地往上爬，以更成熟的个性面对挑战。最后，工作的成就远远超过了从前。

(5)得天独厚型

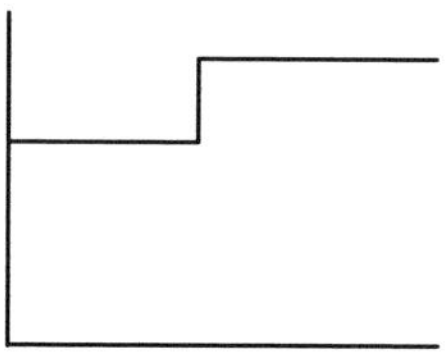

说明：对于自己的工作职业，并没有花太多时间探索与尝试，反而因为家庭的关系，很早就确定了方向。经过家庭的栽培与安排，进入公司的决策核心，并将组织发展与个人职业密切结合。比如企业家的第二代继承人就是最好的例子。

(6)因故中断型

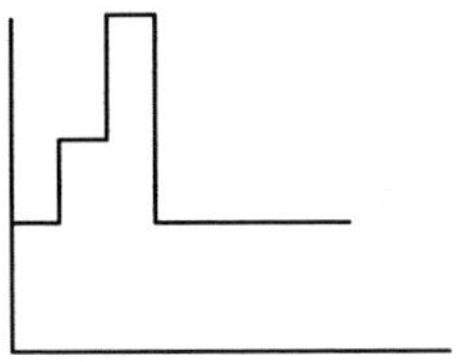

说明:因故中断型是指连续性的职业发展因为某些因素而停顿,处于静止或衰退的状态。例如养病、照料老人、结婚生子等。

(7)一心多用型

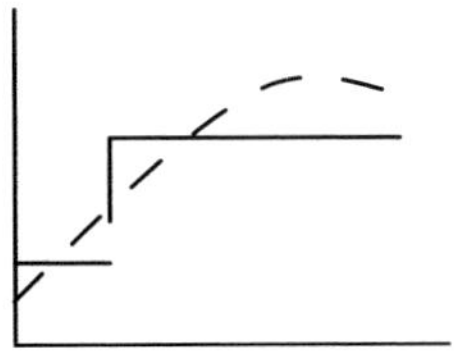

说明:一心多用型表现为一个人有一份稳定的工作,同时在工作之余安排自己感兴趣的事,从而在稳定与创新之间,寻找平衡点,使生活更加丰富。

(二)职业生涯路径的确定

在职业生涯目标确定后,通过何种路径发展以实现目标,此时要做出选择。由于发展路径不同,对职业发展的要求也不相同。因此,在职业生涯规划中,须做出抉择,以便使自己的学习、工作以及各种行动措施沿着自己的职业生涯路径向最终的职业生涯目标发展。通常职业生涯路线的选择须考虑以下三个问题:

我想往哪条路线发展?

我可以往哪条路线发展?

我适合往哪条路线发展?

回答上述三个问题,是对“知己”“知彼”有关情况进行综合性分析并加以利用的过程,以此确定自己的最佳职业生涯路线。其中,第一个问题是通过对自己的价值、理想、成就动机和兴趣分析,确定自己的目标取向。第二个问题是通过对自己所处的社会、经济、政治、组织环境分析,确定自己的机会取向。第三个问题是通过对自己的性格、特长、经历、技能、知识体系分析,确定自己的能力取向。常见的职业生涯路线类型见表4-1。

表 4-1　职业生涯路线类型

| 类型 | 典型特征 | 成功标准 | 主要职业领域 | 职业生涯路线 |
|---|---|---|---|---|
| 技术型 | 职业选择主要考虑工作的实际技术或职能内容;晋升只限于技术职能区,不愿担任全面管理职位 | 保持技术优势,在本技术区达到最高管理职位 | 工作技术,财务分析,系统分析,营销,计划等 | 例如财务工作领域:财务分析员→主管会计→财务部主任→公司财务副总裁 |
| 管理型 | 能在信息不全的情况下分析解决问题;善于影响、监督、率领、操控组织成员;能为感情危机所激励,善于运用权利 | 管理越来越多的下级,承担越来越大的职责,独立性越来越强 | 政府机构、企业组织、事业单位及其各部门的主要负责人等 | 例如在企业组织:员工→生产组长→生产线经理→部门经理→行政副总裁→总裁 |
| 稳定型 | 依赖组织,倾向于按组织要求行事;高度的感情安全;没有太大抱负;考虑退休金 | 一种安全、稳定、整合良好的家庭和工作环境 | 国家公务员,教师,医生等 | 例如医生:医士医师→主治医师→副主任医师→主任医师 |
| 创造型 | 要求能施展自己的特殊才能,有自主权;喜欢冒险;力求新鲜的东西;经常转换职业 | 建立或创造完全属于自己的某种事物 | 发明家,企业家,风险投资家,产品研发人员等 | 没有典型的职业路线,极易变换职业或从事自由职业 |
| 自主型 | 随心所欲地制定自己的行为计划、生活方式和习惯;认为组织生活约束自己,侵犯个人自由 | 在工作中得到自由和欢愉 | 学者,职业研究人员,手工业者,个体工商户等 | 在某个领域自主地发展个人的事业 |

(资料来源:张渤,宁焰. 职业生涯与发展规划[M]. 西安:西北工业大学出版社,2010:162-163.)

## 三、做出职业生涯决策

职业生涯规划的核心内容就是生涯决策。决策是指对面临的多种可能事件做出选择和决定。职业生涯决策就是要面对职业发展的可能选项确定自己的目标或奋斗方向。

### (一)职业生涯决策的类型

决策涉及个体复杂的个性心理、所处情景和行为方式。每个人在做出决策时所持有的心理情绪、态度和方式都不尽相同,因此,职业生涯决策也呈现出多种类型。大部分人的生涯决策类型可以归纳为直觉型、犹豫不决型、依赖型和理智型四种类型。

(1)直觉型。这类人以自己在特定情境中的感受或情绪反应做出决策。他们常缺乏对其他相关信息的系统收集,在做决定时全凭感觉,较为冲动,但能为自己的决策负责,绝不后悔。

(2)犹豫不决型。这类人会收集很多相关信息,也会左右询问情况,但面对各种可能选项的利弊得失,很难做出合乎逻辑的决策。

(3)依赖型。这类人等待或依赖他人为自己收集信息并做出决定,包括那些求神问卜者。他们很看重社会评价、社会赞许、社会规范。他们不愿自己收集信息和判断,而特别关注他人的观点和决定,他们常常把父母、老师、家人、朋友的意见作为自己决策的依据。

(4)理智型。这类人能够系统地收集充分的职业生涯相关信息,认真分析各种选项的利弊得失,做出合乎逻辑的决策。

针对上述四种职业生涯决策类型,人们拟制了生涯决策类型测试表,通过测试可以了解自己属于哪种类型。了解自己的决策风格,可以实现科学合理的决策,并尽可能地向理智型、系统型努力。

### (二)职业生涯决策的方法

职业生涯决策关乎个人职业生涯发展的未来前景,因此掌握职业生涯决策的方法非常重要。下面重点介绍职业生涯决策的两种方法,生涯决策平衡单与PLACE评价法。

#### 1. 生涯决策平衡单

生涯决策平衡单是职业生涯决策的重要方法之一。生涯决策平衡单的样表见表4-2,表内分别列出了四项重要决策的主题,即自我物质方面的得失、他人物质方面的得失、自我精神方面的得失、他人精神方面的得失。

表 4-2 生涯决策平衡单

| 选择项目 | | 目标选择 1 | | 目标选择 2 | | 目标选择 3 | |
|---|---|---|---|---|---|---|---|
| | | 得+ | 失- | 得+ | 失- | 得+ | 失- |
| 自我物质方面得失 | ①收入 | | | | | | |
| | ②工作难易 | | | | | | |
| | ③晋升机会 | | | | | | |
| | …… | | | | | | |
| 他人物质方面得失 | ①家庭经济 | | | | | | |
| | ②家庭地位 | | | | | | |
| | ③与家人相处时间 | | | | | | |
| | …… | | | | | | |
| 自我精神方面得失 | ①生活方式的改变 | | | | | | |
| | ②社会声望的提高 | | | | | | |
| | ③成就感 | | | | | | |
| | …… | | | | | | |
| 他人精神方面得失 | ①父母 | | | | | | |
| | ②配偶 | | | | | | |
| | ③亲友 | | | | | | |
| | …… | | | | | | |

在制定职业生涯规划时，我们可以根据个人的特质和需求，选定不同的具体项目进行评价，从中得出不同项目决策的相应分数。首先，列出个人想达到的三个目标。其次，列出对于每个目标所考虑的条件和各目标符合这些条件的得失程度，在 1 ~ 10 之间打出分数。再次，按照其重要性和迫切性设定各项目的加权系数，计算出加权分数。最后，将加权分累计，排出目标抉择的优先级。

### 2. PLACE 评价法

通过研究，人们发现每一个决策都包含四个要素，即目的、选择、结果和评价。目的是指决策动机和所要达到的职业期望；选择是指可能做出的若干行为、模式、目标和途径的选择；结果是指每一种选择的可能结果；

评价就是对各种结果的价值评估。而对价值的评价可以简洁地用“PLACE”评估指标来概括：“P”为英文单词“Position”的首位字母，意为职位或职务，它是指该职务的具体任务、工作职责、工作层次、社会地位等；“L”为英文单词 Location 的首位字母，意为工作地点；“A”为英文单词 Advancement 的首位字母，意为升迁状况；“C”为英文单词 Condition of Employment 的首位字母，意为雇用条件，“E”为英文单词 Entry Requirements 的首位字母，意为录用资格。

对于可能选择的职业，可以分别填写一份 PLACE 评价表见表 4-3。

**表 4-3　PLACE 评价表**

| 职　业　名　称 | | |
|---|---|---|
| 评价指数 | 评价意见 | 评分 |
| 职位 P | | |
| 地点 L | | |
| 晋升 A | | |
| 条件 C | | |
| 入门 E | | |
| 该种职业得分 | | |

在表内评价意见栏中，客观地写出个人的具体看法，根据自己对各项指标的兴趣和需求情况，从完全不感兴趣到具有绝对的吸引力，在 0～5 分范围内给定分数。在表的最后一行，统计出该种职业得分。用此方法对可能选择的所有职业进行分析、填表。再按照它们的得分排序，选择得分最高的职业作为决策的结果。

## 四、制定职业生涯策略

### （一）职业生涯策略的内涵与意义

职业生涯策略是指个人为争取职业生涯目标的实现，对自己的生涯活动进行安排与调控所采取的各种行动和个人资源配置措施。制定职业生涯策略既要决定“应该做什么”,也要决定“不能做什么”,还要包括个人资源配置计划。具体而言,职业生涯策略包括:(1)工作策略,即为达到工作目标计划采取哪些措施提高工作效率;(2)学习策略,即在业务素质方面计划采取哪些措施提高业务能力;(3)人际关系策略,即如何在职业领域内构建人际关系网络,为未来的发展寻找更为广泛的支持;(4)工作家庭平衡策略,即为平衡职业目标与生活目标、家庭目标而做出的种种努力和安排。

职业生涯策略是职业生涯目标实现的保证。正如一场战役、一场足球比赛都需要确定作战方案一样,有效的生涯规划也需要有确实能够执行的生涯策略,这些具体且可行性较强的行动方案会帮助个人一步步走向成功,实现目标。制定切实可行的生涯策略有利于个人在生涯活动中高效率地掌握知识、培养技能,使职业生涯过程成为一个积极的、主动的、高效的求索和建构过程。在个人的职业生涯发展中,良好的职业生涯策略可以使人们在复杂的职场与社会环境中减少盲目性和不确定性,集中资源以提升效率,同时有助于认识与发现职业发展的规律,有条理、系统化地安排职业生涯活动,理性地面对与解决职业发展中的问题。

**【资料链接】**

### 马克·吐温教你求职

有一位年轻人从学校毕业后来到美国西部,他想当一名新闻记者,但人生地不熟,一直没有找到合适的工作。于是他想起了大作家马克·吐温。年轻人给他写了一封信,希望得到他的帮助。

马克·吐温接到信后,给年轻人回了信,他在信上说:“如果你能按照我的办法去做,你肯定能找到一分合适的工作。”马克·吐温还问年轻人,他希望到哪家报社工作。

年轻人看到信后十分高兴,马上回信告之,于是,马克·吐温又告诉他:“你可以先到这家报社,告诉他们:我现在不需要薪水,只是想找到一份工作,打发我的无聊,我会在报社好好得干,一般情况下,报社不会拒绝一个不要薪水的求职人员。你在获得工作以后，就要努力去干。把采写到的新闻给他们看，然后发表出来，这样，你的名字和业绩就会慢慢被别人知道；如果你很出色，那么，社会上就会有人聘用你。然后你可以到主管那儿，对他说：'如果报社能够给我相同的报酬，那么，我愿意留在这里。'对于报社来说，他们是不会轻易放弃一个有经验又熟悉单位业务的工作人员的。"

年轻人听后，有些怀疑，但还是照着马克·吐温的办法去做了。不出几个月，他就接到了别的报社的聘任书。而这家报社知道后，愿意付高出别人更多的薪水来挽留他。

（资料来源：读者[J]. 2003(13)：42.）

### （二）职业生涯策略制订的原则与方法

#### 1. 职业生涯策略制定的原则

职业生涯策略是为实现职业生涯目标服务的。因此，职业生涯策略的制定应遵循以下原则：(1)具有前瞻性；(2)符合个人职业价值观的要求；(3)充分发挥个人优势，扬长避短；(4)生涯策略要具体明确，具有可操作性；(5)有持久性、一贯性和严肃性。

#### 2. 职业生涯策略制定的方法

职业生涯策略制定的方法应包含制定策略目标、策略方案和行动计划三方面内容。

(1)策略目标，即制定该策略要达到的目标。根据职业目标的不同以及阶段性目标差异，可以制定不同的策略目标。职业生涯策略制定方法中最重要的环节就是目标分解。心理学家史蒂芬·里希认为："将目标分解成若干个可以实现的部分，不但能增加立竿见影的效果，而且能减少付出代价。"所以我们应将职业生涯目标分解为可分阶段实施的多个里程碑式的目标。

(2)具体策略方案，即为达到策略目标所要采取的具体行动、需要动用的资源以及方案要素间的协调方式与配合步骤。

(3)行动计划与时间安排，即具体行动的时间安排与资源配置方案，包括阶段性目标、阶段性行动方案等内容。

即便已经将职业生涯目标分解为一个个容易实现的里程碑式的目标,我们也必须为该目标制定一系列的行动和措施,主要包括以下几个方面:

①在某一领域成为专家固然好,但拥有其他领域的广泛知识也很有用,如 Word、Excel、Powerpoint 等软件的使用,以及个人的人际交往能力。每一个人所在的领域都不可能是完全独立的,所以我们也应该考虑怎样提高相关方面的知识。

②研究你的行业和职位,确定该领域的新进展及该行业中各个职位的相关要求,包括教育和经验等。这些可以通过行业内相关公司网站的职位招聘信息获得。

③分析自己的知识结构,确定短板和长处,制订计划增强自己的弱项,充分利用自己的强项,申请能发挥自己当前技能水平的任务。

④根据自己的发展目标进行相应的继续教育或考取相应的技术证书。

⑤将你的职业生涯目标展示给你的领导,便于你的领导给你安排合适的培训及合适的岗位。

## 五、职业生涯规划的反馈与修正

个人是职业生涯规划的主体,是制定者、实施者、受益者,更是实施情况的监督者。一方面,我们实际的执行情况可能与规划中的方案出现差异,这就要求我们调整实施方案,以利于我们实现最终目标;另一方面,世间万物运动变化是永恒的主题。我们自身因素、社会环境、企业环境等都在发生着变化,因此我们应不断地根据这些因素的变化调整或修正我们的职业生涯规划,做到与时俱进。

### (一)反馈与修正的内涵与意义

在个人的职业发展历程中,由于社会环境的巨大变化和一些不确定因素,使我们的实际情况和原来制定的职业生涯规划有所偏差,这就需要对职业生涯规划进行评估和做出适当的调整,以更好地符合自身发展和社会发展的需要。职业生涯规划的评估与反馈过程是个人对自己不断认识的过程,也是对社会不断认识的过程,是使职业生涯规划更有效的有力手段。

职业生涯规划的反馈与修正就是在生涯规划实施的过程中根据实际情况,通过职场信息反馈,相继调整、修正生涯目标,反省策略方案的可行性、契合度与成功概率,使之适应职场现状的要求,并为下一阶段生涯规划的实施提供参考与依据的过程。职业的重新选择、目标实现的时限调整、职业路线的设定以及目标本身的修正,都属于反馈与修正范畴。

职业生涯规划的反馈就是一个再认识、再发现的过程,要求我们时时要注意内外环境的变化,不断地审视自我,不断地调整自我,不断地修正策略和目标。通过职业生涯规划的反馈与修正过程,可以自觉地总结经验和教训,评估职业生涯规划,修正对自我的认知。通过反馈与修正,可以纠正最终职业目标与分阶段职业目标的偏差,保证职业生涯规划行之有效。同时,通过评估与修正还可以极大地增强自信心,从而促进职业生涯目标的实现。

总之,反馈与修正是职业生涯规划的重要环节,也是保障生涯规划能否实施的关键环节。只有通过反馈与修正,才能保证目标的合理性和措施的有效性,也才能最终促使职业生涯目标的实现。

### (二)反馈与修正的方法

在职业生涯规划实施的过程中,通过反馈与修正评判一个人的职业规划是否有效,一般可以采用两种方法:PDCA 循环法;目标管理法(MBO)。

#### 1. PDCA 循环法

PDCA 循环法,即通过计划、实施、检查、行动四个步骤对职业生涯规划进行评估。四个步骤紧密相连,形成封闭的循环链条。当一个 PDCA 循环完成时,下一个 PDCA 循环又会开始,从而为职业生涯管理提供一个长期的、持续的支持与反馈活动。

P—Plan,计划,即根据职业生涯目标的要求,制订科学的计划。个人在开始新的职业生涯前,首先要确立自己的职业目标,要为这个目标定下时间表。为了提高工作效率,对于某一项具体的工作任务也必须有明确的工作计划。

D—Do,执行,即实施计划,也就是要将计划付诸行动,而不是仅仅停留在空想层面。

C—Cleck,反馈,即检查计划实施的结果与目标是否一致。通过不断的“自检”,及时发现问题、解决问题。

A—Action,行动,即纠正错误、调整方向,也就是在对以往行动的结果进行检验的基础上,对方案进行修正完善后再执行。

**2. 目标管理法(MBO)**

目标管理法是通过对人生目标与阶段性目标的管理,确保个人的行动朝着目标方向努力,从而最大限度地激发个人实现人生目标。目标管理法能够启发自觉,激发个人的积极性,具有明显的激励作用。

职业生涯发展的目标管理法主要包括四方面的内容:(1)设定目标,即根据个人当前的岗位职责和人生整体目标,设定目标方案;(2)制订计划,即设计阶段性目标,提出达成阶段目标的策略和方法;(3)定期总结,即个人要定期对目标实施情况进行检查,分析现状与目标的差距,找到弥补差距、完成目标的具体措施;(4)绩效评估,即在目标任务终止期,进行目标评估。如果没有达成目标,要检讨原因,如果超出预期,则要分析成功的原因,并与别人分享经验。

(二)反馈与修正的内容

在职业生涯实施过程中,反馈与修正伴随着全过程。反馈与修正的内容包括:(1)自我条件重新剖析,即在实践的基础上,重新认识自己、分析自己,找到自己的优势与不足;(2)生涯机会重新评估,即结合现实的组织环境和社会、经济环境,分析自己未来发展的空间及可能性;(3)职业生涯目标修正,即根据实际情况,重新思考与确定自己的人生与职业发展的目标,使其更加适合自己的情况,更有利于自己的发展;(4)调整生涯发展策略,即根据新的情况和目标,重新制定和调整生涯发展策略,强化自己的优势;(5)落实生涯规划修订,进入一个新的规划、实施、修正与反馈期。

总之,职业生涯规划修正的内容包括职业的重新选择、职业生涯路线的选择、阶段目标的修正、实施措施与行动计划的变更等。职业生涯反馈与修正的过程,是个人对自我不断认识的过程,也是不断优化个人职业生涯规划的过程,是顺利实施个人职业生涯规划不可或缺的环节。

**【本章小结】**

职业生涯规划又称为职业生涯设计,是指个人或组织根据对个人的主观因素和客观环境的分析,确立个人职业生涯发展目标,设计职业发展路径,形成分阶段、渐进实施的具体行动方案的过程。职业生涯规划就是要在职业生涯设计中实现定向、定点、定位和定心。职业生涯规划具有个性化、预期性、动态性、客观性和开放性的特征。职业生涯规划应该坚持择世所需、择己所爱、择己所长、择己所利等基本原则。

职业生涯规划基本上可以分为自我评估,环境分析,确定职业生涯目标,选择职业生涯路径,制定职业生涯策略,实施、反馈与修正等六项基本步骤。

职业生涯目标的确定是指个体根据对个人特征的分析和内外部环境的分析,形成长期、中期和短期职业生涯目标的过程。职业生涯目标的设定是职业生涯规划的核心部分。职业生涯决策就是要面对职业发展的可能选项确定自己的目标或奋斗方向。职业生涯决策的方法有两种:生涯决策平衡单和 PLACE 评价法。职业生涯策略是指个人为争取职业生涯目标的实现,对自己的生涯活动进行安排与调控所采取的各种行动和个人资源配置措施。

在职业生涯规划实施的过程中,通过反馈与修正评判一个人的职业规划是否有效,一般可以采用两种方法:PDCA 循环法和目标管理法(MBO)。

**【思考题】**

1. 职业生涯规划的主要内容是什么?
2. 什么是职业生涯目标?
3. 职业生涯目标的确定方法有哪些?
4. 简述职业生涯规划的基本步骤。

**【案例分析】**

## 戏说诸葛亮的职业生涯规划

东汉三国时期,群雄逐鹿,人杰辈出!与绝大多数怀才不遇者的思维定式相反,长期隐居南阳草庐的诸葛亮一出山就投靠了当时最为势单力薄的刘备集团并终生为其奔走效力。在为刘备集团做出杰出贡献的基础上,诸葛亮自己也实现了他个人事业上的成功——这归根结底取决于诸葛亮近乎圆满的职业生涯策划!

1. 清晰定位个人职业生涯目标

诸葛亮自幼胸怀大志,始终以春秋战国时期两位著名的最高参谋管仲、乐毅为个人楷模,立誓要成为他所处时代杰出的"谋略大师",为光复汉室贡献力量。在南阳躬耕的十年间,诸葛亮为实现该目标积累了丰富的知识,具备了实现职业目标所需要的才干。

2. 选择职业生涯路径

在当时,曹操已经统一了半个中国,实力雄厚,最有资格挑战全国统治权;孙权只求偏安自保;而势力最为弱小的刘备集团却具备快速成长,与曹操、孙权三足鼎立乃至在此基础上具备了一统天下的可能性。独具慧眼的诸葛亮出于以下原因选择了刘备,选择了与刘备集团一起成长来实现自己的职业生涯目标:第一,刘备始终坚持光复汉室的理想,并在全国赢得了相当一批支持者——这与诸葛亮的个人价值观相吻合;第二,刘备品性坚韧顽强,敢于与任何强大的敌人对抗;第三,刘备待人宽厚谦和,团队凝聚力超强;第四,刘备是汉朝皇族后裔,具备名正言顺继承"大统"的资格;此外,还有一个非常重要的原因,到赤壁之战前夕,曹操和孙权两大集团都已人才济济、颇具规模,诸葛亮若去投奔,最多也只能成为一名"中层管理人员",而刘备集团当时主要由一些武将构成,高级参谋人才奇缺,诸葛亮完全有可能被破格提拔进入最高领导层!

3. 精彩的实施策略——求职

在应聘准备和应聘实施方面,诸葛亮更是做得登峰造极!

在个人推销方面,诸葛亮通过躬耕陇亩给外界留下踏实肯干的印象;同时,他还自赋了一篇《梁父吟》,含蓄地表明心志;此外,诸葛亮在与外人言谈中每每自比管仲、乐毅,一方面宣传了个人的卓越才华,另一方面也表明了他对“和谐双赢”的君臣关系的向往。通过以上准备，诸葛亮的个人才能和求职意向等重要信息最终通过各种渠道传递到了刘备那里。

在应聘临场发挥方面，诸葛亮在完全私密性的“隆中对”时，通过逻辑严谨的精彩表述充分展现了个人对国内军事、政治形势以及刘备集团未来发展战略的全面深入的思考，令刘备对这个27岁的年轻人大为叹服！此后，刘备始终待诸葛亮为上宾，全部重大决策都要与其共同协商探讨，甚至在临终之时还有托孤让位之举；诸葛亮也始终对刘备忠诚一心，鞠躬尽瘁！深厚的君臣情谊是刘备集团后来事业蓬勃发展，最终与曹操、孙权三足鼎立的重要因素，并传为千古佳话！

诸葛亮是昔日乱世中的一个孤儿，若非正确的职业生涯规划，很可能就淹没在历史的尘埃之中，永不为人世所知！

（资料来源：互联网，稍作改动。）

**【分析与讨论】**

（1）请结合诸葛亮的生涯发展，谈谈职业生涯规划的基本制定流程。

（2）请思考诸葛亮的职业发展策略给你的启示。

# 第五章　职业选择

**【学习目标】**

掌握职业选择的含义与特征；充分理解职业选择的理论；掌握基本的求职策略；了解求职信息的收集与处理方法；掌握求职简历的撰写方法；熟悉基本的求职面试技巧。

**【重要概念】**

职业选择、职业决策、职业—人匹配理论、择业动机理论、职业决策理论、职业信息、求职简历、求职信、面试

**【引导案例】**

**自信源于知识**

“传说中，上帝造人的时候没有偏心，把每个人都捏得有模有样，但是人在落地时的一刹那，因为一不小心，撞成啥模样就成啥模样了。”小枫就是那种落地没落好的。慢慢的，他长大了，懵懵懂懂地开始懂事了。可是，先天条件的不足使敏感的他很容易受伤，也很无奈。因为自己看得见的弱点，小枫为此比常人付出了更多的艰辛。外形虽然由不得自己选择，人生是可以自己选择的。人，看得见的弱点并不可怕，可怕的是看不见的弱点。小枫变得越来越喜欢学习，知识让小枫变得越来越开朗。在学习专业课之余，小枫认真钻研计算机编程技术，久而久之，他的计算机技术在校园里已小有名气。内涵的不断丰富让小枫渐渐忽略了自己的外表，他和其他同学一样阳

光,一样灿烂,最重要的是这一切都发自于小枫的内心。临近毕业的时候,他的求职道路较一般同学又崎岖得多,求职信投出后不久就会接到面试通知,再之后就没有下文了。曾经有好朋友建议小枫去整容,被他否决了,他说:“我很好,我只是求职的工夫还没有下够,外形对我已构不成威胁。”多么从容自信!“只要功夫深,铁杵磨成针。”小枫终于拿着和西门子公司签订的协议书回到学校盖章。

小枫简单地向我们介绍了他的求职经过。刚开始时,应聘者众多,谁也没把他放在眼中。几个回合下来,竞争者越来越少,但他的复合型知识结构为他赢得了关键的一分,他被录用了。

外形是不以人的意志为转移的,但人生是可以通过自己的努力而改变的。生活的幸福并不取决于外形的美丽与否,而发自内心的自信,才会使生命变得精彩。而我们所需要的自信,正是源于知识的滋养。

(资料来源:陈敏.大学生职业生涯发展与管理[M].上海:复旦大学出版社,164-165.引用时稍作改动。)

俗话说:“女怕嫁错郎,男怕入错行。”有的人从事喜爱的职业,并将该职业作为终生为之奋斗的事业,取得了职业成功,获得了一定的成就;有的人从事不喜欢的职业,仅将职业作为谋生手段,终生碌碌无为。职业选择恰恰是个人职业生涯最重要和最关键的第一步,它会直接影响到个人未来的前途和发展。可以说,职业选择就是对未来发展的选择,更是对人生幸福的选择。

## 第一节 职业选择的内涵与程序

在职业生涯发展的过程中,职业选择是一个非常重要的环节。在学习职业选择理论之前,我们首先必须明确职业选择的内涵与特征。

### 一、职业选择的内涵与特征

职业选择是劳动者依照自身的职业期望和兴趣,凭借自身能力挑选职业,使自身能力素质与职业需求特征相符合的过程。

理解职业选择的内涵,需要明确四个方面的内容:(1)劳动者是职业选择的主体,是择业行为能动性的主导方面,各种职业则是被选择的客体。(2)职业选择受劳动者自身条件和职业要求的限制,不能任意选择。一方面劳动者不可能具有从事一切职业的能力与兴趣,另一方面不同职业由于有各自的劳动对象、手段、劳动条件和作业环境,对劳动者能力也有相应的特定要求。(3)职业选择是劳动者与职业岗位互相选择、相互适应的过程。一方面职业选择是劳动者作为主体主动择业的过程,另一方面又是职业选择劳动者的过程,这一过程在人们的职业生涯期间可能会不止一次地发生。

简单地说,职业选择具有三个方面的特征,即职业选择是一个匹配的过程;职业选择是一个决策的过程;职业选择是一个发展的过程。

(一)职业选择是一个匹配的过程

绝大多数职业选择理论认为,个体在选择工作时,无论是否有意识,都会选择那些与自己独特的需要、动机、价值观和才能相匹配的工作。根据这种观点,个体在进行职业选择时,会有意识地按以下程序进行:分析自己的长处与短处,收集职业方面的信息,然后再做出决定。也就是说,个体应当首先明确自己的能力、需要、价值观,然后选择适当的职业目标,最后再选择最适合这些目标的职业。有研究表明,个体在进行职业选择时充分“贯彻”了自我意识,即个人所偏好和选择的职业,就是与其自我意识相吻合的职业。

(二)职业选择是一个发展的过程

虽然人们在选择职业时会注重职业与自我意识的匹配与贯彻,但是在实际进行选择时却不是一时的心血来潮。职业选择随着时间而演变:首先,人们形成、区分和修正自我意识需要很长的时间;其次,人们培养才能、确定兴趣和价值观也需要较长的时间;最后,人们了解行业、职业和组织也需要一定的过程。正是由于上述原因,我们才把职业选择视为一个开放的、渐进的发展过程。换言之,职业选择是一个逐渐了解自己的优势和劣势的过程,是一个不断增加对职业认识的过程,是一个在做出相关决策的同时正确谋划、建立自信的过程。

### (三)职业选择是一个决策的过程

职业选择是一个过程,它的本质是发展。但是,当个体面临一系列可以选择的职业时,他需要处理好职业决策的问题。学者们建立了很多职业决策模型来研究人们进行职业选择时的心理和行为特征。期望理论假定,人们进行职业选择时的依据是职业可能带来的结果或者报酬。也就是说,人们会对自己经过充分努力后,能否从事某一具体职业的可能性进行预估。通常人们可能选择的职业是那种不仅有吸引力还有从业机会的职业。

## 二、职业选择的影响因素

人们在进行职业选择时,通常会受到个人因素、家庭因素和社会因素的影响。

### (一) 个人因素

影响个体职业选择的个人因素分为生理因素和心理因素。其中,生理因素包括性别、年龄、健康、形象、气质乃至身高,因为不同的职业对性别、年龄、健康、外表有不同的要求,这些要求会直接影响到个体能否求职成功。例如,空姐、模特、军人、演员等职业都对从业人员的长相与身高有特殊的要求。因此,求职者要对自己的生理因素有一个正确的认识和客观的评价,无须怨天尤人,更不要产生自卑心理或者自暴自弃,而是应该根据自己的具体情况,扬长避短,选择适合自己的职业。

心理因素包括兴趣爱好、气质、性格、能力、职业价值观等。这些心理因素是影响职业选择和职业生涯发展的核心因素。生活中确实存在这样的现象,大学里成绩平平的同学在职场上春风得意、如鱼得水,而昔日的高才生却茫然失措、落魄失意。最主要的原因可能就是高才生没能根据自己的性格、兴趣、能力选择合适的职业,从而限制了自己聪明才智的发挥。

### (二) 家庭因素

职业选择与家庭背景有非常密切的关系。家庭是人们生活的重要场所,人们的价值观、行为模式都会受到家庭生活和家庭成员潜移默化的影响。家庭环境决定个体的价值观和行为模式,而这些对他们的职业选择倾向、就业机会都有较大影响。

具体而言,家庭因素对个体职业选择的影响体现在以下三个方面:首先,家庭教育方式不同,个体认知世界的方法亦会不同;其次,父母从事的职业是子女最早观察模仿的对象,个体必然会受到父母职业素质和技能的熏陶;最后,父母的价值观、态度、行为、人际关系等会对个人的职业评价及职业选择发生直接或间接的影响。因此,社会上会存在艺术世家、教育世家、商业世家、政治世家的现象。

(三) 社会因素

所谓社会因素,是指非个人所能左右及控制的外部因素。个人职业选择不可避免地会受到社会因素的影响,这些社会因素包括社会环境、国家政策、地域、行业与组织、人力资源市场等。

首先,个体职业选择必然要受到社会环境的极大影响和制约,而社会环境包括政治环境、经济环境、文化环境、科技环境和教育环境。社会环境中流行的工作价值观、政治经济形势、社会产业结构的调整与变动、人事管理体制的变化,无疑都会在个人职业选择方向上留下深深的烙印。“50 年代的兵,70 年代的工人,90 年代的个体户,21 世纪的 IT 业商人”,每个年代的职业声望排序都将对职业选择起到不容否认的重要影响。

其次,国家经济发展政策和就业政策对个人职业选择也会产生重要影响。国家经济或产业政策,会影响各行各业对人力资源需求的数量和规格。例如,国家限制高能耗、低效益、高污染行业的政策,对钢铁、采矿、造纸、纺织等行业内的就业会产生较大影响。就业政策同样会影响到个人的职业选择。例如,当前我国的高校毕业生就业政策,鼓励高校毕业生到城乡基层、中西部地区和中小企业就业,鼓励自主创业,鼓励骨干企业和科研项目单位吸纳高校毕业生就业。这些政策对大学毕业生的毕业去向产生一定的引导作用。

再次,个体职业选择也会受到地域、行业与组织差别的影响。目前我国的东西部经济发展水平不同、产业结构不同、生活条件不同、职业发展环境不同,对求职者的吸引力也不同。求职者,尤其是大学毕业生到底选择在何处发展,是值得深思熟虑的一件大事。同样,行业兴衰、组织发展对个体职业选择也有较大影响。目前,我国一些重要行业仍存在较大的人才缺口,一些中小型企业也存在巨大的人员需求,这些因素都需要求职者客观的思考与评估。

最后,人力资源市场状况对个体的职业选择会产生深远的影响。决定一个社会劳动力就业状况的基本因素,是劳动力供给和需求的关系。劳动力供求关系可以分为供过于求、供不应求、供求平衡三种基本类型。求职者在进行职业选择时需要密切关注相关的劳动力市场供求状况,制定相应的求职策略。例如,大学毕业生可以关注各类组织招收大学毕业生的数量和要求,自主选择报考国家公务员、应聘国有企事业单位、应聘非国有单位、自主创业、参军入伍、出国、升学等就业途径。

## 三、职业选择的程序

职业选择是一项重大的人生决策,人们要做出正确的决策,选好自己的职业,必须掌握职业选择的基本程序与方法。一般而言,职业选择包括自我认知、信息收集、信息分析、决策和求职五个环节。

### (一)自我认知

合理择业的主要前提之一是个人对自我的认识和把握,求职者有必要多层次、多角度、全方位地了解自己,并对自己在择业任务面前的心理定位进行合理评估,以免造成职业选择决策的失误。从这个意义上来认识职业选择的过程,就是一个个体发现自我、认识自我、挖掘自我潜能的认知过程。在择业之前,个体一定要对自己的职业兴趣、职业能力、职业价值观进行充分的评估,争取成为一个成功认识自我的诊断分析专家。

### (二)信息收集

收集信息就是在择业前,求职者要对职业进行研究,找出一种发展潜力大、在未来若干年有较高社会需求的职业,同时还要对该种职业所处的行业、就业区域、劳动力市场供求状况进行细致的研究,从多种渠道全面地收集就业信息。可以说,获取就业信息是人们职业选择的基础工作内容,谁能及时获取就业信息,谁就有可能掌握职业选择的主动权。

(三)信息分析

由于社会招聘及就业信息十分庞杂、广泛,我们收集到的信息难免夹杂着虚假信息。即使是真实信息,但由于其数目和范围太大,往往会超出人们的注意范围,因此有必要结合自己的实际情况,依据国家政策标准及社会经验,对这些就业信息进行必要的分析和整理,达到去粗取精、去伪存真的目的。

(四)人—信息匹配决策

职业选择是一个重要的决策过程。对人与信息是否匹配做出科学合理的决策,有助于更好地进行职业选择决策,参与求职行动。人—信息匹配包括个人基本情况和职业信息的相互匹配、个人的生活向往与职业环境的相互匹配。在决策过程中,如果职业信息与个人需要较为接近,就可以进一步判定个人的生活向往与职业环境的匹配了。个人可以根据自我的生活愿望及目标,对未来居住地、理想的生活计划安排、工作环境、交通条件、工作及生活设施等其他相关信息进行匹配。如果匹配结果大体满足自我职业和生活目标,就可以进行决策了。

(五)求职

求职是职业选择的最后一个环节,也可以说是个体在决定从事具体的职业之后,对具体工作单位的选择。求职具体包括招聘信息收集,制作个人求职简历,参加笔试、面试等活动,与用人单位进行双向选择。个体在求职过程中,要注意应聘的策略和技巧,在与用人单位达成意向后,要及时签订意向协议。由于当前职场竞争非常激烈,再加上求职者在择业过程中处于弱势地位,因而个体在制定职业选择方案时要确定两套以上的方案,做到有备无患,便于求职者主动参与竞争与选择。

## 第二节　职业选择理论

职业选择是一项非常重要而复杂的工作,很多专家都进行了相关的理论探索。在职业选择理论中，比较有代表性的为帕森斯的职业—人匹配理论、佛隆的择业动机理论、蒂德曼的职业决策理论。

## 一、帕森斯的职业—人匹配理论

职业—人匹配理论是由美国波士顿大学的帕森斯教授提出的早期职业选择理论。这是用于职业选择与职业指导的最为经典的理论之一。1909年，帕森斯在其著作《选择一个职业》一书中，明确阐明职业选择的三大要素和条件：

(1)应该清楚地了解自己的态度、能力、兴趣、智谋、局限和其他特征。

(2)应该清楚地了解职业选择成功的条件、所需的知识，在不同职业岗位上所具有的优势、不利、补偿、机会和前途。

(3)上述两个条件的平衡。

帕森斯的理论内涵是在清楚认识、了解自己的主观条件和社会职业岗位需求条件的基础上，将主客观条件与社会职业岗位一一对照，最后选择一种职业需求与个人特长相匹配的职业。

职业与人的匹配分为两种类型：(1)能力匹配，即所需专业技术和专业知识的职业与掌握该种特殊技能和专业知识的择业者相匹配，如劳动条件脏、累、险的职业，需要吃苦耐劳、体格健壮的劳动者与之相匹配；(2)性格匹配，即某些职业需要具有一定的特质，如具有敏感、易冲动、不守常规、有独创性、个性强、理想主义等人格特质的人，宜于从事审美、自我情感表达的艺术创作类型的职业。

作为职业选择的经典理论，帕森斯的职业—人匹配原则至今仍然正确、有效，依然广泛地应用于职业选择与职业指导之中，并对职业生涯管理学、职业心理学的发展起着重要的、里程碑式的作用。“三步范式”法被认为是职业选择和职业设计的至理名言，并得到不断的发展和完善，形成职业指导过程中广泛运用的三步流程：第一步，进行人员分析，评价个体的生理和心理特征；第二步，分析职业对人的要求，并向求职者提供有关的职业信息；第三步，入职匹配，个人在了解自身特点和职业要求的基础上,借助职业指导师的帮助,选择一项既适合自己特点又有可能获得的职业。

## 二、佛隆的择业动机理论

美国心理学家佛隆(V. H. Vroom)在1964年出版的《工作和激励》一书中,提出了解释员工行为激发程度的期望理论。该理论的基本公式为:

$$F = V \times E$$

式中,F为动机强度,指积极性的激发程度,表明个体为达到一定目标而努力的程度;V为效价,指个体对一定目标重要性的主观评价;E为期望值,指个体对实现目标可能性大小的估计,也就是目标实现的概率。

员工个体行为动机的强度取决于效价大小和期望值的高低。效价越大,期望值越高,员工行为动机越强烈。就是说,为达到一定目标,他将付出更大的努力。如果效价为零乃至负值,表明目标实现对个人毫无意义,甚至会给个人带来负担。在这种情况下,目标实现的可能性再大,个人也不会产生追逐目标的动机。如果目标实现的概率为零,那么无论目标实现的意义有多大,个人同样不会产生追求目标的动机。

佛隆用期望理论来解释个人的职业选择行为,具体化为职业动机理论。该理论的应用,即个人如何进行职业选择,分为两个步骤:

第一步,确定择业动机。择业动机用公式表示为:

$$择业动机 = 职业效价 \times 职业概率$$

式中,择业动机表明求职者对目标职业的追求程度,或者对某项职业选择意向的大小。职业效价是指求职者对某项职业价值的评价。职业效价取决于:(1)求职者的职业价值观;(2)求职者对某项具体职业要素,如兴趣、劳动条件、工资、职业声望等的评估,即职业效价=职业价值观×职业要素评估。职业概率是指择业者获得某项职业可能性的大小。职业概率的大小通常取决于四个要素:(1)某项职业的社会需求量。在其他条件一定的情况下,职业概率同职业需求量呈正相关;(2)择业者的竞争能力,即择业者自身工作能力和求职就业能力。竞争力越强,获得职业的可能性就越大;(3)竞争系数,是指谋求同一种职业的劳动者人数的多少。

在其他条件一定的情况下，竞争系数越大，职业概率就越小；（4）其他随机因素。因此：

职业概率＝职业需求量×竞争能力×竞争系数×随机性

择业动机公式表明，对求职者来说，某项职业的效价越高，获取该项职业的可能性越大，那么求职者选择该职业的意向就越大；反之，某项职业对择业者而言其效价越低，获取此项职业的可能性就越小，求职者选择这项职业的倾向也就越小。

第二步，比较择业动机，确定选择的职业。

求职者对其视野内的几种目标职业进行价值评估和获取该项职业可能性的评价，在测定几种职业的择业动机上，应进行横向择业动机的比较。在比较择业动机的基础之上，确定选择的职业。

## 三、蒂德曼的职业决策理论

职业决策的概念最早在人职匹配理论中就已有蕴含。其后，在霍兰德的人格类型理论中，又逐步得到充实与发展。但是，它们都还没有详细阐述和分析职业决策的具体过程、行为。直到 20 世纪 60 年代，蒂德曼（Tiedman）才开始着重研究职业决策的具体过程与步骤，他的研究逐渐发展成为一种相对独立的职业选择理论，即职业决策理论。

蒂德曼认为，职业选择是一种“鉴别”和“综合”的决策过程。这种过程是人在职业生涯中重复进行的一系列步骤。蒂德曼把职业决策过程分为两个阶段：

（1）期望与选择阶段。此阶段分为四个步骤：第一步，探索。考虑与个人经验和能力有关的职业生涯发展目标；第二步，成形。在探索的基础上准备进行职业定向，考虑个人确定职业新方向的价值、目的及可能的回报；第三步，选择。职业生涯目标成形后应做出决策，寻找并确定个人期望的具体职业；第四步，澄清。进一步考虑和分析上述选择，消除可能发生的疑问。

（2）完成和调整阶段。此阶段分为三个步骤：第一步，就业。实现了职业选择，得到一个职位，开始对自己的职业生涯目标和现实的工作岗位寻求适应和认可;第二步,重新形成。职业目标在现实条件下的再次形成,或者根据实际情况进行调整;第三步,综合。个人逐步了解自我,已被他人认可,个人与职业达到匹配,职业决策得以完全实现。

应当指出,职业决策理论的研究起步较晚,它的发展渗透着多门学科和思想的影响。而且,个人的职业决策毕竟不同于经济活动的决策,其决策过程和行为更为复杂。为此,职业决策理论亟待吸收心理学和其他一些行为科学的思想和概念,才能更为科学、严谨。

## 第三节 求职策略

在人的一生中,职业选择期是非常关键的时期。在职业选择期能否很好地运用于求职策略,关系到一个人今后人生历程的发展,也决定着个人能否施展自己的才华,取得事业成功与自我价值的实现。本节具体介绍求职者在求职过程中需要掌握的求职策略,具体包括职业信息的收集与分析、求职材料的准备与制作、求职面试技巧的培养、求职阶段的心理调节等。

### 一、职业信息的收集与分析

获取择业信息是求职者进行职业选择的第一步。择业信息的多寡、真伪、时效性、权威性等,将直接关系到求职者择业的结果。因此,求职者在开始自己的择业进程之前,就要关注择业信息的收集与分析。

#### (一)职业信息的内涵与内容

职业信息是有关职业方面的消息、情报、数据、知识等。职业信息具有目的性、社会性、时效性、变化性的特点。具体来说,包括具体职业信息、社会职业变化信息、就业法律法规与政策信息、人力资源市场供求信息、用人单位信息等内容。

**1. 具体职业信息**

具体职业信息,指的是某一职业的工作内容、工作条件、任职资格、工作前景、对个人生活的影响等信息。这些信息可以通过查阅相关的书籍、向专家咨询、向亲友咨询等多种渠道获得。例如，我国的《职业分类大典》详细介绍了近2000种职业的职业编码和职责信息。相关职业介绍手册会更加详细地介绍某一具体职业的全面信息，这些职业介绍手册可以在图书馆或职业咨询机构查阅。

**2. 社会职业变化信息**

社会职业按照行业划分为第一产业、第二产业和第三产业三大类别。在人类历史上，随着社会经济发展和科学技术进步，产业结构调整总是客观存在的。从世界上多数国家第一、第二、第三产业的就业人口来看，其变化趋势为：第一产业呈下降趋势。第二产业开始呈上升趋势，其后保持相对稳定，然后呈下降趋势。第三产业逐渐兴旺。在这个变化过程中，一些职业会被自然淘汰，另一些职业则会应运而生。在我国产业结构调整过程中，求职者应该主动了解社会职业需求信息，并根据社会职业冷热变化特点确定自己的职业。

**3. 就业法律、法规与政策信息**

从宏观角度来看，我国政府对社会就业行为进行引导和调控。为推动就业行为的市场化进程，使人才配置更加合理，国家不断完善就业法律、法规和政策。例如，2008年就曾先后出台了《就业促进法》《劳动合同法》等重要的法律文件，规范就业市场和就业行为。求职者应该及时了解相关的法律、法规和政策，避免择业的盲目性，并利用相关法律、法规维护自身的合法权益。

**4. 人力资源市场供求信息**

择业是求职者将自己置身于市场，参与市场竞争，接受市场挑选的过程。而瞬息万变是人力资源市场的显著特征。人力资源市场总供给与总需求的关系以及细分市场的供求关系永远处于不断的变化之中。因此，求职者要审时度势，了解和掌握各地的就业形势，认清形势、适应形势，才能在纷繁复杂的人力资源市场中做到对自己的合理定位，实现自己的就业目标。

**5. 用人单位信息**

择业除了选择具体的职业外，还要选择具体的组织。用人单位信息的多寡优劣,对求职者而言非常重要。用人单位信息包括单位的性质、企业文化、发展现状与前景、招聘岗位及要求、薪酬待遇、招聘方式等。了解和把握这些信息是求职者选择组织的前提和基础。求职者可以通过用人单位的招聘广告、网站、新闻报道等多种渠道广泛地捕捉到用人单位的信息,尽可能地掌握详细、准确的用人单位信息。

### (二)职业信息的收集

随着就业模式的改变、就业市场的形成与完善以及政府对就业工作的积极推动,各种职业机构和信息媒体不断涌现,为职业信息的交流、畅通创造了条件。对于求职者来说,收集就业信息归纳起来通常有以下六个渠道。

#### 1. 互联网

信息时代互联网的作用日益显著,它可以打破时空界限,为求职者与用人单位创造一个无限的交流空间。互联网不仅提供的信息量大,而且发布及时,此外还具有互动性、费用低等特点。网络求职已成为当前非常流行的求职方式。求职者既可以利用网络资源对用人单位的基本情况和招聘信息进行收集,也可以通过互联网发送求职材料,与用人单位建立联系。

#### 2. 各类人才就业服务机构

在全国的各大中城市,一般都有人才交流服务机构,这些机构常年为求职者和企事业用人单位服务。据统计,截至 2010 年年底,全国共有职业介绍机构 3 万多所。这些就业机构既有面向高层次人才的猎头公司,也有面向普通求职者的人力资源中心。人才就业服务机构,一头牵着用人单位,一头连着求职者,起到桥梁和纽带的作用。求职者可以通过这些人才就业服务机构寻找到适合的工作,也可以将自己的信息录入到这些机构的人才资料库中,扩大自身求职的平台。

#### 3. 各种类型的人才交流会

人才交流中心或其他人才机构每年都要举办多场人才招聘洽谈会。在洽谈会中,求职者可以直接与用人单位进行接洽和交流,节省了求职时间。随着人才交流市场的日益完善,洽谈会呈现出向专业方向发展的趋势，比如有高级人才洽谈会、应届生双向选择会、信息技术人才交流会、管理人才交流会等。人才交流会由于招聘企业集中，求职者的选择余地较大。通过参加人才交流会，求职者还可以了解某一地区、某一行业的人力资源需求情况。

**4. 新闻媒体**

就业问题是社会关注的焦点。随着广播电视的普及、报刊服务功能的增强，新闻媒体逐渐成为求职者获取就业信息的一个重要渠道。新闻媒体具有速度快、涉及面广、信息及时的特点，因此越来越多的用人单位通过媒体传递用人信息。新闻媒体不仅为求职者提供招聘信息，还以宏观的视角、专业的评论、大众化的表现形式，为求职者提供综合、权威、准确的相关信息。因此，新闻媒体是求职者收集职业信息的可靠途径。

**5. 高校毕业生就业指导中心**

对于高校毕业生而言，全国各省市高校毕业生指导中心和各高校的毕业生就业信息网是收集职业信息最方便、最有效的途径之一。高校毕业生就业指导中心作为就业信息中心，一方面与上级就业主管部门、各省市的就业机构进行广泛的沟通，及时了解就业政策和就业制度；另一方面与用人单位进行合作，充分了解用人单位的用人需求，它所提供的信息具有可靠性和权威性。

**6. 社会网络**

求职者要善于利用各种人脉资源，拓宽职业信息的来源，可以通过家人、亲戚、朋友、老师、校友等社会网络渠道收集职业信息。通过社会网络收集职业信息的最大优点是信息较为真实，有针对性。利用社会网络渠道收集信息时，求职者要注意根据社会关系的特点，预先准备好所要了解的问题，有所侧重，避免遗漏重要的信息。

### （三）职业信息的分析

大量的职业信息是择业的前提，但并不是就业的充分条件。由于求职者获得的信息途径广泛、内容复杂、真伪难辨，所以必须对信息进行分析和处理。因此，职业信息分析是择业过程中非常重要的一个环节。

**1. 有效鉴别虚假信息**

目前,我国职业信息发布制度尚不健全,因此就业市场难免有鱼龙混杂的现象。面对形形色色的职业信息,求职者要本着实事求是的态度,既不要毫无防范、照单全收,也不要过度防范、全盘否定。鉴别信息首先要确定信息的可靠程度,对于不可靠、有疑问的信息要通过各种渠道去求证、去查实,也可以调动一切可能的力量帮助自己进行判断。求职者要等信息基本准确之后再做决定,不要"病急乱投医",因轻信虚假就业信息给自己造成不必要的损失。

**2. 比较分类职业信息**

求职者通过各种途径获得大量的职业信息之后,要进行比较分类。求职者要根据自己的职业定位,对所获得的信息进行有用和无用的筛选,将无用的信息淘汰,把有用的信息进行比较分类,有用的职业信息可以分为政策性信息和用人单位招聘信息。其中,就业政策是每个求职者都必须掌握的。用人单位的招聘信息可以根据求职者自己的标准分成不同的类别。例如,可以按求职成功的可能性分为希望较大和希望不大两类,也可以根据工作岗位与自己专业的关联程度分为与专业对口、与专业不对口等。最后可以按照重要性和紧迫性综合排队,有重点地落实。

**3. 深入挖掘信息价值**

求职者对自己获得的信息,特别是用人单位的招聘信息不要浅尝辄止,要对信息进行挖掘,发现它的价值。求职者要认真思考职业信息的有效性,详细了解信息的内容,包括单位性质、发展前途、用人标准、招聘方式等。在众多的职业信息中要筛选出和自己目标相同或相近的职业机会,准确判断职业信息与自己的匹配程度。并且充分运用生涯决策技术,在求职过程中做到"早定位、早行动、早落实"。

## 二、求职材料的准备与制作

准备一份精美的求职材料是求职者择业的重要手段。因为当前求职者与用人单位的初次接触一般都是通过书面自荐材料而发生的。用人单位经过对众多求职者的书面材料比较筛选,才能确定哪些人可以参加面试。对于求职者而言,制作一份有说服力的求职材料是踏上求职成功的第一步。一般来说,求职材料由求职信、求职简历、推荐信、证明材料等组成。下面重点介绍求职简历与求职信的撰写方法。

### (一)求职简历

求职简历又称求职履历,它概括地介绍求职者的求职意向、教育背景、工作经历、个人技能等,目的是向未来的雇主推销自己。与传统简历不同,求职简历是一种自我营销的工具,它向未来的雇主表明自己拥有能够满足特定工作要求的技能、态度、资质和资信。同时求职简历也是职业规划的驱动力。正如当前很多年轻人宣扬的那样,“我是为我的简历工作”。可以说,求职简历也代表了个人职业发展的程度和水平。

#### 1. 求职简历的类型

求职简历一般有两种形式:时序型和功能型。时序型简历是按照时间顺序,列出自己的学习、工作经历,充分表现自己的技能、品德。采用时序型格式撰写简历时,注意在列出每一段工作经历时,要侧重说明职位的职责和任职资格,突出自己所取得的成就。时序型简历是较为常用的简历格式,它适用于申请的职位符合求职者的教育背景和工作经历,而且其工作经历具有连续性。

功能型简历又称技术型简历,它在简历的起始部分强调技能、资信、资质及成就,但是并不把这些内容与某个特定雇主联系在一起。工作经历、职务、在职时间不作为简历重点,以便于突出、强化个人的资质。功能型简历适用于跨专业求职,或者求职者缺乏连续且突出工作经历的情况。

时序型与功能型简历各有千秋。一般而言,作为没有工作经验的应届毕业生,比较适合采用时序型简历;而对于已经有工作经验的求职者,可以采用功能型简历。

#### 2. 求职简历的内容

求职简历一般包括个人信息、求职意向、教育背景、工作经历、奖励情况、素质技能、其他个人信息等内容。

个人信息指的是个人联系信息,包括姓名、联系电话、通信地址、个人邮箱等。个人信息的写作应该简单、直观、清晰,没有冗余的信息。

求职意向指的是求职者所要应征的目标职位。求职意向的撰写要尽可能的具体,同时要把握好“度”,既不要超越自己的能力范围,又不要过于谦虚。

教育背景又称为学业内容,包括就读学校、所学专业、所获学位、所学课程、平均成绩和排名情况。对于有工作经验者还可以写明与求职岗位相关的培训情况。教育背景一般按照时间逆序的方法撰写,应届毕业生应该将教育背景放在最显著的位置。有工作经验的求职者则应该选择将“工作经历”放在“教育背景”之前。

工作经历是求职简历中最重要的内容之一,具体包括任职组织、任职时间、部门名称、职位名称、岗位职责、工作成果与主要成就。工作经历一般也是按照时间逆序的方法撰写,要重点突出在过去的工作经历中自己承担了哪些职责,完成了哪些任务,取得了哪些结果或成就。

所获奖励是求职简历中的亮点,它表明了求职者以往的工作成就或具备的特殊才能。奖励情况具体包括奖励名称、奖励级别、获奖时间等。对于应届毕业生而言,比较重要的奖项包括三好学生、优秀团员、优秀学生干部、专项奖学金等。

素质技能展现了求职者的特长。对于应届毕业生而言,素质技能通常包括两项重要的技能,即英语与计算机技能。在撰写这部分内容时,注意素质技能要通过资格证书来表现和证明。

其他个人信息主要是前几个部分所没有提及的信息,如性别、年龄、籍贯、政治面貌、婚姻状况、身体状况、兴趣爱好、性格特征、自我评价等。撰写这部分内容要注意结合应聘岗位有针对性地选取适宜的信息,不能千篇一律。

**3. 求职简历写作的原则**

出色的简历会让人眼前一亮,使招聘官愿意和你进一步交谈。要知道,招聘官通常只需 30 秒,甚至更短的时间就可以阅读完一份简历。如何在这么短的时间内抓住招聘官的眼球,掌握简历写作的原则就显得非常重要。大体而言,求职简历撰写要本着以下四个原则:

第一,要传达出职业精神。也就是说,求职简历无论从内容到形式都必须非常专业。要做到专业,在细节上一定要把握以下要点:(1)简历的长度应控制在一页纸以内;(2)简历的形式要疏密有致、主次分明;(3)字体要选择适当;(4)不要出现“简历”字样;(5)不要以学校和公司的名称和标志作为页眉;(6)不要使用框格、底纹与下划线;(7)不要出现个人隐私资料,如生日、出生地等;(8)不要贴照片(公司要求除外);(9)使用时间逆序;(10)不可以出现错别字。

第二,不要一份简历打天下。也就是说,要根据特定企业、特定职位的要求“量身打造”求职简历。一份简历打天下的时代已不存在,越是针对性强的简历越容易受到招聘单位的认可。因此,求职者在求职之前,可以先行撰写一份简历“母版”,之后仔细阅读招聘广告,根据招聘广告的要求列出自己的优势和特长。

第三,充分表达自己的独特之处。简历是求职者的广告,而广告设计最重要的原则是要体现出产品的独特之处。简历如何体现出求职者的独特呢?要从以下几方面入手:一要借助关键词体现优势;二要借助行为词优化语言;三要借助专业术语包装简历;四是借助数字证明实力;五是借助成就反映过去。

第四,裁剪简历,简洁制胜。经常有求职者觉得简历越长越好,以为那样,说明经历越丰富,能力越强。其实不然,言简意赅、流畅简练、令人一目了然的简历最受招聘单位的欢迎。因此,求职者要针对目标职位定制简历,突出个人优势。

**【资料链接】**

### 求职简历范例

**倪　璐**

北京市海淀区中关村东路18号财智国际大厦B802　100083

86-10-82600072

zeamany@ hiall. com. cn

教育背景

2001.09—2005.07　　北京大学外国语学院英语系

英语学士　　GPA：3.93/4

主修课程：英语精读、英语视听、口语、应用文写作、英语写作、英译汉、汉译英、汉英口译等。

2002.09—2005.07　　北京大学中国经济研究中心

经济学学士　　GPA：3.94/4

主修课程：国际贸易、会计学、市场营销、中级宏观经济学、中级微观经济学、计量经济学、微积分、线性代数、概率统计等。

2003.09—2004.07　　北京大学外国语学院

法语（二外，学制一年）

获奖情况

2001—2004 年　“董氏东方”奖学金（奖励全校前 1% 学生）　3 次

2001—2003 年　北京大学“三好”学生（奖励全校前 1% 学生）　2 次

2003—2004 年　北京大学“三好”学生标兵　1 次

实践活动

2004.10 至今　　纽哈斯国际教育咨询公司项目经理

· 负责出国留学咨询项目

· 协助制定营销策略（电视，报纸和网络营销等），销售额成功提升 28%

· 系统调查竞争对手，提出应对建议

· 联络和采访社会知名人士许国庆（哈佛商学院 MBA），杜景涛（罗澜交友 CEO，芝加哥大学 2003 届商学院主席），郑云端（宝洁北京市技术有限公司人事资源高级经理）等

· 安排职场咨询系列讲座

· 协调小组成员工作，推动各部门互动

2004.09—2004.10　家教

· 辅导北大附中学生参加“科普英语”竞赛

· 制订授课计划

· 每日辅导 3 小时

· 在10天内成功教会逾一千个单词

2001.09—2002.09　北京大学外国语学院院刊《缪斯》专栏编辑

· 约稿，统稿，供稿

英语考试及IT技能

· TOEFL：653　作文：6/6

· 专四：优秀

· 专八：将于2005年3月参加考试

· 熟练使用Office，Stata等文档编辑和统计软件，打字娴熟。

补充资料

· 中国共产党预备党员。

（资料来源：北京纽哈斯国际教育咨询有限公司编著. Hill求职快车 简历篇[M]. 北京：群言出版社，2005.）

### （二）求职信

求职信，又称自荐信，是求职者以书信的方式自我推荐，表达求职意向、阐述求职理由、提出求职要求的一种应用文。求职信是用人单位了解求职者情况的“窗口”，更是求职者打动用人单位、吸引用人单位的重要文本。

#### 1. 求职信的格式

一般来说，求职信属于书信范畴，所以其基本格式应当符合书信的一般要求，内容包括称呼、正文、结尾、署名、日期五个方面：(1)称呼。求职信的称呼往往比一般书信的称呼要正规。(2)正文。正文是求职信的核心部分，一般要说明求职信息的来源，应聘岗位，本人基本情况，能力、特长等。(3)结尾。结尾一般应写明希望对方给予答复，并盼望能有机会参加面试等。(4)署名。如果是以书信形式递送求职信，一般由求职者亲笔签名，不能打印名字。(5)日期。日期一般写在署名右下方，用阿拉伯数字写上年、月、日。

#### 2. 求职信的撰写原则

求职信是自我推荐信，它通过表述求职意向和对个人自身能力的概述，引起对方的重视和兴趣。求职信的撰写要注意遵循以下原则：第一，了解对方、有的放矢;第二,条理清楚,个性鲜明;第三,实事求是,恰如其分;第四,独特新颖,言简意赅。

**3. 求职信的撰写方法**

如何撰写求职信,才能真正突出自身的优势,做到有的放矢呢?一般来说,求职信的撰写要经过以下步骤:首先,要读懂招聘广告,了解招聘单位具体的招聘职位和招聘标准;其次,针对职位要求列出自己具备的相关技能与经历;再次,写出自己对拟聘公司职位的个人兴趣;最后,重点强调针对应聘职位的显性和隐性相关能力。

**【资料链接】**

**求职信范例**

尊敬的人力资源部负责人:

您好!

我是华夏大学经济学院经济专业的一名应届本科毕业生。我已于10月21日参加了贵公司在我校举办的校园招聘会,得知贵公司研究部正在招聘分析员。我希望应聘贵公司“研究部分析员”一职。

我在兼职、实习期间一直关注中国金融市场的动态,对于新兴证券公司尤为关注。贵公司在成立之时,我正在环邦信息咨询公司担任实习翻译,有幸采编过贵公司组建的背景新闻,贵公司领导团队由一批具有创新意识和进取精神的高素质人才组成,将很有发展前途。最近又欣闻翟昊发这位研究分析明星被聘为贵公司研究部首席分析师,这样的工作团队正是我一直向往的。以下是我个人能力与工作教育背景的综合简介。

良好教育背景:将于2004年7月获得华夏大学经济学院经济学专业学士学位。

金融行业工作经验:在迅联金融培训公司任兼职分析员及环邦信息咨询公司担任兼职翻译的工作中,对金融、电子、通信等行业有较深理解。

较强的沟通能力：在摄影协会及爱心社的社会工作中较多地进行对外沟通和内部管理工作。

扎实的个人技能：在兼职工作中经常使用英语，并用 Excel、PowerPoint 进行大量文案工作。

我希望凭借我所具有的相关工作经验和专业知识技能，以及自身的刻苦、进取精神，能为贵公司研究团队尽快提供扎实的基础分析工作，为贵公司的研究业务能更好地为机构客户服务而贡献力量。

尊敬的人力资源部负责人，我非常希望能够得到贵公司的面试机会，供你们考察我在各方面的能力是否适合贵公司研究部分析员一职。

我的联系方式如下。手机：1399-999-9999，宿舍电话：(010)1234-5678，电邮：xiejianli@ xiejianli. com。

感谢你们拨冗阅读我的求职材料。祝贵公司事业蒸蒸日上！

张三

华夏大学经济学院经济专业 2000 级

地址：北京市东方路 960 号华夏大学 32 号楼 202 室(100001)

电邮：xiejianli@ xiejianli. com

电话：(010)1234-5678

手机：1399-999-9999

(资料来源：张彩玉. 每一个毕业生都能找到好工作[M]. 天津：天津人民出版社，2009：98-99.)

## 三、求职面试策略与技巧

求职者应聘过程包括很多环节，有求职前的信息收集、自荐、笔试、面试、入职谈判、签约等环节，而面试则是最为关键的环节之一。

面试是招聘单位与求职者之间面对面交流信息的过程，也是招聘单位对求职者进行口头测试的过程。面试是求职者全面展示自身素质、能力、品质的大好机会。面试发挥出色，可以弥补求职者在其他求职环节上的不足。可以说,面试是求职者取得求职成功的关键一步。因此,求职者要重视学习面试的基本知识和相应技巧。

### (一)常见面试类型

在求职过程中,求职者可能会遇到各种各样的面试。如果事先对面试形式稍作了解,会有助于求职者缓解不必要的紧张情绪。常见的面试类型有:传统面试、电话面试、视频面试、情景模拟、无领导小组讨论等。

#### 1. 传统面试

传统面试按照不同的角度,可以分为以下几种基本形式:(1)单独面试与小组面试。单独面试是指主考官单独与应聘者面谈,小组面试是由多位面试官同时与求职者面谈的做法。(2)结构化面试与非结构化面试。所谓结构化面试是指面试前就面试所涉及的内容、试题的评分标准、评分方法、分数使用等一系列问题进行系统的结构化设计的面试方式。而非结构化面试就是没有既定的模式、框架和程序,主考官可以随机向候选人提出问题,而对候选人来说也无固定答题标准的面试形式。(3)单次面试与多次面试。单次面试是用人单位对所有求职者一次性集中面试,多次面试一般可分为初试、复试与综合评定等多个环节。

#### 2. 电话面试

电话面试一般适用于异地面试的情形,一般用来考察求职者是否具有胜任某项工作的最基本的能力和要求,求职者的能力与简历描述是否一致,求职者能否与他人很好地沟通等。例如,很多外企会利用电话面试考察求职者的英语口头表达能力。

#### 3. 视频面试

随着网络技术的发展和传统面试局限性的日益突出,视频面试已成为近年来广泛应用的面试形式。视频面试通过互联网技术为招聘单位与求职者之间搭建良好的平台。只要有计算机、网络、摄像头就可以完成面试,因此大大降低了求职成本。

#### 4. 情景模拟

情景模拟突破了面试双方一问一答的传统模式。招聘单位根据招聘职位的特点,通过公文处理、角色扮演、演讲、答辩、案例分析、小组讨论等多种情景模拟方法,对求职者的综合素质进行考察。通过情景模拟,招聘单位可以对求职者进行更全面、更深入、更准确的评价。

#### 5. 无领导小组讨论

无领导小组讨论是情景模拟的形式之一,在毕业生面试之中应用较为广泛。无领导小组讨论是由一组求职者组成一个临时工作小组,在给定的时间内,在既定的背景之下或围绕给定的问题展开讨论,并得出一个小组意见。无领导小组讨论可以综合考察求职者的多种能力和性格特征,如领导能力、协调能力、决策能力和专业素质等。

### (二)面试前的准备

面试对求职者事关重大。俗话说:“知己知彼,百战不殆。”求职者在参加面试之前一定要做好充分的准备。

#### 1. 企业情报收集

面试之前,求职者必须深入地了解所应聘单位和岗位的基本情况。求职者可以通过网站、报纸、招聘广告、与应聘单位员工交谈等方式了解招聘单位的基本情况。重点了解招聘单位的地理位置、生产经营状况、文化背景、发展前景、工作条件、福利待遇、对人才的重视程度以及面试流程与风格等。同时也要分析自己的兴趣、性格、能力、特长与所应聘的岗位是否匹配,掌握自己在竞争中的优势与劣势。

#### 2. 个人资料准备

面试之前,求职者要准备面试之时可能用到的个人资料,如求职简历、照片、各种证书证件(复印件)等,以便在面试过程中进一步向面试官提供有关自己的相关资料。除此之外,求职者还要准备与应聘岗位相关的专业知识、业务技能,模拟回答面试官可能询问的问题,这样有助于求职者能够在面试现场清晰地表达自己的观点。

#### 3. 服装礼仪准备

面试之前,求职者要准备好面试服装。男士要着装得体,以西装为宜,且必须庄重大方。女士的着装也要讲求得体、整洁、大方,配饰宜求简洁、高雅。求职者还要在细节之中彰显礼仪,例如头发干净自然,发型要简洁适宜;指甲要修剪整齐,忌涂指甲油;服饰大方整齐合身,不要佩戴标新立异的装饰物;切勿浓妆艳抹等。求职者还应在面试之前,查清前往面试地点的交通路线,避免迟到。

### (三)面试礼仪与技巧

在面试中,求职者的仪容、表情、举止、谈吐、服饰是非常重要的细节,这些细节体现了求职者的个人修养。能否给面试官留下美好的第一印象,直接影响到求职者能否进入下一轮筛选。因此,求职者必须掌握面试礼仪与技巧。掌握面试技巧要从以下几方面做起:

(1)守时。守时是对用人单位最基本的尊重,建议求职者能在约定的面试时间前10~15分钟到达面试地点。万一因为堵车等原因迟到,一定要诚恳地向面试官表示歉意。

(2)礼貌。进入面试房间,求职者要轻敲、慢关房门;主动与面试官打招呼,接应握手;尽量记住每位面试官的姓名和称谓;面试结束时微笑起立、道谢、告别。

(3)态度。在面试过程中,求职者要保持自信、诚恳的态度,表现出应有的教养。求职者要尊重面试官提出的每一个问题,并诚恳地回答。

(4)交流。在面试过程中,注意聆听面试官提出的问题,回答之前可以适当沉默3秒钟。应答的语言要简明扼要,始终紧扣面试主题。并做到语言清晰,吐字准确。

(5)肢体语言。求职者在面谈过程中如能合理地运用肢体语言,可以给面试官留下良好的印象。例如,求职者可以使用适当的手势来强调自己所表达的重点,但要注意手势不宜过多。

**【资料链接】**

**面试常见问题**

一、传统面试问题

· 跟我谈谈你自己。

· 今后3年内你打算做什么?

· 你业余时间喜欢做什么?

· 你为什么加入我们公司?(杜邦)

- 你对我们公司了解多少？（工商银行）
- 为什么你觉得你能胜任这份工作。（安利）
- 如果我们录用你，你认为你会在这个岗位上待多久呢？（中国电信）
- 能说说你的缺点吗？（IBM，宝洁）
- 在学校你最不喜欢的课程是什么？为什么？（国家电网）
- 你期望在工作中获得最大的回报是什么？（家乐福）

二、行为描述型面试问题

- 叙述一下在大学期间，你作为一个小组的成员，是如何工作的？对于某个项目的成功，你是如何发挥你的特殊作用的。
- 给我举个例子，说明你是如何处理时间的最后期限的。
- 告诉我，在你过去的生活中，有没有犯过错误，说一说你从中学到了什么。
- 你在大学期间遇到过最难相处或最难应付的人吗？说说你是如何对付那个人的？

三、情境型面试问题

- 作为财务经理，如果总经理要求你在一年之内逃税一百万，你会怎么做？
- 假如你晚上要送一个出国的同学去机场，可公司临时有事非要你办不可，你怎么办？
- 你在公司里工作，如果同办公室里的一个人能力没有你强，工资却高于你，你会不会有想法，心理能平衡吗？（佳能）
- 如果你的上司不公平地批评了你，你该怎么办？

## 四、求职阶段的心理调节

就业市场变幻莫测，就业岗位竞争激烈，时下求职者的心理素质受到了前所未有的挑战。面对择业，求职者必须从实际出发，调整好自己的心态。尤其是应届毕业大学生，要勇于走出狭小的自我，敢于竞争、不怕挫折、坦然自信、放眼未来。

**1. 敢于竞争**

在求职阶段,求职者首先要树立竞争意识。求职者要能够根据人力资源市场的需求状况,结合自己的专业、爱好、性格、特长、愿望等选择工作岗位,并从中通过适当的途径和方式展示自己、推荐自己,敢于竞争,努力实现自身的价值。

**2. 不怕挫折**

求职者在择业过程中,难免会经历各种挫折和不顺。有了充分的思想准备,尤其是做好遭受挫折的思想准备,才会成为竞争中的强者。每次求职失败后,求职者都要认真反思失败的原因,做到心中有数,并且及时调整心态,以便再战。

**3. 坦然自信**

人力资源市场为求职者提供了参与公平竞争的广阔天地,同时也是对求职者心理素质的一种考验。许多求职者本来自身条件不错,但由于自信心不够,或者过度紧张焦虑,导致发挥失常,错失良机。因此,在求职过程中,求职者要以坦然自信的心态去应对,才能增加成功的概率。

**4. 放眼未来**

求职择业是一场漫长的赛跑,不能只是看一时一地的得失。有些求职者在求职失败后,总感到自己怀才不遇,心情郁闷,对前途失去了信心。其实,人生没有捷径可走,求职者只有立足现在,放眼未来,不断积累经验,提高能力,才能在未来的职业生涯之中立于不败之地,才能有所作为。

**【本章小结】**

职业选择是劳动者依照自身的职业期望和兴趣,凭借自身能力挑选职业,使自身能力素质与职业需求特征相符合的过程。人们在进行职业选择时,通常会受到个人因素、家庭因素和社会因素的影响。职业选择包括自我认知、信息收集、信息分析、决策和求职五个环节。

职业选择是一项非常重要而复杂的工作,很多专家进行了相关的理论探索。在职业选择理论中,比较有代表性的为帕森斯的职业—人匹配理论、佛隆的择业动机理论、蒂德曼的职业决策理论。

求职者在求职过程中需要掌握的求职策略,具体包括职业信息的收集与分析、求职材料的准备与制作、求职面试技巧的培养、求职阶段的心理调节等。

**【思考题】**

1. 什么是职业选择？职业选择的影响因素有哪些？
2. 简述职业选择理论。
3. 职业信息的收集渠道有哪些？
4. 求职者该如何做好求职阶段的心理调节？

**【案例分析】**

### 邹其芳——设计人生

邹其芳的简历：

1978—1982 年　在天津外国语学院学习

1982—1984 年　在天津医管局工作，任美国史克公司与中国合资谈判的翻译

1984—1992 年　中美史克公司从基层一直做到市场部经理

1992—1994 年　在美国沃顿商学院学习，念书期间负债 8 万美元。并在思维方式、做事方式和知识结构上发生质的变化

1994—1995 年　进入美国信孚银行工作

1995—1997 年　任科尔尼咨询公司顾问

1998 年　创立瑞尔齿科

在瑞尔齿科的诊所里，经常会有一位和蔼可亲、面带微笑的先生为患者倒茶，与患者聊天。这个人不是瑞尔齿科的一名普通医护人员，而是瑞尔集团有限公司总裁邹其芳。在瑞尔齿科，邹其芳总是用这种方式来教育员工要把患者当作客户。邹其芳不是医生出身，在他的简历中，我们可以看到对很多人来说“显赫”的经历：在中美史克做过市场部经理、就读于美国沃顿商学院、有过在美国信孚银行、著名咨询公司科尔尼工作的经历。

就是这样一个人却丝毫没有架子。在整个采访过程中，他始终亲切、语气匀缓地把他的观点娓娓道来，就像他接待每一位患者一样。在他身

上找不到成功后的骄气,看到的是对命运牢牢掌握后的坚定与泰然。作为中国恢复高考第一批参加高考的人,邹其芳到现在都说,如果他准备好了,一定学数理化,但是那时仅有几个月的时间准备高考,邹其芳的选择只能是一直坚持从广播中学习英语。而正是这无意识的准备,使邹其芳成为中国恢复高考后第一批外语专业大学本科毕业生。"毕业时我最想做的工作是当老师",可是当时的环境并没有给邹其芳这样的机会,而除了当老师,其他的机会却很多,毕竟刚刚改革开放的中国外语人才是最紧俏的。选择去天津医药管理局工作,邹其芳说看重的是医药管理局正在洽谈的一个合资项目,觉得这个项目不错,可以把外语派上用场。

"我当时找工作有一个思路,就是如果进入一个非教书的领域,外语只能成为工具。"在这个思路指导下,邹其芳进入了医药局。在医药局,邹其芳作为美国史克公司与中国合资谈判的翻译进入了合资谈判。这也给了邹其芳一个机会,"在医药局工作两年后,我去了正在筹备中的中美史克"。虽然,医药局的工作已经令当时很多人羡慕,但邹其芳毫不犹豫地扔掉了这个"铁饭碗",去了他认为发展前景更宽、机会更多的中美史克。

邹其芳去中美史克的时候,中美史克正处在筹建期,"加上我只有4名员工,所以什么工作都要做。"邹其芳说,当时他有一种"傻干"的精神,就是领导给什么工作都高高兴兴地去干,不会就学。在"傻干"中,邹其芳一边向别人证明着自己的能力,一边又得到了更多的机会。"我总是比别人下班晚,干得多;随着时间的推移,我的能力在不断地增长,也就得到了更多人的认可。"

邹其芳在中美史克干到第四年的时候,被任命为中美史克的市场部经理,可直接向总经理汇报。他从普通员工到计划主管,再到办公室主任,最后成为市场部经理,邹其芳把他同时进入中美史克的同事远远地抛在了后面,那些人都成了他的部下。"我是学外语的,并不懂得生产和管理。之所以公司让我做这些职位,就是因为我的"傻干",因为在"傻干"中,我建立起了我的信誉,建立起了别人对我的信任,积累了经验。"到现在,邹其芳都认为,先"傻干"再说,是在外企发展的基本要点之一。

去沃顿学 MBA，职业生涯就此改变。在最近邹其芳为徐小平新书撰写的书评中，邹其芳写下了这样一段话：人的一生实际上是可以由自己来设计的，关键取决于你有没有提升改善自己、不断向前走的动力。实际上这段话正是邹其芳自己的人生感悟。在中美史克工作到第十个年头的时候，邹其芳下决心辞职去美国读 MBA。这个决定意味着邹其芳将舍弃在外企工作十年的经验，意味着他必须举债度日，而此时的邹其芳已经 37 岁了。

“虽然在工作中我已经积累了一些经验，但毕竟我不是科班出身，我的经验是零散的，我当时觉得自己必须通过学习一套系统的理论把我的经验串连起来。而 MBA 是我认为最好的选择，因为它是把管理理论和知识系统化的。”但是，面对这样的取舍，邹其芳真的不犹豫吗？“人的思维是不同的，大致可分为积极的和消极的，我大概属于积极的那种，做事时我更多考虑的是成功以后会怎么样，而不是不成功会怎么样。用这样的心态去看待我将失去的东西会觉得不算什么，因为 MBA 毕业后这些都会再有的。”

邹其芳当时考虑的是，读完 MBA 后回国做个真正的职业经理人。而这个想法在他进入沃顿商学院后完全改变了。“在沃顿读书我最大的变化是思维方式和看问题角度的变化。去沃顿前我从来没想过自己去创业，也不知道自己是否具备这样的能力。在沃顿，我不仅学习了很多我从来没有接触过的知识，而且也深深地感受到了美国浓厚的创业文化。”邹其芳在沃顿时，最爱听的不是老师讲的课，而是那些学校请来的企业名流的演讲，而这些人大多是自己创业成功的。“读了 MBA 的人都有一个梦想，就是从头到尾地只做一件事，看看自己的价值所在。回过头来看，我当时想去读 MBA 实际上就已经有这个想法，只是没有被发现而已。到沃顿后，美国崇尚创业的文化和周围人潜移默化的影响使我这个潜在的想法被发现了。”当邹其芳的创业梦想被激发出来后，他就再也待不住了，美国的绿卡也丝毫不能挽留他。但现实是，创业做什么？什么时候是好时机？读书借的 8 万美金要还。

在创业的梦想没实现前，邹其芳不得不选择一个过渡的办法：先进公司再寻找机会。进投资银行是一个错误，选职业和选工作完全不同。在创业前的过渡期，邹其芳在职业选择上犯了一个错误。“当时并没认为是错的，但现在看来是。”邹其芳从沃顿MBA毕业后，在香港进入美国信孚银行工作。其实，在沃顿主攻金融的他，进投资银行应该是顺理成章的事。而能到如此著名的投资银行工作是很多人一生的追求。但到了信孚，邹其芳才意识到，这个选择是一个错误的冲动。“在银行工作我发现，十年医药领域的工作经验在这里半点都用不上，什么都得从头再来，很多东西都要重新学。不仅如此，上司还比我年轻，而且要用五年的时间才能做到一定的职位，这对我来说太漫长了。”自己的特长发挥不出来，邹其芳的头脑开始冷静下来。“职业选择和工作选择完全是两码事。选工作可以随便些，但选职业一定要慎重。如果职业选错了，每一次‘跳槽’自己都会受很大的损失。十年医药领域的工作经验本应为我的职业发展做加法，但在投资银行一点作用都没有起到。”领悟得快，行动也得快，邹其芳在信孚银行工作一年后，就去了著名的咨询公司科尔尼咨询公司。

在科尔尼，邹其芳的医药工作经验和他学的MBA知识得到了很好的融合和运用。但即便如此，创业的梦想在他心头却始终挥之不去。这一次机会又眷顾了有准备的人，也使邹其芳回到了他所熟悉的医药医疗领域。在香港工作一年多后，邹其芳遇见了以前的上司——原美国史克董事长温特。当时退下来的温特收购了一家美国最大生产种植牙的公司，并想开发中国市场，而温特想到的最好的人选就是邹其芳。“我在中美史克工作时，曾和温特有过几次接触，但都是工作上的。后来我去美国读书，每年都要去拜访他一次，我曾告诉他我想回国创业。”看似偶然的选择，实际存在着必然的关系。选择邹其芳，温特显然不是任意而为。

有经验也有教训，管理的真谛需要从干中领悟。真正作为企业领导者，邹其芳应该是从瑞尔齿科开始的。几年来，邹其芳的领导感悟是影响比说教有意义，做事力求简单。以身作则不仅是邹其芳对管理层的要求，也是他对自己的要求。很多时候，你在瑞尔齿科诊所里看到的一个和蔼可亲，面带微笑，为患者倒茶，与患者交流的人正是邹其芳。“在一个新企业，大家做事都想有一个标准，那么谁是标准呢？管理层要以身作则。”有人的地方就有矛盾。在邹其芳看来，管理的过程就是把事情捋顺的过程，把人际关系调整好。而这时，邹其芳讲究的是简单。比如说，两个医生为患者多少起争执时，最好的办法是分开解决。

从做瑞尔齿科开始，邹其芳提倡的管理理念是为人民服务。“管理者不是发号施令的，不是下指标、提要求的，而是你了解工作是怎样完成的，你协调衣食住行、财务、市场、供应、服务等各个系统。如果你能让专家工作更得心应手，效率更高，你的管理就是成功的。”为了把这个主导思想贯穿下去，他采取的方法是借题发挥，任何一件小事都能被他引导到这个主题上来。邹其芳用过很好的人。比如前上海公司的总经理。此人曾在日本工作近20年，回来后没有丝毫的水土不服。“当时上海公司正在筹办，他挽起袖子就干，没有跟我谈待遇，是个先干后说的人。”但邹其芳也看走过眼，用错过人。“有的人确实很能说，但做起来就不行了，而中层管理者要的就是执行力。”这时，邹其芳更多地把责任揽在管理者的身上，谁让你事先没看好。

（资料来源：周文霞主编．职业生涯管理［M］．上海：复旦大学出版社，2005．略作改动。）

**【分析与讨论】**

（1）你认为邹其芳在其职业生涯发展中有哪些关键点？他是如何把握这些机遇的？

（2）为什么邹其芳认为他进入投资银行是其职业选择中犯的一个错误？你如何评价他的这一选择？

（3）从对自我认识和环境认识的角度评价邹其芳的职业生涯管理策略。

# 第六章　职业生涯开发

**【学习目标】**

掌握职业生涯发展阶段理论，清楚了解个体职业生涯发展阶段的特点；明确职业生涯成功的含义，了解个体如何获得职业生涯成功；充分理解职业生涯开发的含义、内容与策略；结合个体职业生涯发展周期特点了解职业生涯开发的策略。

**【重要概念】**

职业生涯开发、个人生命周期理论、职业生涯发展阶段、职业生涯开发策略、职业生涯成功、主观职业生涯成功、客观职业生涯成功、职业生涯成功策略

**【引导案例】**

**两兄弟爬楼**

有对兄弟住在80层楼。有一天，他们外出旅行回家，发现大楼停电了。虽然他们背着大包行李，但看起来还是别无选择。哥哥对弟弟说：“我们就爬楼梯上去吧。”于是他们背着大包行李开始爬楼梯。

爬到20楼的时候，他们觉得累了，哥哥说：“包包太重了，不如这样吧，我们把包包放在这里，等来电之后再坐电梯下来拿。”于是他们把行李放在20楼，这样轻松多了，他们继续向上爬。

他们有说有笑地往上爬。但是好景不长，到了40楼，于是两人实在

太累了。一想到还只爬到一半,两人开始互相埋怨,指责对方没有注意到大楼停电的公告,才落得如此下场。他们一边吵架一边爬楼,就这样一路爬到了60楼。

到了60楼,他们累得连吵架的力气都没有了,弟弟对哥哥说:"我们不要吵了,爬完它吧!"于是他们默默地继续爬楼,终于到了80楼。

当他们兴奋地来到家门口时,兄弟俩才发现他们的钥匙留在了20楼的包包里了……

## 第一节 职业生涯发展阶段理论

著名职业生涯管理专家施恩教授认为,一个人通常要经历三个生命周期,即生物社会生命周期、家庭婚姻生命周期和工作职业生命周期。在人的三个生命周期之中,最重要的、起决定作用的是工作职业生命周期。它从任职前的职业准备,到寻找工作、熟悉工作,直至完全脱离职业工作,这整个人生的工作职业经历,即为职业生涯。[1]

### 一、个人生命周期理论

很久以前莎士比亚就发现,在人生的旅途中,人们总会经历几次重大的变化。他在戏剧《皆大欢喜》之中形象地描绘了对人生七个阶段的看法。这七个阶段承载了人们从婴儿期到中年期再到老年期的种种表现。他的发现实际上提示我们,人生是有规律可循的,我们可以根据人的生理特点和心理特点,将一个人的一生分为不同的阶段。为使我们理解人生的发展阶段,很多研究学者做出了宝贵的贡献。

#### (一)埃里克森对生命发展周期的研究

埃里克森(Erik Erickson)是最早研究个人生命周期理论的学者之一,他认为人的心理发展共有八个阶段。这八个阶段的生理年龄期分别是婴儿期、1~3岁、4~6岁、7~11岁、少年期和青春期、青年期、中年期、

[1] 陈丽芬.职业生涯不同阶段的人力资源开发策略分析[J].科学管理研究,2001(5):20.

成熟期,见表6-1。每个阶段个体都有“危机”,这种危机是刺激人成长或阻碍人发展的基础,具体情况由该阶段的结果而定。例如,婴儿的学习和生存全靠他人。在良好的环境下,婴儿会对父母和其他人建立起信任。如果环境不好,婴儿就会对世界产生不信任感,且终身难以消除。每个阶段中正面经历与负面经历的比重大小会决定最后结果的性质。

**表6-1 埃里克森的八个生命发展阶段模型**

| 发展阶段 | 年龄 |
|---|---|
| 1. 基本信任或不信任 | 婴儿期 |
| 2. 自信或害羞、怀疑 | 1~3岁 |
| 3. 创造或捣乱 | 4~6岁 |
| 4. 自立或自卑 | 7~11岁 |
| 5. 懂事或不懂事 | 少年期和青春期 |
| 6. 亲和或孤僻 | 青年期 |
| 7. 多谋善断或故步自封 | 中年期 |
| 8. 乐天知命或怨天尤人 | 成熟(老年)期 |

(资料来源:杰弗里·H. 格林豪斯等. 王伟,译. 职业生涯管理[M]. 3版. 北京:清华大学出版社,2006.)

埃里克森模型的最后三个阶段与成人期及职业的关联度最为密切。成人期早期的主要使命是发展亲和关系,真正承担起对他人和组织的义务。如果这一时期没能培养并保持这种亲和关系,年轻人就会产生孤僻感,同时缺乏爱心。到了中年期,“多谋善断”(指导年轻人)的发展就变得相当重要了,这种能力可以通过为人父母或为人师长而获得。这一时期如果没有完成这一任务,人们就会产生失落感。到了晚年,人们需要理解和接受人生的终极意义,否则就会面临在遗憾中告别人世的危险。

埃里克森对人生和职业发展研究有两大突出贡献:一是他指出了人生各阶段的基本次序,认为早期阶段的失败会影响到以后的发展;二是他区分了成年期发展的三个关键使命——亲和力、多谋善断、乐天知命。这些使命与个人的职业发展有着显著的关系。

### (二)莱文森对成年人生命发展的研究

莱文森(Levinson)通过对美国40位男性和45位女性的传记式研究,提出人的生命周期有4个阶段:成年前、青年期、中年期、老年期。每个时期都由稳定期和转型期交替组成。稳定期通常持续6~7年,人们追求能够实现其人生重要价值的使命。稳定并不是指安静不变,而是指人们试图建立满意的生活结构类型。由于生活结构不可能永远合乎自己的心意,因此就需要有一个转型期,对已经建立的生活结构进行重新评价,考虑是否做出改变。转型期一般持续4~5年。表6-2揭示了成年人生命周期的四个阶段,以及稳定期和转型期相互交错对个体人生发展的重要影响。

表6-2 莱文森的生命周期阶段划分

| 发展阶段 | 子阶段 | 年 龄 | 使 命 |
|---|---|---|---|
| 成年前 | 早期转变阶段 | 17~22岁 | 走出少年时代,在成人社会找到合适位置 |
| 青年期 | 青年期早期 | 22~28岁 | 尝试不同角色,建立稳定的生活结构 |
| | 30岁转型期 | 28~33岁 | 对自己的生活结构进行评价和定位 |
| | 青年期后期 | 33~40岁 | 寻找合适环境,实现梦想 |
| 中年期 | 中年转型期 | 40~45岁 | 对自己的生活结构进行再评价、再定位 |
| | 中年前期 | 45~50岁 | 建立满意的生活结构,开展多样化的事业 |
| | 50岁转型期 | 50~55岁 | 解决中年期出现的问题,发展新使命 |
| | 中年后期 | 55~60岁 | 构建适合中年期剩余岁月的生活方式 |
| 老年期 | 老年转型期 | 60~65岁 | 为最后的生命做准备,实现生命的完整感 |

莱文森将人的发展分为四个时期。他认为人生的使命和事件的发生是有一定顺序的,任何人都会按顺序经历每个阶段,而这些阶段与年龄有着密切的关系。他的结论对研究成年人问题具有重要的指导意义,尤其是他提出的三个生命阶段(早期、中期和晚期)理论给我们提供了一个有意义的、可供借鉴的职业生涯发展结构。

### (三)孔子对人生发展阶段的划分

孔子在《论语·为政篇》中论述了自己的人生观点:"吾十有五而志于学,三十而立,四十而不惑,五十而知天命,六十而耳顺,七十从心所欲不逾矩。"我国学者辛立洲认为,孔子的这一思想是将人生分为七个阶段:

第一阶段,从学前期,即从出生到15岁。这段时期人的心智逐步形成,开始学习生活中的基本知识。这一时期的学习主要靠家长的安排或受外界环境的影响,通常并非主动学习。

第二阶段,立志学习和社会实践时期,即从15岁到30岁。与从学前期相比,这一阶段的学习更为主动、积极,且已与个人志向相结合,是有目的的学习和实践阶段。

第三阶段,自立时期,即从30岁到40岁。这一时期人的心智已完全成熟,懂得了许多道理,并且在经济和人格上开始独立。

第四阶段,不惑时期,即从40岁到50岁。经过多年的学习与实践,个人已形成独立的见解,不被外界事物所迷惑,办事不再犹豫,行为果断。

第五阶段,知天命时期,即从50岁到60岁。丰富的人生经验可以让人认识自然规律,懂得自己的人生使命。

第六阶段,耳顺时期,即从60岁到70岁。总结经验,能够冷静地倾听别人的意见,分真伪、辨是非。

第七阶段,从心所欲、不逾矩时期,即70岁以上。从心所欲并非为所欲为,更不是为非作歹。处于这个阶段,能够做到言行自由,同时并不违背客观规律和道德规范。

从上述个人生命周期理论的研究,我们可以看出,成年人的生活和职业相对来说是按部就班发展的。个体在青年时期、中年时期、老年时期会面临不同的使命和挑战:青年时期的特点是长大成人、专心学习、专心工作,在成人世界中"安身立命";中年时期往往要对自己的生活局面重新评价,考虑如何为社会做出持久的贡献;老年时期则需要考虑自己一生的意义和价值。与此相呼应,个体的职业发展一定会经历不同的阶段,各个阶段一定会面临不同的职业发展任务。

## 二、职业生涯发展阶段理论

个体的职业生涯发展要经历了若干阶段，只有了解不同阶段的特征、发展规律和重点任务，才能更好地促进个体的职业生涯发展。下面侧重介绍比较有影响的五个职业生涯发展阶段理论：金兹伯格的三阶段理论、萨柏的五阶段理论、施恩的九阶段理论、格林豪斯的五阶段理论和廖泉文的“三三三”理论。

### （一）金兹伯格的三阶段理论

美国著名职业指导专家、职业生涯发展理论的先驱和典型代表人物金兹伯格对职业生涯发展进行过长期的研究。他研究的重点是从童年到青少年阶段的职业心理发展过程。他将职业选择视为一个不可逆转的过程，这个过程可以清晰地划分为几个标志明确的时期。在这个过程中，个体在希望与可能之间做出一系列妥协，这也是职业选择过程的特征。这个过程可以分为幻想期、尝试期和现实期三个阶段。

（1）幻想期，此阶段为 11 岁之前。这个时期，儿童对外界的信息充满好奇，特别是对他们所看到的或接触到的各类职业工作者，如教师、护士、警察、军人、飞行员、演员、售货员等产生兴趣，幻想着长大成为什么样的人，并在游戏中去扮演他们所喜爱的角色。这时期的职业需求仅仅由自己的兴趣爱好所决定，并不考虑自身的条件、能力和机遇，完全处于幻想之中。

（2）尝试期，此阶段为 11 ~ 17 岁。这一阶段为接受初等和中等教育，并由少年向青年过渡的时期。此时期的职业需求体现为：个体不仅注意自己的职业兴趣，而且还客观地审视自身各方面的条件、能力和价值观，开始注意职业角色的社会地位、社会意义，以及社会对该职业的需求。

尝试期又可以分为四个阶段：11 ~ 12 岁是兴趣阶段，个体开始注意并培养对某些职业的兴趣；13 ~ 14 岁是能力阶段，开始以个人的能力为核心，衡量并测验自己的能力，并将其表现在各种相关的职业活动上；15 ~ 16 岁是价值观阶段，逐渐了解自己的职业价值观，并能兼顾个人与社会的需要，以职业的价值特点选择职业；17 岁是综合阶段，将上述三个阶段进行综合考虑，并整合相关的职业选择资料，以此来正确了解和判定未来的职业生涯发展方向。

(3)现实期，此阶段为17岁以后的青年和成年期。这一时期，个体即将步入社会劳动，能够客观地把握自己的职业愿望和要求，同自己的主观条件、能力以及社会现实的职业需要密切联系和协调起来，寻找适合自己的职业角色。这一时期的职业需求不再模糊不清，已有具体的、现实的职业目标。

现实期又可以分为三个阶段：试探阶段是根据尝试期的结果，进行各种试探活动，试探各种职业机会和可能的选择；具体化阶段是根据试探阶段的经历作进一步的选择；专业化阶段是依据自我选择的目标，做具体的就业准备。

金兹伯格的职业生涯阶段划分，针对的是个体早年就业前职业意识或职业追求的变化与发展过程。金兹伯格的职业生涯发展理论对实践产生过广泛的影响。

### (二)萨柏的五阶段理论

美国职业心理学家萨柏将职业生涯发展阶段理论扩大到整个人生，他根据布尔赫勒(Buehler)的生命周期理论和列文基斯特(Lavighurst)的发展阶段论，提出了职业生涯发展五阶段理论。该理论关于职业生涯发展各阶段的具体内容如下：

(1)成长阶段。该阶段从出生到14岁，属于认知阶段。在这一阶段，个体通过对家庭成员、老师、朋友的认同和相互作用，逐步建立起自我概念，并经历从对职业好奇、幻想到感兴趣，再到有意识地培养职业能力的过程。这一阶段可以分为空想期、兴趣期和能力期三个子阶段。其中，10岁之前是幻想期。儿童从外界感知到许多职业，对自己喜爱的职业充满幻想并进行模仿。11～12岁为兴趣期，个体以兴趣为中心，理解、评价职业，并开始做职业选择。13～14岁为能力期，个体开始考虑自身条件与喜爱的职业是否符合，并有意识地进行能力培养。

(2)探索阶段。该阶段从15～24岁，属于学习打基础阶段。在这一阶段，个体将认真地探索各种可能的职业选择，对自己的能力和天赋进行现实的评价，并根据未来的职业选择做出相应的教育决策，完成择业及最初就业。这个阶段又具体分为三个时期。其中，15 ~ 17 岁是试验期。个体综合认识自己的兴趣、能力，考虑自己的职业社会价值、就业机会，开始对未来职业进行尝试性的选择。18 ~ 21 岁是转变期。个体正式步入劳动力市场，或者进行专门的职业培训，由一般性的职业选择转变为有特定目标的选择。22 ~ 24 岁是尝试期。个体选定工作领域，开始从事某种职业，对职业发展目标的可行性进行实验。

(3)确立阶段。该阶段从 25 ~ 44 岁，属于选择、安置阶段。在这一阶段，个体经过早期的试探与尝试后，最终确定稳定的职业，并谋求发展。这一阶段又分为三个时期。其中，25 ~ 30 岁是尝试期。个体对最初就业选定的职业和目标进行反省，如有问题则需要重新选择，变换职业。31 ~ 44岁为稳定期，此阶段的目标是寻求职业及生活的稳定。个体在30 ~ 40岁中的某一时期可能会发现自己并没有向自己的职业目标靠近或者发现了新的目标，因而需要重新评价自己的需求和目标，这时就处于一个转折期，这一时期就称为职业中期危机阶段。

(4)维持阶段。此阶段从 45 岁到 64 岁，属于升迁和专精阶段。这一阶段个体长时间从事某一职业，在该领域已占有一席之地，达到所谓"功成名就"的境地，已不再考虑变换职业，只力求保住所处位置，维持已取得的成就和社会地位。此阶段的重点是维持家庭和工作间的和谐关系，传承工作经验，寻求接替人选。

(5)衰退阶段。此阶段是 65 岁之后，属于退休阶段。个体达到 65 岁以上，临近退休时，其健康状况和工作能力逐步衰退，即将退出工作，结束职业生涯。因此，这一阶段要学会接受权利和责任的减少，学习接受新的角色，适应退休生活，以减缓身心的衰退，维持生命力。

萨柏以年龄为轴，对个体职业生涯阶段进行了划分。但是，现实生活中职业生涯是一个持续的过程，各阶段的时间并没有明确的界限，其经历的时间长短常因个人条件的差异及外在环境的不同而有所不同。萨柏的五阶段划分，见表 6-3。

表 6-3 萨柏的五阶段职业生涯划分

| 阶段名称 | 阶段任务 | | |
|---|---|---|---|
| 成长阶段 | 幻想期(10 岁之前) | 兴趣期(11～12 岁) | 能力期(13～14 岁) |
| | 在幻想中扮演自己喜欢的角色 | 以兴趣为中心，理解、评价职业，开始做职业选择 | 更多地考虑自己的能力和工作需要 |
| 探索阶段 | 试验期(15～17 岁) | 转变期(18～21 岁) | 尝试期(22～24 岁) |
| | 综合认识和考虑自己的兴趣、能力，对未来职业进行尝试性选择 | 正式进入职业，或者进行专门的职业培训，明确某种职业倾向 | 选定工作领域，开始从事某种职业，对职业发展目标的可行性进行试验 |
| 确立阶段 | 稳定期(25～30 岁) | 发展期(31～44 岁) | 中期危机阶段(44～退休前) |
| | 在个人所选的职业中安顿下来，重点是寻求职业及生活上的稳定 | 致力于实现职业目标，是富有创造性的时期 | 职业中期可能会发现自己偏离了职业目标或发现了新的目标，此时需要重新评价自己的需要 |
| 维持阶段(45～64 岁) | 开发新的技能，维护已获得的成就和社会地位，维持家庭和工作两者之间的和谐关系，寻找接替人选 | | |
| 衰退阶段(65 岁以上) | 逐步退出职业和结束职业，开发更广泛的社会角色，减少权利和责任，适应退休后的生活 | | |

### (三)施恩的九阶段理论

美国著名职业管理专家施恩教授根据人的生命周期特点及不同年龄阶段的职业发展所面临的问题和任务，将职业生涯划分为九个阶段。个体在每个阶段会承担不同的角色，面临不同的任务。表 6-4 详细描述了九个阶段的特点。

表 6-4 施恩的九阶段职业生涯划分

| 阶段 | 角色 | 主要任务 |
| --- | --- | --- |
| 成长、幻想、探索阶段(0~21岁) | 学生、职业工作的候选人和申请者等 | 发现和发展自己的需要、兴趣、能力和才干,为进行实际的职业选择打好基础;学习职业方面的知识;做出合理的受教育决策;开发工作领域中需要的知识和技能 |
| 进入工作世界(16~25岁) | 应聘者、新学员等 | 进入职业生涯,学会寻找并评估一项工作,做出现实有效的工作选择;个人和雇主之间达成正式可行的契约;个人正式成为一个组织的成员 |
| 基础培训(16~25岁) | 实习生、新手等 | 了解、熟悉组织,接受组织文化,克服不安全感;学会与人相处,并融入工作群体;适应独立工作,成为一名有效的成员 |
| 早期职业的正式成员资格(17~30岁) | 取得组织正式成员资格 | 承担责任,成功地履行第一次工作任务;发展和展示自己的技能和专长,为提升或横向职业成长打基础;重新评估现有的职业,理智地进行新的职业决策;寻求良师和保护人 |
| 职业中期(25岁以上) | 正式成员、任职者、终生成员、主管、经理等 | 选定一项专业或进入管理部门;保持技术竞争力,力争成为一名专家或职业能手;承担较大的责任,确立自己的地位;开发个人的长期职业计划;寻求家庭、自我和工作事务间的平衡 |
| 职业中期危险阶段(35~45岁) | 正式成员、任职者、终生成员、主管、经理等 | 现实地评估自己的才干,进一步明确自己的职业抱负及个人前途;就接受现状或者争取看得见的前途做出具体选择;建立与他人的良师关系 |
| 职业后期(40岁到退休) | 骨干成员、管理者、有效贡献者等 | 成为一名工作指导者,学会影响他人并承担责任;提高才干,以担负更重大的责任;选拔和培养接替人员;如果求安稳,就此停止,则要接受和正视自己影响力和挑战能力的下降 |
| 衰退和离职阶段(40岁到退休) | | 学会接受权力、责任和地位的下降;学会接受和发展新的角色;培养新的工作以外的兴趣、爱好,寻找新的满足源;评估自己的职业生涯,着手退休 |

续表

| 阶段 | 角色 | 主　要　任　务 |
| --- | --- | --- |
| 退休 | | 适应角色、生活方式和生活标准的急剧变化，保持一种认同感；保持一种自我价值观，运用自己积累的经验和智慧，以各种自身角色，对他人进行传、帮、带 |

（资料来源：徐笑君.职业生涯规划与管理[M].成都：四川人民出版社，2008：68-69.）

### （四）格林豪斯的五阶段理论

格林豪斯关于个体职业生涯发展阶段的研究侧重于不同年龄段职业生涯所面临的主要任务，并以此为依据将职业生涯划分为五个阶段：职业准备阶段、职业选择阶段、职业生涯初期、职业生涯中期和职业生涯后期。

（1）职业准备阶段。这个时期的年龄段是从出生到 25 岁。这个阶段的主要使命包括对将来的职业进行自我设计、修正，研究可选择职业的性质，至少选择一个临时工作，接受完成工作所需的教育或培训。要实现上述使命必须充分了解自己的才能、兴趣、价值观、渴望的生活方式，此外还要考虑与可供选择职业相关的需要、机会和报酬。

（2）职业选择阶段。职业选择的年龄由个人接受教育的年限决定，通常始于 18～25 岁之间。这个时期的主要使命是在选定的职业领域中选择一个单位和工作，即个体以求职者的身份出现在劳动力市场上，在获取充足信息的基础上，尽量选择一种合适的、较为满意的职业，并在一个理想的组织中获得一份工作。

（3）职业生涯早期。这一阶段的年龄段一般为 25～40 岁之间。这一阶段实际可以分为两个时期：一是为自己在成人世界找一个立足点，二是沿着已选择的道路去奋斗。这个时期的个体除了必须掌握工作的技能，还必须学习组织的规范、标准，达到组织的要求。在早期立业阶段，个人的主要使命是学会工作，学会适应组织；换句话说，就是为自己在职业和组织中找个落脚点。

（4）职业生涯中期。职业生涯中期（40～55 岁）是青年和中年的过渡期。这一时期的特点在于中年人有一系列使命需要完成，要不断学习新的知识,努力工作,并力争有所成就。这一阶段还需要对早期职业生涯进行重新评估,以便强化或改变自己的职业理想,重新选定职业。

(5)职业生涯后期。这一时期大体上从55岁开始,延续至退休。职业生涯后期的主要任务是:继续保持已有的职业成就,成为一名良师,对他人承担责任,维护自尊,准备退休。格林豪斯的职业生涯五阶段理论见表6-5。

表6-5 格林豪斯职业生涯五阶段理论

| 阶段 | 年龄 | 主要任务 |
|---|---|---|
| 职业准备阶段 | 0~25岁 | 建立职业方面的自我形象,对可选择的职业进行评价,初选职业,继续接受必要的教育 |
| 职业选择阶段 | 18~25岁 | 获得所向往组织的工作,根据准确的信息选择合适的工作 |
| 职业生涯早期 | 25~40岁 | 学会工作,学习组织规则和标准,适应所选职业和组织,提高能力,实现梦想 |
| 职业生涯中期 | 40~55岁 | 再次评价早期职业和青年时的使命,再次肯定或修正梦想,为中年时期做出适当的选择,保持工作能力 |
| 职业生涯后期 | 55岁至退休 | 保持工作能力,维持他人对自己的尊重,为实际退休做准备 |

### (五)廖泉文的"三三三"理论

我国学者廖泉文在总结国外学者职业生涯发展阶段理论的基础上,提出了职业发展的"三三三"理论。"三三三"理论是将个体的职业生涯划分为三大阶段——输入阶段、输出阶段和淡出阶段,见表6-6。输入是指对知识、信息、经验的输入,输出是指输出服务、知识、智慧和其他产品。廖泉文提出的人生三大阶段是一个弹性边界,弹性产生的原因受教育程度、工作行业、职位、个人特质等因素所影响,见图6-1。此外,廖泉文将职业生涯的每一阶段又划分为三个子阶段——适应阶段、创新阶段和再适应阶段,而每一个子阶段又可以分为三种状况——顺利晋升、原地踏步、降到波谷。

表 6-6　人生发展三阶段

| | 输入阶段 | 输出阶段 | 淡出阶段 |
|---|---|---|---|
| 阶段 | 从出生到从业前 | 从就业到退休前 | 淡出阶段 |
| 内容 | 输入信息、知识、经验、技能，为其从业做重要准备：认识环境和社会，锻造自己的各种能力 | 输出自己的智慧、知识、服务、才干。此阶段也有知识的再输入、经验的再积累、能力的再锻造 | 此阶段人的精力渐衰，但阅历渐丰，经验渐多，应鼓励他们逐步退出职业，适应角色的转换，有更加广阔的空间以实现以往的宿愿 |

| 输入阶段 | 输出阶段 |
|---|---|
| 高中（中专）教育 | 从业于技工、小学幼儿教师、护士和其他工作等 |
| | 18 岁左右 |
| 大专教育 | 从业于高级技工、医护师、农村初等教育工作等 |
| | 20 岁左右 |
| 大学本科教育 | 从业于中学教师、医生、政府公务员和企业中基层管理者等 |
| | 24 岁左右 |
| 硕士研究生学位教育 | 从业于大专教师、企业中高级管理人员、政府公务员等 |
| | 27 岁左右 |
| 博士研究生学位教育 | 从业于大学教师、研究员、政府高级公务员、企业高级管理人员等 |
| | 30 岁左右 |

图 6-1　人生输入阶段和输出阶段的弹性交点

## 第二节　职业生涯开发策略

随着社会经济的快速发展，各类职业对从业者的思想素质、生理与心理素质、技能素质的要求也越来越高，职业竞争也越来越激烈，进行职业生涯开发是个体实现自身职业生涯发展目标的重要手段和措施。

## 一、职业生涯开发的内容

职业生涯开发是指个体在职业生涯不同发展阶段所进行的职业基础素质教育、职业技能培训和其他修炼。[1] 职业生涯开发是以人自身为开发对象，工作重点是培养和提高从事职业所要求的伦理观念、知识技能水平，有利于提高工作绩效，实现职业生涯目标，从而最终促进人的全面发展。

个人职业生涯开发的内容非常丰富，下文将从个体人力资本开发和社会资本开发两个方面介绍。

### （一）人力资本开发

“人力资本之父”西奥多·舒尔茨（TheodoreW. Schultz）认为，人力资本是劳动者身上所具备的两种能力，一种能力是通过先天遗传获得的，是由个人与生俱来的基因决定的；另一种能力是后天获得的，是由个人努力经过学习而形成的。人力资本是体现在个人身上的知识、技能、能力、体质与经验的总和。具体而言，人力资本开发包括知识开发、能力开发、态度开发、职业素质开发四个层面的内容。

**1. 知识开发**

所谓知识开发，就是知识的教育和学习。从辩证唯物主义和历史唯物主义角度来看，知识是人们改造世界、认识世界的产物，是主观对客观的能动反映。从人力资本理论来看，知识是指生产性的知识，即作为生产要素投入的知识，一般分为公共知识与私人知识、专用知识和通用知识。

人力资源开发中的知识开发包含三层含义：第一，人类认识、改造世界，包括人类自身形成的、积累的基础性知识的开发，这主要是通过国民基础教育来完成的。这类知识开发的主体机构是个人、家庭和中小学校，对象是未成年人。第二，科学技术基础理论知识与学科前沿知识的开发，主要由高等院校、专门的科研机构及国际性合作组织来进行。第三，专业知识、专用知识的开发。它不是一般的、共同的知识，而是作为生产要素

[1] 李宝元. 职业生涯管理：原理、方法、实践[M]. 北京：北京师范大学出版社，2007.

投入的知识，是与资本、劳动、机器设备、生产工艺过程相结合的知识开发，是企业的专用人力资本。专业知识的主要开发主体是企业及利益相关者，对象主要是企业的员工。对个人来说，知识开发离不开上述三个层次的开发。

2. **能力开发**

能力不是抽象的素质，它关系到职业角色的表现与职业生涯发展。能力开发对于个人的职业发展具有极为重要的意义。能力是衡量一个人能否胜任某项任务的主观条件，是个人综合素质与本领的表现。一般而言，能力包含两个方面的内容，即一般能力与特殊能力。一般能力即完成一切活动所需要具备的基本能力，也就是一般意义上的智力，如观察能力、记忆能力、操作能力、想象能力、思维能力、语言能力等。特殊能力是指个体从事某种专业活动应具备的各种能力，如绘画能力、表演能力、演讲能力、数理能力等。在职业生涯发展中具备相关的能力最为重要。而发展能力是一项长期计划，需要多年辛勤努力才会有所建树。

对于以事业发展为主的人而言，生命中重要的转折点有：中学至大学（教育程度）；大学至工作（投入的领域）；工作至精通专业（专门化过程）；精通专业至权力（高位）；权力至最高限度（停止成长）；最高限度至退休（生活形态的选择及衰退）。[1] 在每一个转折点，人们都会面临新的困难和机会，而这些困难和机会需要新的能力来应对。因此，我们必须终生不断学习和发展新的能力。

3. **态度开发**

人们常说："小心你的思想，它会影响你的行为；小心你的行为，它会影响你的习惯；小心你的习惯，它会影响你的性格；小心你的性格，它会决定你的命运。"这句话的精要在于说明：正确的处事态度是个人职业生涯成功的关键。良好的态度是责任的体现，态度决定着一个人发挥潜能的程度。选择了一种特定的态度，也就建立了自己未来的位置。因此首要的问题是确定目标，根据合适的目标改变自己的态度。

---

[1] 张再生．职业生涯规划［M］．天津：天津大学出版社，2007：212．

改变态度的最好方法是自我审视。而自我审视的关键在于学会赞美自己,不断地自我肯定是成功所必需的。不幸的是,很多人在审视自己时会不自觉地选择自我否定,要克服这一点需要建立积极的心态,要学会像保护你最好的朋友一样保护自己,欣赏自己,热爱自己。

**4. 职业素质开发**

职业素质是一个人的气质、性格特征、智商、职业兴趣等多方面的总和。不同的职业需要不同的智力水平、气质和人格。而个人的气质和人格特质又决定了一个人所适合从事的工作。两者需要在动态中相互适应与变化。职业技能是在职业素质基础上,通过后天的职业教育和训练形成的从事某种职业的能力与本领。职业阅历是指从事某种工作的资历,并在从事这种工作中所积累的经验和教训等实战技能。

一个人只有拥有良好的职业素质,才能获得更大的择业自由,获得更多的就业机会和职业生涯成功的可能性。职业素质开发可以从以下几个方面做起:(1)努力汲取知识营养;(2)树立效率观念,不断提高自身能力;(3)脚踏实地,积极参与;(4)高瞻远瞩,树立战略眼光。

(二)社会资本开发

社会资本是指处于共同体之内的个人或组织,通过与内部、外部对象的长期交往、合作、互利形成的一系列认同关系,以及由此而积淀下来的历史传统、价值理念、信仰和行为范式。

社会资本作为影响个人行动能力以及生活质量的重要资源,在任何经济体制下都有着重要的作用。例如,职业知名度意味着一个人在某种行业或某个领域有很强的影响力,无论在哪个角落里,都会有人请他出马。相反,一个人尽管满腹经纶,但是无人知晓,就像一块埋在沙子里的金子,无人发现他的闪光之处,他也没办法为个人和社会创造财富。因此,在个人的职业生涯发展过程中,积极开发与利用社会资本,注重个人形象传播和个人公关等社会资本,对促进个人职业生涯发展具有重要意义。职业社会资本的开发可以从以下几个方面进行:(1)得体的服饰与举止;(2)对权利关系的把握;(3)争取领导的注意;(4)人际关系的处理;(5)掌握构建职业人际关系网的技巧。

**【资料链接】**

**你还离职吗**

小王对小李说:“我要离开这家公司。我恨这家公司!”小李说:“我举双手赞成你报复!这家破公司,一定要给它点颜色看看。”

他同时建议道:“不过你现在离开,还不是最好的时机。”

小王问:“为什么?”

小李说:“如果你现在走,公司的损失并不大。你应该趁着在公司的机会,拼命去为自己拉一些客户,成为公司独当一面的人物,然后带着这些客户突然离开公司,公司才会受到重大损失而非常被动。”

小王觉得小李说得非常有理。于是努力工作,事遂所愿,半年多的努力工作后,他有了许多忠实客户。再见面时小李对小王说:“现在是时机了,要跳赶快行动哦!”

小王淡然笑道:“老总跟我长谈过,准备升我做总经理助理,我暂时没有离开的打算了。”其实这也正是小李的初衷。一个人的工作,只有付出大于收获,让老板真正看到你的能力大于位置,才会给你更多的机会替他创造更多利润。

(资料来源:王丽平,索玉华.通用管理知识概论[M].北京:北京大学出版社,2007:9.)

## 二、个体职业生涯开发策略

前文介绍的职业生涯发展阶段理论,为我们展现了个体在一生的职业生涯发展过程中,可能经历的规律性的阶段、事件和重要使命。本节在上述理论的指导下,重点探讨个体在职业生涯发展各个阶段面临的任务与问题,以及如何做好相应的职业生涯开发工作。

### (一)职业生涯早期的开发策略

职业生涯早期是指从进入组织之前的职业选择、职业培训到进入组织的一段时期。这段时期一般发生在 20 ~ 30 岁，是一个人由学校走向社会、从学生转变为员工的过程。

**1. 职业生涯早期的主要特点**

处于职业生涯早期的个人，精力旺盛，具有远大的职业理想与抱负，渴望成功。但是由于初涉职场，难以对自己和他人做出客观公正的评价，常常高估自己或低估他人，因此极有可能危及人际关系的和谐；而且由于年轻气盛，在工作中难免表现出浮躁和冲动。从心理方面来看，处于职业生涯早期的个人需要解决依赖与独立的矛盾。从能力方面来看，处于职业生涯早期的个人需要培养某一专门技能，提升自己的职业能力。

除了在事业上努力拼搏以外，处于职业生涯早期的个人开始寻找伴侣，由单身转向组建家庭或成家后抚养第一个子女的时期。组建家庭，就要逐步学习调适家庭关系的能力，并承担一定的家庭责任。同时还要处理好工作和家庭生活的关系。

**2. 职业生涯早期的主要任务**

职业生涯早期是个人职业生涯发展最为关键的时期。这一时期选择适合自己发展的职业，进入合适的组织并迅速适应组织的发展非常重要。如果一个人能在职业生涯早期很好地把握自我、认识自我，寻找到适合自己发展的职业和组织，那么就拥有了良好的职业生涯发展开端，也就拥有了成功的一半。个体在职业生涯早期需要面临的任务可以归纳为以下几方面。

(1)职业探索。职业探索的概念最早是由萨柏提出的。萨柏认为，职业探索可以帮助一个人更好地了解自我、了解职业世界，从而可以更好地确立职业发展方向，为下一步的职业生涯发展打下坚实的基础。大学阶段是个人职业探索的重要时期。在大学阶段，个体可以通过自我思考、收集职业信息、参与课程性职业指导活动、向亲友咨询、向专家咨询、参加社会实践等活动来探索自己未来的职业生涯方向。

(2)职业选择。职业选择是个体依照自身的职业期望和兴趣，凭借自身能力挑选职业，使自身能力素质与职业需求特征相符合的过程。在职业选择期能否很好地运用求职策略，关系到一个人今后人生历程的发展,也决定着个人能否施展自己的才华、取得事业的成功与实现自我价值。求职者在求职过程中需要掌握的求职策略,具体包括职业信息的收集与分析、求职材料的准备与制作、求职面试技巧的培养、求职阶段的心理调节等。

(3)职业适应。选择一份职业,进入组织初期,个体需要处理好职业适应问题。由于新加入一个组织,对组织尚不了解,与上司、同事之间尚不熟悉,难免会引起某些矛盾。因此,职业适应是年轻人在职业生涯早期需要完成的重要任务。具体而言,职业适应包括角色适应、文化适应、工作适应和人际适应。也就是说,要做好从学生向职员的转变。

**3. 早期的职业生涯开发策略**

在职业生涯早期,个体面临职业探索、职业选择和职业适应等任务,也遭遇现实冲击、人际磨合和文化冲突等问题。个体在职业生涯早期需要做好如下开发策略。

(1)树立正确的职业意识。在进入组织之前,个体要做好充分的思想准备,要有取得成功所必需的态度和价值观。在思想上,个体应当树立三个信念:一是对组织,要服从领导,接受组织的指导、帮助和指挥,认真完成工作;二是对同事,要虚心学习,相互配合,处理好人际关系;三是对自己,要充分发挥自己的才干与智慧。

(2)确立明确的职业生涯目标。在职业探索期,个体要积极地进行自我评估,清楚了解自己的价值观、性格、兴趣和能力。同时要对外部环境进行分析,在自我评估和环境分析的基础之上,确立自己的长期、中期与短期职业生涯目标,并根据自己的职业目标,选择好适合自己的职业和组织,设计好未来的职业发展路径。

(3)学会如何工作。职业生涯早期,个体面临从学生到员工角色的转变。承担职业任务,做好本职工作,是员工的基本任务和重要职责。大学生从学校过渡到组织之后,开始接触职业生涯领域的知识、技能,此时的角色主要是新手、学徒。掌握技能,提高工作能力是新员工要做的最重要的事情。要学会如何在组织中开展工作,就要注意弄清岗位职责,克服依赖心理,学会自主地开展工作,不断树立自己良好的职业形象。

### (二)职业生涯中期的开发策略

#### 1. 职业生涯中期的主要特点

个体在经历了职业生涯早期阶段,完成了职业选择与职业适应之后,就进入到职业生涯中期阶段。职业生涯中期阶段一般发生在30~50岁,是时间跨度较大、富于变化的时期。个体在这一阶段既可能获得职业生涯成功,也可能出现职业生涯危机。

处于职业生涯中期的个体,价值观和世界观业已成熟稳定,绝大多数人的事业心、责任心增强,逐步形成了沉稳、踏实和一丝不苟的工作作风。在职业生涯中期,个体的创造力最强,精力最旺盛,工作业绩突出并不断创造辉煌。经过辉煌的职业高峰之后,多数人的职业轨迹就会出现下降的趋势,整个职业生涯发展过程呈现出一个倒"U"形的曲线。

同时,个体的家庭生命周期在这一阶段也发生显著变化,个体需要承担更多的家庭责任。很多人的家里"上有老、下有小",会不同程度地经历中年危机。此时的家庭关系较为复杂,既要学会担当家庭责任,处理好同老人、配偶的关系,又要抚养、教育子女,为子女的将来做好打算。

#### 2. 职业生涯中期的主要任务

职业生涯中期,个体职业生涯发展呈现复杂化和多元化的特征,个体面临的职业生涯运行和开发的任务较重。具体而言,个体需要承担的职业生涯开发任务有:开发职业锚,应对职业高原现象,处理工作—家庭冲突问题。

(1)开发职业锚。职业锚是一个人在工作过程中按照个人的需要、动机和价值观、经过不断搜索、所确定的长期职业贡献区或职业定位。职业锚是个人的职业生涯主线或主导价值取向,也就是当一个人不得不做出选择时,无论如何都不会放弃的原则性东西,是人们选择和发展自己的职业时所围绕的中心。对作为职业自我观的职业锚进行开发,是职业生涯中期个体需要完成的重要任务。探寻职业锚是一个自省自悟的过程,个体只有经过长期的搜索,才能准确地寻找到自己的职业锚。

(2)应对职业高原。最早提出职业高原(career plateau)概念的是弗雷斯(Ference,1977)。他认为,职业高原是指在职业生涯的某个阶段,个体获得进一步晋升的可能性很小。职业高原被看作是个体职业生涯的峰点，是向上运动中工作责任与挑战的相对终止，是个体职业上的一段“停滞期”。职业生涯高原现象会使个体对自己未来的工作、生活感到迷惘，缺乏方向感，从而产生抑郁、倦怠等心理问题。因此，处于职业生涯中期的个体要注意应对可能发生的职业高原现象。

(3)处理工作—家庭冲突。工作与家庭是个体生活的两个基本领域，个体除了过职业生活之外还经历家庭生活。人到中年，需要照料年迈的父母、抚养年幼的子女，并需要花费一定的时间参加社会活动和休闲生活。这些活动往往会和工作产生严重的冲突。工作—家庭冲突有三种基本形式：时间冲突、心理冲突、行为冲突。工作—家庭冲突会对个体的工作满意度和生活满意度产生消极影响，从而影响总体的健康和幸福状况。因此，职业生涯中期的个体需要处理好工作—家庭冲突问题，努力做到工作—家庭平衡。

### 3. 中期的职业生涯开发策略

个体在职业生涯中期，面临着开发职业锚、应对职业高原、处理工作—家庭冲突等任务。个体在职业生涯中期需要做好如下开发策略。

(1)积极探索和开发职业锚。个体在职业生涯中期的前期阶段，处于职业成长的十字路口，很多人会重新审视自己以及所处的行业和职位，也就是要进行职业锚的探索和开发。在职业锚的发现过程中，个人要进一步明确职业生涯目标，培养工作兴趣，积极适应职业环境，并且借助组织的职业生涯开发途径，提升专业能力，发展职业角色形象，提高自我职业认知和决策的能力。

(2)保持乐观的心态，应对职业高原。瑞泽和费勒(Rantze & Feller, 1985)提出，个体调整与应对职业高原可以采用四种方法：一是静心法，即接受这种状态，尽力克服自己的消极情绪；二是跳房子法，即在原有职位不变的情况下，努力向其他方面发展，以求得在其他方面较好的发展；三是“跳槽”法，即离开当前的组织并在其他组织寻找相似的职位；四是创业法，即通过尝试、创新等途径努力开发现有的工作，成功地与决策者进行互动，而不是被动接受。实践证明，这些策略可以有效地缓解职业“高原现象”，使个人获得更多的发展机会。

(3)工作—家庭平衡策略。面对工作—家庭冲突,个体要综合考虑和妥善处理工作、家庭和自我发展三者的均衡,努力做到工作—家庭平衡。具体的策略包括四个方面:一是直接行动法,即个体通过积极主动的行为来改变导致工作—家庭冲突的环境因素,从而减少或消除冲突的策略;二是寻求帮助法,即个体通过寻求与别人合作或接受别人的帮助,以减少或消除冲突的一种策略;三是积极思维法,即个体可以通过乐观的思维或认知方式来控制自己的知觉,从而减少工作—家庭冲突的影响;四是回避、退让法,即个体可以通过漠视或忽略冲突的存在来减少冲突的影响。

### (三)职业生涯后期的开发策略

#### 1. 职业生涯后期的主要特点

从年龄上看,传统意义上的职业生涯后期一般处于50岁至退休年龄之间的年龄段,是个体由工作状态逐渐走向衰老并最终以退休方式退出组织边界的过程。

处于职业生涯后期的个体,由于身心条件和职业能力的变化,大多安于现状、淡泊名利。同时,自我意识上升,怀旧、念友的情绪显著,愿意回忆过去的岁月,以满足精神上的需求。从思想上也意识到健康的重要性,自我保健意识大大增强。

处于职业生涯后期的个体,子女大多都已成家立业,家庭经历空巢期。拥有温馨的家庭和享受人生的天伦之乐成为他们的一大需求。

#### 2. 职业生涯后期的主要任务

职业生涯后期是个体职业生涯的终点,个体面临的职业生涯开发的任务相对较轻。具体而言,个体需要承担的职业生涯开发任务有:保持职业操守、发挥夕阳余热、退出职业舞台。

(1)保持职业操守。在职业生涯后期,保持晚节具有重要意义。有相当多的人“英名一世”,但是在临近退休之时却丧失晚节,悔恨终生。尤其是一些高层管理者,临近退休权力很大,考虑到一旦退休权力不复存在之时,往往想抓紧时间,利用手中的权力为自己谋些福利,结果落下可悲的下场。因此,保持职业操守对于即将退休的个体来说非常重要。保持职业操守并不仅仅局限于职业道德层面,还包括恪守职业素质、职业技能、职业精神,并做好相应的传承工作。

(2)发挥夕阳余热。处于职业生涯后期的个体熟知组织历史和文化,业务能力娴熟,经验丰富,同时拥有深厚的人脉网络和社会资源。他们在退休前后可以担当年轻人的“导师”,帮助年轻人更好地成长,充分发挥自己的余热。退休的老员工也可以利用组织的返聘制度,重返职场,继续“发光发热”,为组织和社会做出新的贡献。

(3)退出职业舞台。在职业生涯后期,个体要积极地回顾自己所走过的职业生涯之路,为自己的职业人生画上圆满的句号。同时,也要为自己的退休生活做好准备。退休生活的准备包括心理准备、财务准备、生活准备等,以迎接新的生活状态和新的生活安排。

**3. 后期的职业生涯开发策略**

个体在职业生涯后期,面临着保持职业操守、发挥夕阳余热、退出职业舞台等任务。个体在职业生涯后期需要做好如下开发策略。

(1)调整心态,接受新角色。在职业生涯后期,职业竞争力下降是事实,个体要学会勇敢地面对和接受,另辟蹊径,寻求适合自己的新的职业角色。面对权利、责任和中心地位下降的事实,要学会坦然接受。可以将自己的注意力转移到个人生活之中,擅于在家庭、社交、业余爱好和休闲娱乐等方面充实自己的生活。

(2)培养年轻人,充当年轻人的导师。退休人员即将离开组织,要积极地寻找和培养继任者。他们可以与新员工或经验不足但有发展潜力的员工建立支持关系。作为导师,他们起着被指导者的角色榜样作用,并且为被指导者提供支持和指导,并帮助被指导者在其工作环境中取得成功。培养年轻人时,老员工既要了解年轻人的心理,使自己与年轻人和谐相处,又要讲究技术,使他们能够很好地理解并接受。

(3)与组织一同制订自己的退休计划。即将退休的员工会面临财务、住房、家庭等各方面的实际问题,同时又要应付结束工作、开始休闲生活的角色转换和心理转换。因此,退休者要积极与组织共同制订自己的退休计划。具体而言,退休计划可以包括退休财务计划、退休咨询计划、职业工作衔接计划、退休返聘计划、退休生活计划等。

# 第三节　职业生涯成功

职业生涯成功几乎是每一位职场人士每时每刻都在追求的目标。这一目标在市场经济条件下的中国得到了进一步强化。我们看到职场上遍布着匆匆上路的成功追求者,他们还没有弄清什么是成功,不知道自己想要的是什么,能够干什么,就迫不及待地向成功进军了。这一现象值得我们反思:什么是职业生涯成功?职业生涯成功的评价标准是什么?如何才能获得职业生涯成功?

## 一、职业生涯成功的内涵

《现代汉语词典》对成功一词的解释是“获得预期的结果”。英文中的成功(success)一词起源于拉丁语 succedere,其含义是随后或继承。后来指事情的发生或结局,无所谓好坏之分。但是从 16 世纪开始,它表示一种积极的结果,如公认的成就、实现了的个人意愿,而现在更多的是指获得的财富或特定的位置。[1]

斯达姆芙(London M., Stumpf S. A., 1982)在《职业生涯管理》一书中提出了职业生涯成功的概念,他认为职业成功是“一个人所累积起来的积极的、心理上的、或是与工作相关的成果或成就”。这一定义得到了学者们的广泛认同。既然人们认同职业生涯成功是个人心理上或工作上的成就,那么就必然有一个成就的衡量标准,而在职业成功标准的讨论中,学者们持有不同的观点,这些不同的观点体现出时代变化的特征。根据评价主体的不同,学者们将职业生涯成功区分为客观成功与主观成功两类。由社会、组织、他人对个体进行的评价,更多地采用客观标准;而自我的评价更多地运用主观标准。同时西方学者一般把 20 世纪 80 年代以前的职业环境称为稳定的职业环境,认为在这种环境中工作的人们有着稳定的职业生涯或传统的职业生涯,客观成功是人们更认同的职业成功

[1] 周文霞. 职业成功:从概念到实践[M]. 上海:复旦大学出版社,2006.

标准。西方学者把20世纪90年代以后的职业生涯称为“易变性”的职业生涯或无边界职业生涯，职业成功的标准越来越多元化，主观职业成功的标准变得更加重要。

## 二、职业生涯成功的评价标准

在西方的学术研究中，大多数经典的、关于职业生涯成功的研究关注的是客观成功而不是主观成功。这一现象与职业生涯定义的演进有着直接的关系。在传统的职业生涯观中，个体的职业经历只有具备“提升”“专业”“稳定”的特征，才能够被称为“职业生涯”。也就是说，传统职业生涯的观念将职业生涯理解为在一种职业或组织中的晋升。例如，在司法领域，可以认为职业生涯是典型的从业者所具有的一个序列的职位：法学专业学生、法律专员、律师事务所的初级成员、律师事务所的高级成员、法官，直到最终退休。这一发展路径由于具有专业、稳定、上升的特点而被认为是一种职业生涯的成功。在这种线性的职业生涯结构中，较高的等级往往意味着较大的权力、较重的责任和较高的收入。因此，收入和地位常常成为一个人职业生涯成功的外部标志。

20世纪80年代之后，社会职业环境发生了显著变化，稳定的、可以预测的职业环境越来越少，职业生涯成功的标准由单一标准向多元化标准转化。职业生涯成功标准逐渐被区分为客观标准和主观标准两个维度，即将人们对于工作相关事件的主观知觉，如态度、需要、价值观等纳入到职业生涯成功的测评标准中。

### （一）职业生涯成功的客观标准

尼考森（Nigel Nicholson，2005）等学者对客观职业生涯成功的标准作了深入探讨，他们认为“客观”成功是由职业经历中获得的可证实的、可观察到的价值成果所构成的。他们把客观职业成功限定在两个重要方面：资源和其他能够获得优势和富足的条件。他们提出了职业生涯成功的6个客观标准。

（1）地位和头衔（等级位置）；

（2）物质成功（财富、财产、收入能力）；

(3) 社会声誉与尊敬、威望、影响力;

(4) 知识与技能;

(5) 友谊、社交网络;

(6) 健康与幸福。

他们认为,在每个国家和地区,这些指标都是非常重要的,但是它们的排列顺序会随着当地条件的不同而发生改变。但是无论如何地位都是最重要的,在每一种社会环境中都排在最前列,因为它具有综合多种资源于一身的特征。拥有了社会地位就拥有了获得各种资源的条件和机会。财富也与地位最直接相关。他们指出,以上所列出来的6个指标都存在逻辑和功能上的联系,但随着社会体系的不同,其相互联系的力度和持续性也会不一样。如果你拥有其中之一,你就有机会得到其他5个资源。其中最强有力的指标是地位,当你拥有更高地位时,你获得其他5个资源的可能性就大大增加了,有时甚至成为必然。

(二)职业生涯成功的主观标准

虽然在稳定的职业环境中,客观职业生涯成功标准主导了职业生涯成功的研究,但这并不意味着主观标准丝毫没有进入学者的研究视野。事实上,也不断有学者提出主观职业生涯成功的重要性。莱文(Lewin,1936),第博与西尔斯(Dembo,Festinger&Sears,1944)提出了被他们称为心理的、自我感知的成功本质。他们观察到自我定义的成功和外部定义的成功之间常常是不相关的。萨柏(1951)也指出,"成功不仅仅是一个社会的客观问题,也是一个个人的或者主观的问题"。20世纪80年代之后,主观职业生涯成功的研究越来越受到学者的重视。

什么是主观职业生涯成功?准确地说,主观职业生涯成功是个体对自己职业发展结果的积极评价和认同,是个人对自己工作经历和工作结果的解释。与客观成功不同,主观成功只能通过个体的内省来识别,而不能通过观察或一致的确认获得。由于人们有不同的职业渴望,对诸如收入、就业保障、地位、晋升、工作与家庭平衡等项目的重视程度不同,他们主观的职业生涯成功标准就一定会有所不同。主观职业生涯成功的指标主要有6个:

(1)对于取得的成就感到骄傲;

(2)内在的工作满意;

(3)自尊;

(4)对工作角色或制度承诺;

(5)恪守相互关系;

(6)精神上感到满足。

在这些指标中,工作满意度和职业满意度是最为重要的指标,很多学者通过工作满意度和职业满意度量表来测评个人的主观职业生涯成功。但是迄今为止,主观职业生涯成功尚没有一个统一的测量量表。

通过上述对职业生涯成功主客观标准的分析,我们可以看到,想要深层次地理解职业生涯成功就不能割裂客观成功和主观成功两者之间的关系。虽然客观职业生涯成功与主观职业生涯成功各有不同的标准和测量方法,但两者之间是相辅相成的。一方面,客观成功会影响主观成功,例如个人在组织中的地位与收入高低会影响到工作与职业满意度;另一方面,主观成功也可以促成客观成功的获得。

## 三、职业生涯成功的策略

伴随着经济全球化、信息化,组织的生存环境和组织形态也在发生着巨大的变化,组织结构日趋扁平化,组织发展的不确定性剧增。个人不能够仅仅在一个或者两个组织中完成终身职业生涯,而必须在多个组织、多个部门、多个职业、多个岗位实现自己的职业生涯,学者们将这种现象称为无边界职业生涯(boundaryless career)。无边界职业生涯的本质是突出职业生涯的不稳定性或动荡性。

无边界职业生涯对职业生涯成功产生直接的影响。无边界不但导致成功的标准发生变化,而且也导致成功的难度增加。知识经济时代,实现职业生涯成功的策略主要有以下几方面。

第一,结合自己的实际,尽早制定适合自己个性和能力的职业生涯目标和规划。一般来说,如果人们忠实于某一职业或者专业,可通过长期积累形成优势,有利于减少压力、增加成功的可能性。如果忠实于自己不适合的职业或者专业,那么就可能没有市场竞争力;如果适合自己,但职业本身的市场价值低,尽管有竞争力,也会降低自身价值。因此,选择适合自己能力、个性,并具有市场价值的职业或者专业非常重要。

人的个性和能力的形成受制于先天和后天的影响。特别对于成年人,许多人的能力和性格已经形成,相对比较稳定,改变比较困难。例如,对于大多数30岁以上的人来说,要形成有市场竞争力的外语能力,相对比较困难;对于技能类的职业,如乐器演奏、体育活动,除了作为业余爱好外,很难形成具有市场竞争力的职业。

第二,不断学习,与社会的科学技术进步同步发展。知识经济的特点是产品更新周期短、速度快,是对全世界人力资源交流和整合的全球性竞争,最终是要求人们不断提高应变能力。过去,知识更新的速度比较慢,适应起来比较容易,人们通过学习获得的知识和技能可以享用一生。现在,与高科技直接联系的职业知识和技能更新速度加快,与高科技联系相对不密切的职业也在发生变化,因为技术进步导致了组织变革,组织变革又导致职业变化。

知识经济强化知识的作用,受教育水平是影响个人竞争力的核心要素。个体要形成竞争优势,除了扬长还应注意补短,特别是弥补计算机和网络基础知识,以及交往技能等方面的不足。

学习形式的多样化也有利于在职员工的学习和提高,如互动的网络学习、远程学习、在岗培训、业余培训等,个人可以选择适合自己的学习形式。

第三,建立内部和外部的人际关系网络,拓宽信息来源,勇于探索,掌握职业生涯发展的主动权。市场经济的显著特征就是资源的市场化配置。人力资源既然也是一种资源,就需要开发利用,充分实现其价值。要取得在劳动力市场上的竞争力,机会非常重要。过去,人们的工作比较稳定,大多数人“从一而终”,对职业信息关注比较少;现在,人们迫切需要关注内部和外部职业信息,寻找就业机会。许多研究发现,熟人推荐是组织获得人力资源非常有效的办法。在组织内外建立相应的人际关系网络十分重要。

对于年轻人来说,除了关注机会外,还需要有探索新职业的勇气。有些职业受市场的影响,价值降低、竞争加剧,如果可能,只要有适合自己能力的、有前途的新职业,就应该主动调离。例如,过去学习计算机的,年纪大了学习能力差了,可以向管理类职业发展。因为对于管理职业,经验很重要,如果具备一定的人际交往技能、影响力,就可以通过学习,转换职业,形成新的竞争力。

第四,关心内部成就标准,学会接纳自己。受知识经济的影响,组织扁平化、组织兼并和融合,以及组织业务外包等,使得晋升成为许多人的困扰。对此,除了努力加入少数职位的竞争外,还需要有健康心态。不论如何努力,不能获得晋升的总是绝大多数,这是客观现实。只要自己能维持已有的职位,做的是自己喜欢的工作,就应该感到满足。否则,晋升的压力和烦恼会严重影响自己的生活质量,最终也会影响工作本身。

除了上述策略,为了减少无边界化的压力,人们可以根据自己的情况,采取适当应对措施。例如,进入相对稳定的组织,或者选择变化相对较小的职业,如公务员、教师、医生等,以防止职业生涯动荡。同时,要掌握职业生涯的主动权,使自己处于劳动力市场竞争的优势地位,实现客观与主观职业生涯的双重成功。

**【本章小结】**

个体通常要经历三个生命周期,即生物社会生命周期、家庭婚姻生命周期和工作职业生命周期。在人的三个生命周期之中,最重要的、起决定作用的是工作职业生命周期。

埃里克森认为人的心理发展共有八个阶段。莱文森将人的发展分为四个时期,孔子将人生分为七个阶段。同样,个体的职业生涯发展也要经历若干阶段,比较有影响的职业生涯发展阶段理论有:金兹伯格的三阶段理论、萨柏的五阶段理论、施恩的九阶段理论、格林豪斯的五阶段理论和廖泉文的“三三三”理论。

职业生涯开发是指个体在职业生涯不同发展阶段所进行的职业基础素质教育、职业技能培训和其他锻炼。个体职业生涯开发包括人力资本开发和社会资本开发。根据不同的职业生涯发展阶段,个体要做好早期职业生涯开发、中期职业生涯开发和后期职业生涯开发。

职业生涯成功是“一个人所累积起来的积极的、心理上的,或是与工作相关的成果或成就”。根据评价主体的不同,学者们将职业生涯成功区分为客观成功与主观成功两类。由社会、组织、他人对个体进行的评价,更多地采用客观标准,而自我的评价更多地运用主观标准。

无边界职业生涯对职业生涯成功产生直接的影响。无边界不但导致成功的标准发生变化,而且也导致成功的难度增加。知识经济时代,实现职业生涯成功要采取适当的应对措施。

**【思考题】**

1. 简述职业生涯发展阶段理论的内容。
2. 简述个体职业生涯开发的策略。
3. 如何理解职业生涯成功?职业生涯成功的标准有哪些?
4. 简述个体如何成功实现职业生涯?

**【案例分析】**

### 孔子的职业生涯之路

孔子是一个特立独行的人,是一个执著的人,是一个把子民真正装在心里的人。但也正因为如此,却触犯了很多政治团体的利益,政治生涯中终生被排挤,但他拥有强大的精神力量,坚持礼乐教化,最终成为一代至圣。

孔子虽名垂千古,一生却郁郁不得志,苦闷不堪言。但他又无比乐观,充满了强大的精神能量,而他精神能量所产生的智慧,通过言传身教传扬至今,孔子用自己一生的努力在为后世积累大智慧。这种大智慧虽不得一世之用,却惠及万代子孙。

从孔子的角度说,生命就是两件事情:理想的坚持和智慧的积累。

孔子的教育背景分为两个阶段。一个是他母亲的教导,一个就是自己对人生的领悟。孔子幼年时极为聪明好学,20 岁时学识就已经非常渊博,被称赞为“博学好礼”。他身高九尺六寸(今 1.9 米以上),臂力过人,远非后世某些人认为的文弱书生的形象。并且,孔子酒量超凡,据说从来没有喝醉过。但孔子从不以武勇和酒量等为豪。孔子自 20 多岁起,就想走仕途,所以对天下大事非常关注,对治理国家的诸种问题,经常进行思考,也常发表一些见解,到30岁时,已有些名气。

孔子的职业经历如下所述:

20岁:公元前532年鲁国库管。

21岁:公元前531年鲁国乘田,管理畜牧。

27岁:公元前525年开办学校,开始创业。

35岁:公元前517年赴齐国发展不顺,公元前515年返回齐国。

48岁:公元前504年阳虎劝孔子做官,孔子没表态。

50岁:公元前502年公山不狃以费叛季氏,使人召孔子,孔子欲往,被子路阻拦。

51岁:公元前501年孔子为中都宰,治理中都一年,卓有政绩,四方则之。

52岁:公元前500年孔子由中都宰升小司空,后升大司寇,摄相事。

53岁:公元前499年孔子为鲁司寇,鲁国大治。

54岁:公元前498年孔子为鲁司寇。为削弱三桓,采取堕三都的措施。

55岁:公元前497年孔子与季氏出现不和。孔子离开鲁国到了卫国。十月,孔子受谗言之害,离开卫国前往陈国。路经匡地,被围困。后经蒲地,遇公叔氏叛卫,孔子与弟子又被围困。后又返回卫都。

56岁:公元前496年孔子在卫国被卫灵公夫人南子召见。

57岁:公元前495年孔子去卫居鲁。夏五月鲁定公卒,鲁哀公立。

58岁:公元前494年孔子居鲁,吴国使人聘鲁,就"骨节专车"一事问孔子。

59岁:公元前493年子由鲁至卫。

60岁:公元前492年自谓"六十而耳顺"。孔子过郑到陈国,在郑国都城与弟子失散独自在东门等候弟子来寻找,被人嘲笑,称之为"累累若丧家之犬"。孔子欣然笑曰:"然哉,然哉!"

61岁:公元前491年孔子离陈往蔡。

62 岁：公元前 490 年孔子自蔡到叶。叶公问政于孔子，并与孔子讨论有关正直的道德问题。在去叶返蔡的途中，孔子遇隐者。

63 岁：公元前 489 年孔子与弟子在陈蔡之间被困绝粮，许多弟子因困饿而病，后被楚人相救。由楚返卫，途中又遇隐者。

64 岁：公元前 488 年孔子在卫。主张在卫国为政先要正名。

65 岁：公元前 487 年孔子在卫。是年吴伐鲁，战败。孔子的弟子有若参战有功。

66 岁：公元前 486 年孔子在卫。

67 岁：公元前 485 年孔子在卫。孔子夫人亓官氏卒。

68 岁：公元前 484 年齐师伐鲁，孔子弟子冉有率鲁师与齐战，获胜。季康子问冉有指挥才能从何而来？冉有答曰："学之于孔子。"季康子派人以币迎孔子归鲁。孔子周游列国 14 年，至此结束。季康子欲行"田赋"，孔子反对。孔子对冉有说："君子之行也，度于礼。施取其厚，事举其中，敛从其薄。如是则丘亦足矣。"

69 岁：公元前 483 年孔子仍有心从政，然不被用。孔子继续从事教育及整理文献工作。孔子的儿子孔鲤卒。

70 岁：公元前 482 年孔子自谓"七十而从心所欲，不逾矩"。颜回卒，孔子十分悲伤。

71 岁：公元前 481 年是年春，狩猎获麟。孔子认为这不是好征兆，说："吾道穷矣。"于是停止修《春秋》。六月齐国陈恒弑齐简公，孔子见鲁哀公及三桓，请求鲁国出兵讨伐陈桓，没有得到支持。

73 岁：公元前 479 年 4 月，孔子患病，不愈而卒。葬于鲁城北。

**【分析与讨论】**

请运用现代职业生涯成功标准思考孔子的职业生涯是否成功？

# 第七章　职业生涯调控

**【学习目标】**

准确掌握职业生涯调控的内涵；充分理解职业生涯调控的内容；把握个体面临职业适应、职业转换、职业高原、工作压力等关键事件的调控策略，并能够在实践中加以运用。

**【重要概念】**

职业生涯调控、职业适应、工作适应、文化适应、角色适应、人际适应、职业转换、角色间转换、角色内转换、职业高原、个人高原、组织高原、结构高原、内容高原、工作压力、压力源

**【引导案例】**

**胡杰的烦恼**

35岁的胡杰大学一毕业就在一家著名的国有企业工作至今。如今，他事业已经有了一定的基础，胡杰虽然不是经理、老板，可也算是部门的骨干了。说到他的工资嘛，至少比起别人来说不算少，养家糊口之后还有剩余；生活嘛，稳定又清闲。不过已经工作十几年的他，事业上始终没有太大的突破，当初的工作热情也随着岁月的流逝而消失了。新进来的年轻人学历更高、工作又积极，公司都把他们作为“重点培养对象”，一位以前比他年轻的下属，现在甚至还成为了他的上司。看着昔日的同学和一些年轻人一个个都成为老板、经理人，胡杰的心里很不是滋味，总想换一

个新的工作环境试试自己的能力。

最近，朋友开设的公司希望他过去帮忙，工资当然比过去高了不少，但是要面对的压力和挑战也自然增加了。对于胡杰而言，选择“跳槽”不仅意味着新的工作、新的行业，同时也意味着是一种冒险——在已近不惑之年的时候放弃原来的工作和原有的生活方式，他对于自己能否经受得起“折腾”心里也是没有底，而选择留在原单位，今后可能就会这样默默无闻下去。胡杰陷入了沉思，他不知道这座“去留”的天平该倾向哪一边。

人生之路不可能一成不变，职业生涯也是如此。很多因素会导致职业生涯的改变甚至是重新选择。胡杰面对的人生困惑在许多人一生的发展之中都会经历。职业选择、职业转换、职业高原、工作压力应对等都是个体在职业生涯发展过程中需要面对的重要职业事件，而如何应对这些事件就是本章所要讨论的职业生涯调控问题。

职业生涯调控是个体在职业生涯发展过程中，根据内外情势随机应变，对规划实施情况进行跟踪监控，对短期与长期、局部与全局、个人与组织等一系列矛盾和冲突进行平衡协调，对工作中有关突发事件、意外困局进行紧急应对等。

## 第一节　职业适应

对每个人来说，进入职场是人生道路上一个关键的转折点。实践证明，职业适应比较快的人，容易较早地获得单位的认可，更快地寻找到人生的新起点，更容易享受到事业成功和生活幸福的喜悦，同时也更容易找到自己的“职业锚”。因此，初入职场的个体一定要对职场有一个理性的认识，尽快适应新环境、新文化、新工作和新的人际关系，做好相应的角色转变。

### 一、职业适应的内涵

职业适应，也称工作适应，是指个体在职业认知和职业实践的基础上,不断调整和改善自己的观念、态度、习惯、行为和智能结构,以适应职业生活的发展和变化。概括地讲,职业适应包括角色适应、文化适应、工作适应、人际适应四个维度。

(一)角色适应

角色(role),原意指戏剧舞台上的人物。社会角色是指由人们所处的特定社会地位和身份所决定的一整套规范系列和行为模式,是人们对具有特定地位的人的行为的一种期望,是社会群体的基础,随着社会实践的发展而不断更新。社会角色由角色权力、角色义务和角色规范三要素组成。也就是说,社会角色不同,社会责任就不同,社会规范就不同,社会权利也不同。

大学毕业生走出校门、步入社会的过程是从“学校人”到“职业人”的转变,是由学生角色向职业角色的转换。学生角色与职业角色的不同之处在于:一个是受教育者,掌握本领,接受经济供给和资助,逐步完善自己的过程;一个是用自己已经掌握的本领,通过工作为社会做贡献,有一定的权利和义务,以自己的行为承担社会责任的过程。

从学生角色转换为职业角色,是人生过程中最重要的转折。这种角色转换并不是一蹴而就的,而是一个行为过程。一般来说,进入角色包括下列行为过程:获得承担某个角色的认可;表现出扮演这个社会角色必需的社会品质和才能;本能地或积极地从精神上和行为上完全地投入这一社会角色。

完成从“学校人”到“职业人”的转变,并非易事,甚至充满艰辛,需要大家在实践中不断摸索、感知与总结。一般而言,大学生快速实现角色转变就必须做到几个方面:一是安心本职工作,甘于吃苦;二是放下架子,虚心学习;三是善于观察,勤于思考;四是勇于承担重任,乐于奉献。

(二)文化适应

“优胜劣汰,适者生存”是生物链得以延续的法则。远古时代,我们的祖先为了生存,努力适应环境,所以他们存活下来了。现代社会,我们不再需要为了生存下去而苦苦挣扎,但是面临的社会环境和工作环境却变得越来越复杂。从学校到社会的转换,需要每一名毕业生努力去适应所在企业的环境，尤其是企业文化。

大学文化与职场文化之间到底存在什么样的差别呢？丹尼尔·弗雷德曼（Daniel Feldman，1987）的研究显示，大学文化与职场文化在时间安排、工作周期、工作任务、绩效考核、奖励机制等方面存在显著差别，如表 7-1 所示。

**表 7-1　大学文化与职场文化的差别**

| 大学文化 | 职场文化 |
| --- | --- |
| 弹性的时间安排 | 更固定的时间安排 |
| 你能够逃课 | 不能随便缺勤 |
| 长假和自由的节假休息 | 没有寒暑假，节假休息很少 |
| 工作循环周期较短 | 工作循环时间长 |
| 教学大纲提供清晰的任务 | 任务模糊、不清晰 |
| 要解决的问题常有标准答案 | 要解决的问题很少有标准答案 |
| 分数上的个人竞争 | 按团队业绩进行评估 |
| 奖励以客观性标准和优点为基础 | 奖励更多是以主观性标准和个人判断为基础 |
| 节奏比较缓和，压力较小 | 工作繁忙，经常需要加班加点 |

除了大学文化与职场文化存在巨大的差别以外，每个公司的企业文化也不尽相同。有的崇尚个性张扬，有的崇尚沉稳踏实。任何组织都不会轻易改变约定俗成的文化，成功人士会自我调节，让自己适应文化，而不是让文化去适应自己。因此，进入一个新的组织，要想尽快融入，首先要了解企业文化，在了解的基础上进行自我调整，并不断探索出在组织中生存的法则。

成功融入企业文化往往比技术层面上取得的成就更重要。每个企业都有一定的用人标准，被录用的人员在智力、能力上相差无几，但对于企业文化的适应程度却不尽相同，很多人面临着“水土不服”的困境。适应企业文化，简单地说就是入乡随俗，“跟从”同事的工作方式，“模仿”上司的办事风格。这里的“跟从”和“模仿”并非盲目地效仿，也并非一味地追从，而是选择一种大家都认可的方式去工作和做人，这会令周围人感到很亲切。

(三)工作适应

大学的学习生活与职场的工作生活之间同样存在着很大的差别。弗雷德曼对比了大学的学习过程与职场的学习过程,指出两者在学习内容、学习目的、学习方法等方面存在显著差别,如表 7-2 所示。

表 7-2　大学学习与职场学习的差别

| 大学的学习过程 | 职场的学习过程 |
|---|---|
| 抽象性、理论性的原则<br>正规的、结构性的和抽象的学习<br>个人化的学习 | 具体的问题解决和决策制定<br>以工作中发生的临时性事件和具体真实的生活为基础<br>社会性、分享性的学习 |

正是由于大学的学习生活与职场的工作生活之间存在很大的差别,所以对于刚刚毕业的大学生来说,要尽快适应职场的工作要求。首先,要了解行业差别、工作性质。不同的工作需要不同的工作方法,只有随时调整自己、打破思维定势去适应工作的人,才会有更大的发展。职场不是家庭或者学校,职场意味着有要求、有标准,只有适应这些要求和标准,才有可能获得快速的发展。

我们分享一个故事让大家更好地体会如何做好工作适应。故事发生在美国百老汇:一位导演告诉一群前来面试的舞蹈演员,他招聘的女配角要急速越过正在燃烧的房子之后狂飙。前来应聘的舞蹈演员听了导演的要求后纷纷离开了,唯有安吉莉娜·朱丽留了下来,并且果断地脱掉了舞鞋。导演感到很奇怪,于是就走过去问她为什么这么做。朱丽回答说,既然你们需要的不是舞蹈演员,那么我就脱掉舞鞋,做你们需要的配角。从她脱掉舞鞋的那一刻起,她就已经把自己当成了一名演员。这则案例告诉我们,任何人在接纳一份新工作的时候,都要勇敢地抛弃从前的成功经历,放低自己并立志从头开始。

(四)人际适应

步入职场,毕业生面临的人际关系要远比在学校期间复杂。弗雷德曼以上司为例，对比了大学人际关系与职场人际关系的差别，指出老师与老板在工作要求、领导风格方面存在显著差别，如表 7–3 所示。

**表 7–3　大学老师与职场上司的差别**

| 你的老师 | 你的老板 |
| --- | --- |
| 鼓励讨论 | 通常对讨论不感兴趣 |
| 规定完成任务的交付时间 | 分派紧急的工作，交付周期很短 |
| 期待公平 | 有时很独断，并不总是公平 |
| 知识导向 | 结果导向 |

面对完全不同于学校的职场人际关系，大学毕业生要认识到：接纳一份新工作，不仅是迈进一个新组织，更是走进一个新的人际关系圈。在没有摸清楚新组织中人际关系情况之前，不要轻易踏入别人已经形成的关系网，也不要试图去破坏别人已经形成的圈子，更不要倒向办公室政治的任何一边，以免踏入人际关系的旋涡。在新工作岗位中，尽量把姿态放低，恰当地运用礼貌和尊重赢得他人的好感，为融入组织奠定良好的基础。对于某些同事的言论，要学会保持沉默，凭借自己的智慧去独立观察和思考，以鉴别言论的真伪。无论对领导还是同事，无论是喜欢还是厌恶，都不卑不亢，做到既相对独立又不脱离团队。对新的合作伙伴，无论职务是否高过自己，都不妨称呼其为老师，毕竟在这个组织中他们是前辈，他们对于处理人际关系也许有自己独到的见解值得借鉴。良好的人际关系有助于一个人脱颖而出，发挥自身的才智，实现自己的人生价值。

**【资料链接】**

### 工作世界的探索

一个刚毕业的大学生，由于经验不足，能力欠缺，在工作中出现了失误，受到上级的严厉批评，他很不开心，没心思工作。

有人问他："你为什么不开心？"

他说："经理骂我了。"

又问："你是不是工作没做好？"

答："即便工作没做好，他也不应该对我这个态度，我长这么大，我爸、我妈都没对我那样大声喊过！"

问："那你希望怎么样？"

答："我希望我下次再犯错时，他的态度能好点儿！"

这位大学生说的话意味着：

我出错是难免的；

我以后还会出错；

我再出错时，要改的是经理，不是我。他应该提高管理艺术。

试问如果这位大学生有这样的想法，下次再做同样的工作、重复同样的错误，上级对他的态度会好一些，还是会更严厉一些呢？

职场人士正确的说法应该是："我今天工作出错了，上级严厉地批评我，我很不开心。但是我下次一定把事情做好，让他说不着。"

转变成职业人，你必须先"给"，否则你什么也"要"不到。

## 二、职业适应的策略

我们经常听到大学生在毕业前表示毕业后要在社会上好好努力，干一番事业，以报效祖国，报效亲人和恩师，但是步入社会后往往一事无成。原因当然是多方面的。有经验的成功者认为，要尽快适应社会就必须做到以下几个方面。

### （一）珍惜第一份工作

初涉社会难免会有坎坷。有的人在工作中遇到坎坷就大发牢骚，动辄轻言离去，这样做是极为不妥的。对于择业者来说，做第一份工作，无论出现任何挫折，只要没有充分的理由可以放弃这个职位，就必须采取各种有效的方法，来巩固自己目前已经获得的职业岗位。

那么，如何珍惜第一份工作呢？主要是安心本职、甘于吃苦，放下架子、虚心学习，善于观察、勇挑重担。安心本职是珍惜第一份工作的前提。刚走上工作岗位的大学毕业生，应尽快从学校生活中解脱出来，全身心地投入到新的工作中。进入职业岗位后，要有干一行、爱一行、钻一行的敬业精神,争取干出成绩。甘于吃苦是珍惜第一份工作的重要条件。只有甘于吃苦,才能很快适应工作,进入角色。有的毕业生缺乏吃苦耐劳的精神,到了工作岗位后怕苦怕累,这必然影响到今后的发展。尽管大学毕业生在校期间已经学到了一定的理论知识,但在陌生的职业面前,却是个小学生,一切都要从头学起。一切有经验的领导、师傅、技术人员、同事都是很好的老师,他们在工作岗位上工作了多年,具有丰富的专业知识和实践经验。只有放下架子,虚心学习,才能从他们那里学到知识与技能,逐渐完善自我,尽快实现角色转换。

珍惜第一份工作,还要开动脑筋,善于观察,勇挑重担。只有善于观察,才能发现问题,并运用自己所学的知识努力去解决问题,逐步具备独立开展工作的能力,承担更重要的责任。勇挑重担是珍惜第一份工作的重要体现。大学生奔赴工作岗位后,应当从一开始就严格要求自己,树立高度的主人翁责任感和积极的奉献精神,不计个人得失,不计蝇头小利,努力承担岗位责任,主动适应工作环境,更快地把握住第一份工作。

### (二)树立良好的第一印象

第一印象非常重要,它有前摄的作用、光环的作用、定势的作用。因此,大学毕业生一定要树立好第一印象。而要树立好第一印象,又必须做到:衣着整洁、仪表端庄;谈吐文雅、举止得体;守时守信、待人真诚。

首先,要衣着整洁,仪表端庄。尽管人们都知道“以貌取人,失之于人”的道理,但在公共场所,谁都愿意同一个衣着整齐、仪表大方的人在一起,没人会乐意和一个不修边幅、邋邋遢遢的人在一起。其次,要谈吐文雅、举止得体。与人交谈,你要随时与对方保持目光接触,赞成就点头,有趣就微笑,不要随意打断别人的谈话。要注意文明礼貌,不要莽撞,不要张狂,忌不懂装懂,盛气凌人,指手画脚。最后,要守时守信、待人真城。生活中,谁都愿意和热情、真诚的人交往,而与虚伪、自私的人保持一定距离。因此,你要获得良好的第一印象,就要信守承诺,在人际交往中,与人为善,尊重他人,养成守时守信的好习惯。

刚刚进入新单位,还要明白多做小事不吃亏的道理。复印机没有纸了,悄悄地给加上;饮水机没水了,主动给送水公司打个电话;准备一块抹布，不指望卫生都由清洁工来做；早来几分钟、晚走几分钟，最后一个上班车……这些不起眼的小事最能给人留下好印象。尽管在试用期谁都想给单位留下好印象，但是过犹不及，要循序渐进，不要接手太多工作，以免面面俱到而又一事无成。

（三）养成良好的工作习惯

工作后，个人要承担一定的岗位责任和社会责任。个人工作成绩的好坏，不仅和自己的前途密切相关，而且也和单位、部门的发展紧密相关。这就要求大学毕业生立足新岗位，明确岗位责任，以单位、部门的兴衰为荣辱，以国家的兴旺、民族的强盛为己任。

初到工作岗位，大学毕业生对自己所要从事工作的基本情况还不了解，需要不断学习，虚心求教，勤于思考，善于总结，尽快熟悉并掌握有关的业务知识。同时，要尽快熟悉单位的规章制度和工作流程，不要凭经验办事。如果因为业务不熟悉而犯错，除了承认之外，还要向部门领导和同事多请教，以免再犯，千万不要犯了错误还给自己找借口。

要养成良好的工作习惯，大学生还要调整“自我期望”与“自我现实”之间的差距，保持健康平和的心态，积极面对工作中的挫折，确立切实可行的实际工作目标，发挥自己的工作潜能，增强对职业的心理适应性。大学生还应注重个人不良情绪的调适，调整认知评价、合理宣泄、学会风趣幽默、学会转移与升华、学会自我暗示等心理调适手段，将自己的情绪调整到最合理或最佳状态。在快乐、幸福、轻松、耐心、自信、无内疚感等健康情绪下，个人所做出的抉择才更理智，才会有一个成功的职业生涯。

（四）建立和谐的人际关系

建立和谐的人际关系是十分重要的。和谐的人际关系对我们适应社会有着积极的推动作用，它可以尽快地使人们消除陌生感。适应人际环境，可以使人们工作顺心，生活愉快，增强团结，提高工作效率。

进入工作岗位后，要重视人际交往，克服人际交往中的障碍，努力营造一个积极、宽松、和睦、融洽的工作和生活环境。要消除人际矛盾和隔阂，最有效的途径就是通过人际交往与沟通，相互理解，使分歧得以统一，达成共识。

大学毕业生在工作场所建立和谐的人际关系需要注意以下几个方面的问题：(1)尊重他人，不自恃清高。到了新单位，尽管其他工作人员秉性各异、爱好不同，但每个人都是自己的老师。要像尊重老师那样尊重他们，尊重他们的劳动和劳动成果，尊重他们的人格和感情，虚心向他们求教，不要妄自尊大、摆架子、自恃清高。在互相交往中尊重他人的同时，也赢得他人的尊重。(2)热心助人，勿见利忘义。同事间的相互帮助，既可以锦上添花，更应当雪中送炭。当别人有困难时，应伸出热情的双手给予帮助，不要为了蝇头小利而做有损人格的事。只有热心帮助他人的人才会得到别人的帮助。(3)服从领导，不无理抗上。要尊重上级，自觉服从上级的指挥，听从上级的工作安排。对分配给自己的工作，能完成的要提高效率，出色完成。难以完成的，最好单独找上级陈述理由，不要当众拒绝，要善于向上级学习，要维护上级的威信，并力求得到领导的重视。

## 第二节　职业转换

时代在发展，社会在进步，很多名词都被赋予了新时代的含义。就像“铁饭碗”一词，它对于我们来说，是一个既熟悉又陌生的词汇。我们熟悉的“铁饭碗”，指的是凭借自己的一技之长可以在一个地方吃一辈子饭的稳定工作。现如今我们生活在一个“铁饭碗”一去不复返的年代，没有一成不变的工作，到哪儿都有饭吃的能力才是现代意义上的“铁饭碗”。据一家权威的人力资源管理咨询公司统计调查，目前中国 30 岁以下的年轻人，平均每 5 年至少更换一次工作。如何成功地进行职业转换值得每一位职场人士深思。

### 一、职业转换的内涵与种类

职业转换是个体所从事的具体工作领域的改变。路易斯(Louis)把职业转换分为角色间转换和角色内转换两类。

#### (一)角色间转换

角色间转换主要包括：进入转换、公司内岗位转换、公司间岗位转换、职业间的转换、退出转换等五种情况。

大学毕业生第一次参加工作面临的第一种转换——进入转换。从学校到工作是目前受到极大关注的一种进入转换。在这种转换中，新旧角色间存在各种差异，如身份上的差异、环境上的差异、任务结构的差异、经济状况的差异等。从公司内的某个部门调整到另一个部门就是公司内岗位转换。公司的大环境虽然没有变，但是，一起共事的同事、工作内容、需要具备的技能都发生了变化。即使是同一个部门从技术角色转换到管理角色，责任、权力以及工作空间都可能发生变化。

公司间岗位转换是指从一家公司转换到另一家公司，这种转换较前两者而言新旧工作的差异性更大。这种差异程度取决于新旧工作要求的相似性，以及工作群体、组织氛围和行业的相似性。职业间转换则是从一种职业转换为另一种职业。例如，某人离开商界成为政府官员或进入高校成为学术研究者，或者军人转业成为商人都是一种职业间的转换。在职业间转换之中，转换者面临着语言、人际交往规则、伦理标准、参照群体、职业身份以及社会对职业地位的反应等各方面的差异。

退出转换指永久退出一种特定的角色。例如，失业就是一种非自愿性的退出转换，这种转换通常是个体没有预期到或者没有准备好的变化。在预期到的退出转换中（例如退休），转换者通常有机会选择或构思一种新角色以取代原来的角色。

研究表明，角色间转换可能需要跨越三种不同的边界：功能性边界、层次性边界、非包容性边界。例如，当大学毕业生进入某个工作环境，他们要跨越所有三种边界：承担某个职能领域的一系列任务、在层级结构中获得某个岗位、把自己置身于陌生的组织信息和网络中。大部分角色间转换需要跨越部分或全部边界，至少个人的岗位在转换期间会发生变化。总之，每种类型的角色间转换在新旧角色和背景方面都存在不同程度的差异性。

**【资料链接】**

**案例：角色间转换的五种形式**

Andy，一名应届生，通过公开选拔进入 A 公司担任人力资源助理。A 公司一直面临着人员流动率高的难题，前不久，公司的法务人员提交了辞职信，这对于公司的招聘压力无疑是雪上加霜。此时，公司恰逢客户一纸诉状，情急之下，人力资源部决定采用内部招聘的方式救急。成为一名 HR 是 Andy 一直以来的梦想，然而经历了一年的磨砺，她发现 HR 的工作并不适合自己，过重的招聘压力令她感觉到透不过气。此时的她希望通过这次竞聘来改变自己在职场中的角色，进而可以摆脱 HR 工作给她带来的烦恼。经过重重考核，Andy 凭借自己大学期间辅修的法律知识赢得了考官的认可，成功地转变为公司的新一任法务专员。渐渐地，Andy 发现从事法律方面的工作是自己喜欢的，并决定自己未来的职业生涯将为法律“一战到底”。

转眼间，Andy 到了谈婚论嫁的年龄。那一年，Andy 遇到了自己心爱的另一半。由于俩人不在同一座城市，她最终选择辞去这份工作与爱人团聚。凭借自己五年的法务工作经验，Andy 在 B 公司就职。B 公司十分看重员工的能力，表现出色的她一路升职。又是一个五年，此时的她已是 B 公司的法务总监。天性喜欢挑战和尝试新鲜的她，凭借自己的工作经验和刻苦复习，考取了当地某行政机关的公务员，实现了从商界到政界的一次完美蜕变。然而已年近四十的她，恍然间，发现自己已经面临着“丁克”风险。此时丈夫也更希望她能回归家庭，相夫教子。

**案例解析：**

Andy 通过公开选拔进入 A 公司担任人力资源助理是一种进入转换。通过内部竞选的方式从人力资源助理荣升为法务专员就是公司内岗位转换。Andy 为了与爱人团聚，辞去 A 公司的职务去 B 公司就职，是公司间岗位转换的一种写照。Andy 离开商界进入政界，显而易见是职业间转换。Andy 的丈夫更希望她能归于家庭，相夫教子。如果 Andy 听从了丈夫的建议，就意味着她实现了退出转换。

### （二）角色内转换

角色内转换和角色间转换有一个非常大的区别：角色间转换通常是在个体有意识的情况下进行的，而角色内转换可能是在个体无意识下进行的。角色内转换主要包括：角色内调整、角色间调整、角色/职业阶段转换、生命周期转换四种情况。

角色内调整代表了个体随着经历的增加而对角色的导向进行调整。例如，原来上司的领导风格刻板严厉，员工对工作采取被动应付态度。后来换了一位开明的上司，员工的态度也变得积极主动。这种角色内调整是个体没有预期到的，他们可能没有意识到角色导向已经发生了改变。角色间调整则反映了各个角色重要性程度的差异。

角色/职业阶段的转换代表了职业周期一系列阶段的正常变化。在不同职业阶段，个体面临着不同的问题和组织发展机会。生命周期转换是指一个人从婴儿到老年一系列的心理发展过程。个体在不同生命周期会面临不同的主要问题，这些问题潜在地引导着个体的生活空间和工作导向。尽管心理转换会与职业阶段转换同时进行并大体对应，但是它们可能分别对个体工作角色的重新定位产生影响。某种职业阶段转换预先需要充分的心理阶段的转换，个体职业转换过程中发生的事件和结果也会极大地促进或妨碍他们心理的发展。

值得注意的是，任何特定的工作岗位变化可能包含几种职业转换的形式。例如，从技术角色转到管理角色可能会经历一个简单的公司内部转换，或者一个非常主要的职业间转换，也可能被认为是一个职业阶段转换。一个特定转换如何归类，取决于特定情景和个体对转换的主观体验。

## 二、职业转换的时机

灵活地运用职业转换有助于实现职业生涯的完美跨越。问题是什么时间转换比较好呢？美国职业咨询专家卡罗尔·L.麦克莱兰在她的《职业转换》一书中指出，如果以下任何一种情况确实发生在你身上，那么你也许需要考虑职业转换了。

（1）每个周日晚上都会因为想到周一又得重返工作而感到沮丧；

(2)从工作中恢复常态比从娱乐中恢复花更多的时间;

(3)工作时整天看时间;

(4)花更多的时间上网而不是工作;

(5)向别人抱怨自己的工作;

(6)感到工作很无趣;

(7)经常迟到;

(8)总是希望彩票中奖,以解决生活问题。

如果你还为一想到周一又得重返工作而感到沮丧,如果你经常性地迟到,如果你工作时整天看时间……那么,不妨考虑申请调岗或者选择“跳槽”。此时,做出职业转换的决定未必是坏事。也许在恰当的时机做出职业转换的决定,会帮助你赢得职业生涯的成功。那么,什么时候进行职业转换才是明智的选择呢?国外猎头公司在大量实践经验的基础上总结出三个职业转换的最佳时机,即所谓的“转职适龄期”,如果想要转职就应该尽量选在这三个时期之内。

(1)25~30岁。这个时期正是“自我独立、精力充沛、年轻有为”的阶段,无论哪家公司都需要这样的人才。这个时期可以大胆地到那些没有接触过的行业里去试试。

(2)35岁前后。这个时期可以从事管理岗位,但是只能在经验允许的范围内转换。

(3)40~45岁,其中分为45岁之前和45岁之后两个阶段。45岁之前是充分显示个人能力的阶段,而且企业也有多种多样的职务需求,选择的幅度和可能性都很大。45岁之后再进行职业转换面临的风险性会很高。

## 三、职业转换的误区

实践证明,职业转换确实可以帮助个体调整好自我的职业生涯发展之路,但是个体在进行职业转换之时应着力避免以下问题。

### (一)为了转换而转换的冲动

二十四五岁刚刚立业,还未成家,经济负担较轻,家庭束缚相对也不大,从某种程度上说,这都为年轻人“自由”的职业转换创造了有利条件,往往这个年龄段会掀起职业转换的小高潮。在经过了职场历练,积累了工作经验,具备了“跳槽”资本后,当年的职场新人已来到而立之年,三十几岁对于在职场打拼的朋友来说,正是职业生涯提升的重要阶段。没有足够的发展空间,看不到未来会迫使这一人群选择放手一搏,寻求发展的新途径。三十几岁这一人群往往也会陷入为了转换而转换的旋涡。

### (二) 喜新厌旧的小情绪

虽说“干一行,爱一行”,但是当在一行里做久了,且望不到发展前景的时候,人的厌倦情绪就来了。举个不恰当的例子,爱情里,再炽热的恋情也会随着时间的流逝归于平淡。在这个漫长的过程中,如果始终看不到步入婚姻殿堂的希望,爱情就会变得脆弱,不堪一击。同理,一份再有激情的工作,工作激情也会渐渐随着时光的推移而磨平。当员工对工作产生倦怠情绪的时候,他们本能地会选择逃离,寻找新的挑战和刺激。

### (三)向“钱”看齐

很多人以金钱多少作为衡量工作价值高低的唯一标尺。不可否认,薪水是工作价值最直接的衡量标准,但绝对不是唯一标准。职业转换是一项得失并存的选择,也许一时的冲动会带来物质利益方面的慰藉,与此同时,原来在某一领域多年积攒下来的人脉和口碑全部需要重新洗牌,从头再来。试想,你经得起几次从头再来的考验呢?职业转换需谨慎,做出选择要权衡,权衡各方面因素,不能只看物质利益。

为了避免职业转换的盲目性和功利性,在职业转换前最好能对自己有一个正确、全面的评估:分析自己的性格类型、技能专长、价值取向和兴趣爱好,明确自己适合从事的职业、最有发挥潜力的环境或行业;搜索职业信息,定位能将自己的需要和技能最大限度匹配的工作机会;更重要的是那些有了一定工作阅历的人需要合理规划自己的职业生涯,制定短期与长期目标。职业转换只是达到既定目标的一种手段而已,不要为了转换而转换。

## 四、职业转换的策略

“见风使舵”在字典里一直被定义为贬义词,然而,适度的“见风使舵”不见得是坏事,有时候还十分必要。施恩的职业锚理论曾指出,人们不可能在最初择业时就明确自己的发展方向,自己从事的第一份工作未必适合自己的兴趣和能力,人们通常需要经过职业经验的积累,才能确定其价值取向。我们周边常常会发生这样的事,一位精明能干的商人对自己所从事的工作失去了热情,或者放下自己已经从事了近半辈子的工作转而去做某件完全不相干的事。近年来,职业经理人选择转变职业生涯的比例显著提高。如何科学地进行职业转换呢?

职业杂志网站介绍了职业转换的五种方法,为大家提供了参考和借鉴。文章指出,你可以采用五种方法,从小的步骤入手,积小胜为大胜,在没有损失很多金钱或者给你的家庭带来困扰的情况下,实现你转换职业的心愿。这就是:构建实用技能;充电进入新领域;从事第二职业;在公司内部谋求新机会;进入新的职业发展领域。

(1)构建你的实用技能作为发展的基础。如果你掌握一些核心技能和知识,并擅长运用它们,就可以考虑把它们延伸到不同的行业和领域。

(2)回到学校进行充电。当你希望进入一个新的领域,而这个领域有别于你原有的知识结构时,那么取得相应的新领域的教育证书,将对你的职业生涯有所帮助。

(3)在两份工作中投入同样的精力。当你还在继续目前工作的时候,一份新的工作也同时开始了,也就是通常我们所说的第二职业。但这样做会存在风险,因为大多数公司对雇员从事第二职业并不赞同。你如果想保留现有工作,同时在业余时间从事第二职业,就要当心不要让你的雇主对你的工作表现不满,产生反感。

(4)在公司内部谋求新的职业发展机会。这个方法适合于喜欢现在的公司,希望在公司内部开辟新的发展路径的雇员。你可以尝试在完成自己所负责工作的基础上,志愿去做一些分外工作,而这些通常是其他同事不愿意做的。即使这项工作是短期的,你依然可以抓住机会进入一个新的领域,扩充你的技能,并获得晋升。

(5)开拓新的职业发展领域。这个方法适用于那些对现有工作已经非常厌倦的人。对他们来说,痛快地离开并进入一个新的领域可能是个机会;特别是对那些短期内没有经济、生活压力的人来说,更是如此。

## 第三节　职业高原

一名护士一年内被投诉4次,被投诉原因主要是服务态度不好,不愿意与病人沟通,最终被医院解聘。经调查,这位护士在来到医院的3年中,经历了实习、助理护士、护士三个阶段。她对医院一直存在的“老护士看、新护士干”,以及老护士不值夜班、白天充当指挥棒的现象极为不满。她认为自己没有得到公平的对待,渐渐地对护理工作产生了厌烦的情绪,最终导致遭遇医院不良文化带来的“职业高原”。

### 一、职业高原的内涵与类型

职业高原(career plateau)被看作是个体职业生涯的峰点,是向上运动中工作责任与挑战的相对终止,是个体职业发展的一种“停滞期”。

最早提出职业高原概念的是弗瑞斯(Ference,1977)。他认为:“职业高原是指在个体职业生涯发展过程中的某个阶段,个体获得进一步晋升的可能性很小。”弗雷德曼与威茨(Feldman & Weitz,1988)则认为,职业高原意味着个体工作上接受进一步增加责任与挑战的可能性很小。可以说,职业高原是一种个体职业变动的缺失,与个体的工作晋升和变动密切相关。

职业高原概念提出之后,关于职业高原的分类目前存在三种方法。

(1)弗瑞斯根据影响员工达到职业高原的组织和个人因素,将职业高原分为个人高原与组织高原。组织高原是指在一个组织内缺少员工发展所需的机会,组织无法满足员工个人职业发展的需要而导致员工无法向上发展的情况。个人高原则是指员工缺少进一步晋升所需的能力和动机,是因个体自身因素所导致的职业发展高原。

(2)巴德威克(Bardwick,1986)也根据影响员工达到职业高原的不同因素,把职业高原分为:结构高原、内容高原和个人高原。结构高原发生于组织水平之上,是因组织结构的不合理而使员工职业发展受到限制的情况,它一般不受员工个人的控制,是最为复杂的一种职业高原。内容高原是指当员工掌握了与他(她)的工作相关的所有技能和信息之后,缺乏进一步发展知识与技能的挑战时,而出现的一种个体职业发展上的停滞状态。个人高原主要是因个体生活上的静止,而导致职业发展上的停滞。

(3)根据评价主体不同,可以分为主观职业高原与客观职业高原。主观职业高原与个体自我概念相关,是个体主观上所认知到的一种职业上的"停滞期"。它强调个体对现有工作状况的认知、评价与反应。客观职业高原是个体根据可以观察到的客观测量指标所观察到的,甚至是研究人员根据实际情况所分析出来的员工现有职业状况。一些客观测量指标如未来晋升的可能性、现有岗位工作时间、两次晋升间隔的时间等。

## 二、职业高原的影响

职业高原的影响既有其消极的一面,也有其积极的意义。因此,必须对它的利与弊有一个清楚的认识,从而更好地发挥其有利影响,避免产生不利影响,使员工和企业都有更好的发展。

### (一)职业高原的消极影响

职业高原的负面影响是多维的,包括工作、生活、心理等各个方面。无论对员工还是企业来说,它都会带来很大的不便:(1)对员工的负面影响。员工对自己未来的工作、生活等方面感到迷茫,看不到自己未来职业发展的方向。在工作中会表现为:对工作很冷漠,没有激情,消极怠工。在生活中会表现为:时间过长,员工感到心理受挫,对生活也感到无趣,觉得生活平淡无奇,进而对人生不抱太多希望。(2)对企业的负面影响。一旦企业中出现了较多职业高原员工,整个企业就会变得缺乏活力与生机。员工不求上进,企业创新活力减少,竞争力下降,更有可能造成大量优秀人才的流失,而新的人力资源又没有得到及时补充,企业的整体运营将受到惨重打击,使企业大伤元气。

### (二)职业高原的积极影响

任何事物都具有两面性,关键在于自己如何看待这一问题。当职业生涯进入高原期时,应该学会利用这一相对稳定的时机进行自我充电,克服浮躁的心态,潜心“修炼”本职工作。同时,由于高原期的职业生涯发展处于“停滞”状态,相应地要担负的责任也较少。在这种情况下,可以追求自我发展,从事个人活动,实现自己的兴趣爱好,保持一种平和的心态,坦然面对现状,而不必有太多的竞争压力。其实,进入职业高原期也就意味着已经进入了职业生涯的中后期阶段。在这一时期可以进一步加强学习,不断地提高自我、完善自我,从而为今后在职业生涯中的角色转换做好准备。从这一角度来说,职业高原无疑为个人自我价值的实现提供了一次良机。

## 三、职业高原的应对策略

职业高原对于企业和员工来说是不可避免的,但并不是说我们面对职业高原不能有所作为。总体而言,职业高原分为结构高原和内容高原,结构高原是不可避免的,但内容高原通过努力是可以克服的。因此,应对职业高原的总体思路是:结构高原采用转移策略,内容高原采用克服措施。具体来说,可以从员工个人、管理者和组织三个方面制定应对的行动策略。

### (一)个人应对职业高原的策略

就个体来说,当员工认识到他的绩效、对组织的贡献、能力不再重要或得不到承认时,就会发生机能失调。这就需要员工积极地采取相应的策略。

#### 1. 正确认知自我,区分高原类型

当个体发现自己处于职业高原期时,首先要分析自己所面对的职业高原的类型。如果感觉缺少晋升机会,那么应该意识到这是属于结构高原现象,它具有一定的不可避免性。因此要勇于接受现实,积极采取措施提升自我能力与水平。如果感觉工作内容或任务缺乏挑战性,那么应该意识到这是属于内容高原现象,它可以通过努力在工作中进行克服。

#### 2. 提高个人能力,挖掘自身潜能

在工作中,个体要不断利用各种机会去提高自身的技术水平,不断进

行职业培训，提升自我的职业素养，不断接受挑战性的任务去开发自我的潜能；在工作之余，努力学习新知识和新技术，不断进行“充电”，为以后的职业发展争取更多的主动性，获得更多的发展机遇。

**3. 寻求上级的真实反馈，认识工作缺陷**

通过寻求上级的真实反馈，员工可以树立正确的自我观念，在认识到自我优势的同时也能认识到自身的劣势，从而为全面提升自我，谋求后续发展预先做好准备。

**4. 充实工作内容，承担多种角色**

在工作中通过尝试新方法和新技术，更新工作流程，提高工作效率，拓宽工作范围，承担更大责任，增加工作挑战性等，从而达到充实工作内容、获得工作成就感的目的。与此同时，在工作或生活中通过承担多种角色，例如担任年轻员工的教练、充当同事关系的协调者、担任组织内部顾问、担任巡回演讲人或讲师、担任组织与外部机构的联络人等，从而在新的角色中找到挑战性，找到被尊重和被需要的感觉。

润兹与费勒(Rantz&Feller，1985)更是将上述方法进行归纳，形象地提出了个体面对职业高原的几种解决方案：

(1)平和方法。接受这种状态，并努力压制自己的挫折感和愤怒。

(2)跳房子方法。在原有职位不变的情况下，努力向其他方面发展，以求在其他方面有较好的发展。

(3)“跳槽”方法。从原来公司辞职，并在其他的公司寻求一个与原来相似的职位，希望环境的变化能解决这一问题。

(4)内部调和方法。通过尝试、创新等途径努力开发现有的工作，能成功地与决策者进行互动，而不是被动地接受。润兹指出，内部调和方法对解决员工职业高原问题最有成效，也最具实用价值。

### (二)组织应对职业高原的策略

虽然个人的调整与努力是应对职业高原的最根本手段，但是对企业来说，采取有效的措施，创造一个良好的工作环境也是消除职业高原负面效应的重要策略。

**1. 提供多渠道的晋升途径**

晋升通道是组织为员工提供职级提升的路径。企业一般都会根据岗位之间的差异进行职级分档,并依据员工的工作表现对其进行提拔。企业常见的晋升通道只是单通道晋升,也就是纯粹的管理通道。而晋升的双通道则包括:管理通道和技术通道,即从技术方面再开辟一条晋升通道。实行多通道晋升,一方面能够增加员工的职业路径,减少其遭遇“职业高原”的可能性;另一方面使并不适合做管理人员的优秀技术人员有机会继续上升,避免遭遇晋升“瓶颈”,从而激励他们更加重视技术上的钻研和能力的提高。

**2. 进行工作的重新设计**

工作重新设计的方法有三种:工作轮换、工作丰富化和工作项目化。工作轮换是指让员工在同一水平的职位上轮换工作,通过多样化的职业活动以提高能力,避免职务专业化所产生的厌倦。工作丰富化是指工作的横向扩张,它增加了员工对计划、执行以及工作评价控制的程度。工作项目化是指团队成员相互学习、相互协作、共同完成工作任务。这种工作类型不仅可以使组织获得更大的灵活性,而且可以满足员工不断拓展个人职业经验的要求。

**3. 完善培训体系**

在企业竞争日益表现为人力资源竞争的今天,培训无疑是企业培养高素质员工并提高企业核心竞争力的重要手段。在实际中,许多企业并不重视或尚未建立有效的培训体系。为防治“职业高原”现象,企业必须尽力完善培训体系,满足员工的不同状况和需求,采取不同的方式方法进行培训,帮助员工更新知识,提高技能,从而提高他们的自我认同感,增加其工作满意度,最终将员工个人的发展目标与企业的战略发展目标统一起来,调动员工的工作热情。

**4. 积极开展职业咨询**

在企业内部,管理者为员工积极建立职业咨询的服务渠道,鼓励处于职业高原期的员工与职业管理专家、人力资源经理等共同讨论自己面临的问题,寻找应对策略。通过沟通和情感上的交流,员工可以体验到企业的温暖,提高自我价值的认同感,增强工作热情和战胜职业困境的信心,从而有目标、有计划地实现个人的职业发展。

**5. 营造良好的企业文化氛围**

企业文化是在企业成员相互作用的过程中形成的、为大多数成员所认同的、并用来教育新成员的一套价值体系。在竞争日益激烈的环境中,培养和重塑良好的企业文化,创建健康职业,有利于员工间的沟通协调,增强员工凝聚力和培养团队精神,并使员工心情愉快,提高工作效率。同时,培养优秀的企业文化,能够引导员工塑造正确的价值观和成功观,使他们不仅仅为了晋升和金钱而工作,更重要的是为了工作本身提供的乐趣和自我价值的提升而工作。另外,一旦企业形成良好的文化氛围,员工对企业会有更强的认同感、归属感和忠诚度,愿意为企业做出更多努力与奉献,企业也能真正留住人才。

## 第四节　工作压力

中国社会正处于转型的关键期,社会结构的变化、利益分配的调整、生活节奏的加快、各种思潮的冲击,使人们的思想、观念、心理、行为发生了一系列的变化,人们感受到的压力无处不在。根据 2012 年最新调查显示,全球 80 个国家和地区的 1.6 万名职场人士中,认为压力高于去年的,中国内地占 75%,名列第一,超出全球平均值的 48%。其中,上海、北京分别以 80%、67% 排在众多城市前列。工作压力已经成为当前职场人士必须正视的普遍现象,而积极应对压力是实现自我职业生涯发展的重要途径。

### 一、工作压力的定义及来源

“压力”一词来源于拉丁语“stringere”,译为“拉紧”。压力的定义最初用于物理学和工程学,后来才延伸为描述个体面对外部刺激时而产生的心理感受。一般认为,压力是个体由于某种需求与自己满足这种需求的能力之间出现不平衡时而感到“紧张”的心理或生理反应。工作中的压力表现就是工作压力，即人们因工作而感到“紧张”的一种心理或生理反应。

压力的来源即压力源。在现实生活中，工作压力的来源大体包括环境因素、组织因素和个人因素三个层面。

### （一）与环境有关的因素

环境的不确定性不仅会影响组织的运作，同时也会影响员工的工作压力。与环境有关的因素包括经济的不确定性、政治的不确定性、技术的不确定性等。例如金融风暴来袭，很多企业的订单减少，工厂被迫停产，甚至倒闭，一些企业员工整日担心裁员、减薪事件的降临，社会笼罩在诚惶诚恐的阴影之中。这种恐慌和紧张虽与个人内部因素有一定关系，但它的产生更多源自外部环境的变化。

### （二）与组织有关的因素

工作压力的产生与组织有关的因素包含以下 6 个方面。

#### 1. 组织结构

组织模式的差异影响组织员工工作压力的大小。金字塔式的组织结构模式等级森严，层级分明，重视规章制度的效力，不讲求人情。尽管金字塔式的结构模式有它的优势，但从员工的角度来讲，这种严肃性和层级感无形间拉大了上下级之间的距离，距离感往往是工作压力产生的源头。相反，扁平式组织结构模式在管理风格上更加人性化，上下级关系相对和谐。比起金字塔式的组织结构，员工通常工作起来没有那么紧张和压抑。

#### 2. 工作任务量

工作量的多少，直接关系到员工的工作积极性。合理的任务量，有利于人尽其职，激发能者多劳。相反，过多和过少的工作量，都会给员工带来工作压力。工作量不饱和，难以实现人尽其能，在组织中容易滋生懒惰情绪。工作量超负荷，员工休息不充足，工作氛围紧张，精神负担过重。因此，合理地分配工作任务有利于减轻员工的工作压力。

#### 3. 角色模糊和角色冲突

当员工不能清楚地知道自己该承担什么工作任务，不能明确自己享有哪些权利、承担哪些义务的时候，他们会因为不知所措而感到焦虑，抑或因为过于主动而越俎代庖。不知所措和越俎代庖都源自角色模糊，角色定位不清晰。个体在组织中往往扮演着不同的角色，当个体难以同时满足不同角色的不同要求时，角色冲突就产生了。角色冲突同样会给员工带来紧张感，这也是组织中非常重要的一个压力源。

#### 4. 人际关系

无论是工作还是生活，与人打交道都是必不可少的。人际关系和谐，有利于营造良好的工作氛围，而良好的工作氛围则有利于提高员工的工作绩效。相反，人际关系不和谐，会使员工内心感到紧张。尔虞我诈、勾心斗角、办公室政治往往是导致工作压力的罪魁祸首。群体中零和博弈式的竞争和不公平待遇都会造成人际关系的紧张。

#### 5. 工作条件

研究发现，恶劣的工作环境是工作系统中造成个体紧张的一个根源。一般来说，令人不适的工作环境，如噪音、拥挤、污染、照明不适等都会让员工产生焦虑甚至恐惧。以上这些因素都是构成压力的诱因，另外，长期加班、频繁出差也容易使人产生压力。

#### 6. 职业发展

为了适应社会的发展，进修深造是员工职业生涯规划中必不可少的一部分。如果组织不能为员工提供充分的发展机会，员工就会为个人价值无法实现而担忧，就会产生一定的压力。因此，组织应当为员工提供必要的职业发展通道，并对员工做出相应的指导，以减轻员工对未来发展的担忧，这些方法有利于稳定“军心”。

### （三）与个体自身有关的因素

工作压力的产生与个体自身有关的因素包含以下 3 个方面。

#### 1. 工作经验

业务上的困难可以通过业务指导和反复操练来克服，但是工作经验的缺憾是任何外部条件都无法弥补的，它是一种亲力亲为的体验，任何人都无法取代。丰富的工作经历可以指导个体顺利地完成工作任务。因此，身处同一职位、面对同一难题，工作经验不足的人通常会显得焦虑、紧张，而经验丰富的员工则感受不到太多的压力。

**2. 性格特点**

不同性格特征的人，对压力的敏感程度不一样。日常生活中，我们常常发现，有些人追求完美，所以对工作经常表现出不满足，对他人常常显得不耐心，情绪容易激动，喜欢挑战自己且乐于争强好胜，即使休息也很难真正放松下来。与之相反的另一类人表现为：性情温和，慢条斯理，不卑不亢，与世无争。上述两种性格的人在同种压力情境之下，对压力表现出的反应截然不同。前者很容易感到焦虑和紧张，神经过敏，自我防卫意识强；后者的性格特征决定其对压力的感受不明显。在某种程度上，这种性格的人可以为自己避免很多不必要的压力和烦恼。

**3. 社会网络支持**

社会网络支持是周边人提供的一种资源，它表明个体生活在一个彼此支持、相互帮助的网络当中，在那里能感受到被爱、被关心和被尊重。良好的社会支持有助于削弱工作压力带来的影响。例如，工作上遇到难题，同事在业务操作方面分享经验交流，上司在精神方面给予开导鼓励，对于个体减轻工作压力都会产生积极的作用。相反，缺少社会网络支持，会使员工感到紧张，产生焦虑。

## 二、工作压力的影响

著名心理学家罗伯尔说过："压力如同一把刀，它可以为我们所用，也可以把我们割伤，那要看你握住的是刀刃还是刀柄。"谈到工作压力，我们首先想到的就是它的负面影响。然而，压力本身并不一定有害。组织中工作压力的影响包括积极和消极两个方面，适度的压力对提高工作绩效和身体健康大有裨益。当压力达到极端状态时会使人苦恼，极端状态包括压力水平过高和压力水平过低两种状态。过高的压力，令人不堪重负，忧心忡忡；过低的压力，令人不思进取，安于现状。理想水平下的工作压力，使人积极向上，充满活力。

罗伯特和道森（Robert & Dodson）阐述了压力与健康、绩效之间的倒"U"形关系，如图 7-1 所示。在某一压力点（唤醒点）之前，绩效随压力的提高而提高；在唤醒点之后，绩效则随压力的提高而降低。绩效和压力之间的倒“U”形关系，表明适度的压力对促进绩效的作用最大，给予较小的与给予较大的压力一样，都达不到最佳的绩效。

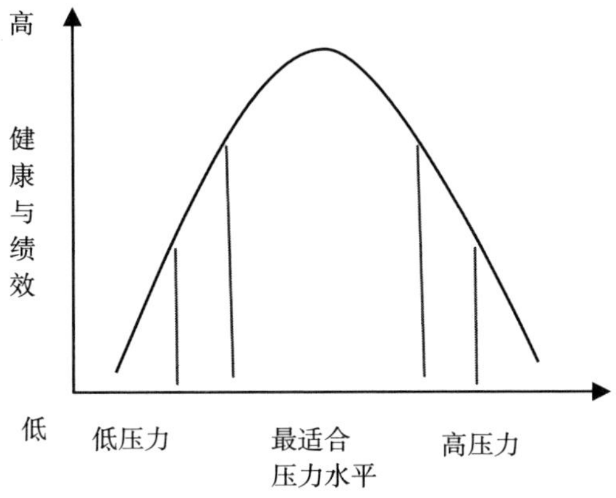


图 7-1　压力对健康和绩效的影响

(一)工作压力的积极作用

适度的工作压力具有一定的积极作用，具体体现为它可以提高自我实现的动机、增强机体活力、提高工作效率。

**1. 提高自我实现的动机**

世界500强企业富士康公司总裁郭台铭有一句名言：“当你感到有压力的时候，说明你的能力不够。”如果能正确地理解压力，并在平凡工作中激情不减、奋勇向前，目标就会在潜移默化中慢慢实现。适当的工作压力是激发自我实现的催化剂，是提高动机水平的有力工具。企业设计有挑战性的目标和合理的工作任务，可以有效地激发员工自我实现的动机。

**2. 增强机体活力，有利于促进身心健康**

适当的工作压力可以激发个体肾上腺素分泌，能提高心肌的兴奋性，使人呼吸加快，心跳与血液流动加速，为身体活动提供更多的能量，使反应更加快速。因此，适度的压力有利于员工保持积极向上的心态，对于促进身心健康大有裨益。

**3. 有利于集中注意力，提高工作效率，防止惰化现象**

制定纪律规则、规范业务流程是绝大多数企业采取的规范员工行为的方法。严明的工作纪律,规范的操作流程,会使员工集中注意力,提高工作效率。而富有挑战性的工作,非员工触手可及,也非空中楼阁,而是员工经过努力就可以实现的目标,是一种激发员工主动性的激励方式。上述两种方式,对于员工来说,都是工作压力的来源。可见,适当的工作压力可以增加工作的动力,提高工作效率,防止惰化现象。

### (二)工作压力的消极影响

罗宾斯(Robbins)认为,压力会从生理状况、心理状况与行为状况三个方面给员工带来消极的影响。

#### 1. 生理问题

大量的健康心理学研究表明,过度的压力将导致个体新陈代谢紊乱,疾病抵抗力下降,常见相关的生理反应包括心跳加快、呼吸急促、肠胃失调、肌肉紧张、疲倦、头痛、失眠等,甚至可能诱发癌症。如今,职场竞争日趋激烈,各行各业的人们都承受着来自各方的压力,如果不能很好地将压力化解,长此以往,压力必将会引起人体器官运行的紊乱,损害生理健康。由于工作压力的影响最先体现为身体方面的不适,所以时常对自己的身体状况进行检查十分必要。

#### 2. 心理问题

工作上的不满意感是工作压力方面最简单和最直接的情绪后果。工作压力情绪通常表现为紧张、焦虑、冲动、易怒、烦躁、悲观等。如果个体长期处于不良情绪的笼罩之下,极易诱发焦虑症、抑郁症、强迫症等心理疾病。这些心理疾病如果得不到有效治疗,可能会导致更为严重的行为问题。因此当员工面临着心理危机,如裁员、并购、突发事件时,企业应当采用心理干预及指导,帮助他们消除心理问题。

#### 3. 行为问题

过度的压力可能导致行为上的扭曲,主要表现为:注意力低下、饮食习惯改变、抽烟酗酒增加、烦躁、睡眠失调、言语速度加快等,最终会导致员工工作效率低、缺勤、离职、情绪低落等。工作场所压力过大,导致美国每年花费 3 000 亿美元,投入到健康保护、失业人员救护、降低压力等项目上。"跳槽"现象导致香港商界的损失高达 39 亿港元,直接削弱了香港企业的竞争力。可见,工作压力不但会给个人带来损失,还会直接影响企业的生产力及利润水平,甚至一个国家的整体竞争能力。

## 三、工作压力的应对策略

工作压力是一把“双刃剑”,它的积极作用表现为适度的压力会激发个人的斗志、提高工作效率,消极作用体现在过度的压力会影响身心健康,导致一些心理和行为问题。因此,如何应对压力,便成为一门工作与生活的艺术。

### (一)个人的应对策略

一般来说,个体从面临压力到解决问题,通常要经过三个不同的阶段:冲击阶段、安定阶段和解决阶段。表 7-4 总结了人们应对压力的基本策略,即积极认知策略、积极行动策略和回避策略。

**表 7-4　压力的应对策略**

| 积极认知策略 | 积极行动策略 | 回避策略 |
| --- | --- | --- |
| 祈求指导和力量 | 努力寻找更多的信息 | 当我感到生气或沮丧时,就冲别人发泄 |
| 做最坏的准备 | 跟家人、朋友谈论这个问题 | 暂时不考虑这个问题 |
| 努力去看积极的一面 | 跟专业人士谈论 | 避免和他人谈论 |
| 考虑处理问题的几种选择 | 订一个行动计划去实行 | 拒绝相信这个问题已经发生 |
| 凭借过去的经验 | 尽量不草率行事 | 喝酒、吃东西缓解 |
| 努力置身事外,争取去理解它 | 弄清必须做什么而且设法实施 | 抽烟 |
| 自言自语让自我感觉好些 | 设法让自己的情绪超脱出来 | 吃镇静药 |
| 对自己说下次不会这样了 | 从有相似经历的人那里寻求帮助<br>用体育锻炼缓解紧张 | 接受它,认为做什么都无济于事 |

以上三种策略,从短期来看,回避策略更有效;从长期来看,积极策略更有效。个体究竟选择哪种应对策略,与个人的自我调节机制有关。压力管理并不是一劳永逸的,它是一个长期的任务,当代年轻人要想有效地应对压力,需要从以下几个方面培养自我的抗压能力。

### 1. 积极地舒缓压力

心理学家认为,哭能有效地缓解压力,让情感抒发出来要比深埋在心里有益得多。深度放松练习,有助于减轻紧张感,使人产生显著的平和感。坚持放松练习,每天给自己几分钟时间放空自己,尽情冥想。同时,劳逸结合,有规律地作息,合理安排锻炼,保证充分的睡眠,有助于恢复身体机能。

### 2. 正确地表达内心想法

倾诉是解压的一种好方法。无论是生活中的烦恼,还是工作中遇到的难题都要学会正确地表达出来,不要憋在心里。将烦恼讲给一个人倾听,原本一个烦恼就变成了二分之一的烦恼。当你向第二个人倾诉苦衷的时候,烦恼就化解为原来的四分之一了。倾听倾诉的人,还可以从旁观者的角度帮助你对压力情境重新做出思考。

### 3. 做好时间管理

将工作任务按照轻重缓急进行分类,并加以合理的时间规划,往往会得到事半功倍的效果。掌握并运用时间管理的原则,可以帮助员工更好地应对工作压力。

做好时间管理,要遵循以下原则:(1)列出每天要完成的工作任务;(2)根据重要程度和紧急程度,分清工作任务的主次顺序;(3)了解自己的生物钟,在自己最清醒和效率最高的时间段里完成最主要的工作;(4)把要用的材料和东西放好,避免在寻找东西上耽误时间;(5)把大项目分解成小项目,分别确定时间,再按部就班地完成;(6)规定每项任务的完成时间;(7)集中时间处理琐碎小事,每天留出一些固定时间来处理这些事情。

### 4. 提高自身业务能力

业务熟练的员工对工作总是信心满满,不熟悉业务的员工时常会遭遇来自业务方面的困扰。当员工能很好地驾驭工作的时候,即使工作性质本身难度再高,也不易感到压力很大。业务能力的提高有助于提高员工的工作信心,可以有效地避免因业务不熟练而带来的压力。

**5. 健康饮食,合理搭配减压食物**

合理饮食有利于安定情绪、舒缓神经,帮助我们达到减压的目的。例如,含钙高的牛奶、酸奶、虾皮、蛋黄等食物有利于稳定情绪;香蕉中富含的钾能保持人体电解质平衡及酸碱代谢平衡,使神经肌肉兴奋性维持常态,常吃香蕉,可以缓解紧张的情绪,消除疲劳、稳定心态;维生素 C 的主要来源为新鲜蔬菜和水果,常吃富含维生素 C 的食品可以平衡心理压力;小米富含人体所需的维生素 B1、维生素 B2、维生素 A、烟酸、尼克酸、硫胺素、胡萝卜素等,可以调节内分泌,平衡情绪,松弛神经。因此,在忙碌的工作之余,合理均衡膳食,搭配减压食物必不可少。

### (二)组织的应对策略

工作压力既可能来自个人,也可能来自组织。因此,组织应当积极地采取相应的措施,帮助员工缓解工作压力。具体而言,组织可以采取如下措施缓解员工的工作压力。

**1. 进行有效的目标管理**

大量的研究结果表明,当员工具备明确、富有挑战性的目标时,他们会因为降低角色模糊感而减少挫败感,进而激发他们实现目标的勇气。当员工参与目标制定时,会因为增强了控制感,而减轻角色压力;当他们能够得到及时沟通和反馈、了解自己的工作业绩和工作表现时,他们更愿意付出努力,改善工作水平,并在实现目标时体验到成就感。因此,有效的目标管理可以帮助员工减压。

**2. 员工援助计划**

员工援助计划(employee assistance program,EAP)是为了帮助那些面临个人问题的员工而组织发起的计划。组织意识到员工面临各种心理问题时,可以通过提供各种咨询活动帮助员工改善因工作压力而引起的症状。企业可以聘请专业的心理咨询师定期为员工答疑解惑,也可以专门为心理咨询设立一个常设机构,随时接待有需要帮助的员工,帮助他们调解情绪,扫除心理障碍。心理咨询作为专业的第三方,容易赢得员工的信任,对于激发员工畅所欲言、摆脱顾虑也很有帮助。

3. 优化工作设计

要想改善员工的压力水平,不仅要治标,更要治本。压力的根本常常集中于工作任务,工作任务常常带给员工最直接的压力来源。不同性质的工作,工作压力的表现形式不同,抓主要矛盾、具体问题具体分析才是硬道理。对于一些过于枯燥的岗位,可以实行工作扩大化和丰富化,使员工在工作中获得更多的乐趣,经历更多的挑战、承担更多的责任,从而帮助员工削弱因工作乏味而带来的紧张感。对于创意性工作,可以对工作条件做出一些改善,轻松、自由的工作环境和弹性工作制度可能更有助于激发灵感和想象力。具体工作具体分析,抓住每一个岗位的特点,有针对性地进行工作设计,有助于从源头上消除压力。

工作是生活之中必不可少的组成部分,很大程度上,我们的快乐和满足取决于我们对工作生活过程控制的好坏,也取决于我们在工作、家庭上取得平衡。要做自己职业生涯的舵手,就要正确理解职业生涯调控,及时调整近期与远期、局部与整体、个人与组织等一系列矛盾和冲突。只有处理好职业生涯中的各种矛盾和冲突,才能获得理想的工作满意度和职业满意度。

【本章小结】

职业生涯调控是个体在职业生涯发展过程中,根据内外情势随机应变,对规划实施情况进行跟踪监控,对短期与长期、局部与全局、个人与组织等一系列矛盾和冲突进行平衡协调,对工作中有关突发事件、意外困局进行紧急应对等。职业生涯调控包括职业适应、职业转换、职业高原、工作压力应对等内容。

职业适应,也称工作适应,是指个体在职业认知和职业实践的基础上,不断调整和改善自己的观念、态度、习惯、行为和智能结构,以适应职业生活的发展和变化。概括地讲,职业适应包括角色适应、文化适应、工作适应、人际适应四个维度。职业转换是个体所从事的具体工作领域的改变,分为角色内转换和角色间转换两类。

职业高原是指在个体职业生涯发展中的某个阶段,个体获得进一步晋升的可能性很小。职业高原分为个人高原与组织高原。工作压力,即人们因工作而感到“紧张”的一种心理或生理反应。在现实生活中,工作压力的来源大体包括环境因素、组织因素和个人因素三个层面。

**【思考题】**

1. 什么是职业生涯调控?职业生涯调控包括哪些内容?
2. 简要说明大学毕业生如何做到职业适应。
3. 简述职业转换的类型,以及职业转换应当避免哪些问题。
4. 如何渡过职业高原难关?
5. 个体应对工作压力有哪些方法?

**【案例分析】**

### 潇潇中东打工记

潇潇(张筱筱),对外经济贸易大学2003级经贸阿拉伯语专业毕业生。2006年7月休学一年到欧洲实习。2007年,潇潇写了《我的求职生活》并在“大学生职业生涯规划论坛”刊出,引起了不少同学的兴趣。

2007年9月,潇潇回到校园继续读大四,看上去与其他女孩子并无不同。然而,她的变化深藏在内心的历练与成长之中。这一年,带给她的不仅是欧洲美景的留影,更是多种文化的冲击和自身能力的整合。尤其是她在中东的经历,令人惊叹机遇造人:如果不是热心的女孩Amanda提醒,潇潇想不到要去中东;如果不是事先联系好的做HR的朋友突然生病,潇潇可能会平平淡淡地完成三个月的打工经历;如果不是签证意外提前到期,潇潇也想不到要去伊朗;如果不是因为严厉的老板去法国开会,潇潇也没有机会去打两份工……

古人说:“破万卷书,行万里路。”读书是借鉴先贤和他人的智慧,行路是历练和验证自己的智慧与能力。在“行路”中,我们将遇到太多的不确定性和意外;如何事先筹划,尽可能有预案,预案不灵时又如何镇定情绪以“急中生智”;不去亲身经历,单纯纸上谈兵,很难真正提升自己。我相信绝大部分大学生朋友遇到事情时,能够凭着自己的聪明智慧和掌握的知识去解决问题、渡过难关;这样的经历过后,能力会自然而然地得到提升,人也将变得更加自信!

希望朋友们能从潇潇的经历中找到自己的影子!

## 巨大的落差

2006年圣诞节,我已经在欧洲呆了三个多月了,蓝天白云,日子过得很是惬意。兼职做做记者,周末去阿拉伯移民中心做志愿助教,很轻易地就沉沦在这样的安逸和平静中。直到一个很热心的国际化女孩Amanda询问我有没有去阿联酋参加国际会议的兴趣,一颗原本热爱冒险的心被迅速地点燃了,直到现在我仍然感激那一刻的冲动,带给了我如此之多的深刻回忆。

在阿联酋的首都阿布扎比有一个两年一届的无国界学生交流会议,它由政府组织,担负吃、住、行、签证等,发言的学生还可以报销往返机票。经过英文网申并填写几个500字的问题,同时邮寄学校的证明信就可以等结果了。因为自信自己可以拿到邀请,所以为了不浪费往返机票便开始着手寻找阿联酋的实习工作了。

中国公民在阿联酋的签证管理比较严格,对找实习有很大的限制,而且大公司有固定的实习生项目,小公司又不接受实习生。最后,通过联系朋友,我找到毕业的师姐推荐在中兴通讯迪拜分公司实习三个月,一个师姐正好在里面做HR,公司解决住宿和短期的访问签证。一般来说,感觉还是熟人推荐成功率要高很多。

2月24日,终于抵达阿联酋迪拜国际机场。在参会的一个星期,第一次走进了传说中比帆船酒店还要豪华的八星级酋长酒店,参加晚宴,交换名片,看表演,在沙漠中听多明戈的演唱,烤肉大餐……以至于我懒得再去和中兴公司确认一番。于是在会议的最后一天,我得到了在阿联酋的第一个重大打击:负责安排我的HR生病了,工作没有及时交接,现在公司有新的规定,除非是毕业后留在公司工作的毕业生,否则不接受实习。总之,我没有工作了!

从寒冷的北欧来到这个阳光充沛的地方,此时正是一年中最好的时节,20多度的宜人气候,沙滩、海浪、温暖、普照……可是在会议宾馆的最后一个晚上却有些寒冷。因为我需要做一个决定:回欧洲,或者继续留下。身上的钱除掉机票所余并不多,如果我留下来,就必须要找到可以挣钱的工作。最重要的是,如果决定留下,我必须面对现实,因为从明天起,我就是一个基本上无家可归、没工作、没钱、只身在国外的女生了。

### 寻找工作的艰辛

40 公斤行李是我一年四季的全部家当。有参会者要继续留在迪拜几天,我们便一起预定了机场附近的青年旅馆,80dh(迪拉姆,阿联酋货币)左右一晚上。附近只有机场有免费的无线网络,第二天一大早我就抱着笔记本到机场开始搜寻工作了。朋友的朋友的朋友的朋友,只要在迪拜,只要有联系方式,统统不放过;之前在北京做过野导,留下了不少阿拉伯朋友的名片,不断地给他们打电话、写邮件等待回复,还要向家里人报平安,告诉他们我一切都很好。这样一直麻木到第三天,青年旅馆把我和其他欧美女孩一块儿赶了出来,理由是一个足球队把旅馆包了!

其间也联系到中国城的床位,每月 600dh,包吃。不过有中国朋友告诉我住那里的女孩比较"复杂",明白他的意思后便婉言谢绝了这样的住宿。时间已经很晚了,来不及找地方住,又舍不得租很贵的宾馆,于是我把行李放到旅社,带着外套,晚上就抱着笔记本和衣睡在了机场。

机场还是很干净安全的,一排软椅睡得很舒服,还有免费的保安,早上管咖啡机的印度小孩看我可怜,还请我喝免费的咖啡。也许是天见可怜,机场醒来的这个早上,我接到了一个善良的巴基斯坦老板的电话。经过英语和阿拉伯语交谈后,他告诉我,他的一个朋友亟须找一个懂英文的中国人去工作,而且今天就可以开始上班,当我向他确认可以接受我短期的工作后,他开车接我到迪拜的中国城等待面试。

终于见到了老板穆罕默德先生——一个穿着阿拉伯大袍的肥胖而精明的中年男子。我们用各种语言交流后,达成基本的协议,他开车带我离开迪拜来到阿布扎比,于是我开始了在阿布扎比的斗智斗勇。

### 和老板斗智斗勇

非常不幸的是,我的确碰到了一个很不地道的老板。举个最简单的例子,在他的公司,只要你揭发其他员工没有好好工作,你就可以得到奖金或者手机卡。

在我去阿布扎比的路上，我碰到了第一个麻烦，不良老板通常干的事情就是对女员工的骚扰。当他开始赞叹我的皮肤时，我就明白了作为一个正常的阿拉伯男人他想干吗了。于是我若无其事地向他描述我在欧洲的经历，告诉他我是如何对一个骚扰我的男人毫不客气地举起拳头，然后狠狠地握住我的拳头，在他面前晃悠并描述："哼哼，我就是这样狠狠地打他的鼻子！"再告诉他我有多么的冲动，特别是在遭受到骚扰的时候，本能带有暴力倾向。也许是我面部的严肃让他有些相信，于是一直到我离开这家公司，我一直是公司里面最受礼遇的女人。

下午便来到了公司，位于 Musaffa 工业区，公司不大，但是在阿联酋各城市都有经销网点，主要负责流行卡通动漫歌曲的翻译发行以及 DVD 的批发零售。我到公司之后，他才告诉我所谓上班时间是 8 个小时，其实是早上 8 点到晚上 8 点，中午可以在办公室休息几个小时，而且星期五可以休息半天，所以每两个星期五可以休息一整天。后来我才知道，作为极少数愿意在工业区上班的女性，他对我很客气了，其他的员工都是工作到晚上 11 点。还需要他帮我联系安全的住处，于是我忍住没有表示异议，说先尝试一下。

晚上菲律宾秘书带我来到了一个菲律宾女孩混居的宿舍，在一间不到 10 平方米没有窗户的小屋里，只够摆两张上下铺的床，于是我成为了住在里面的第四个女孩，租金是每月 500dh。

第二天 6 点就必须起床，出门走 20 分钟到主路上乘坐出租车去郊区的工业区，车里坐 4 个人，每个人 5dh。阿布扎比是没有公交系统的，出租车就成了唯一的代步工具。

一早上就开始干活，每个办公室还有摄像头，监控就在老板的桌子上。我的任务就是把进口的相关的中国产品的宣传图册翻译成英文和阿拉伯文，同时跟广东的企业联系未来见面合作的事宜。中午我很认真地告诉老板，我的身体接受不了这样高强度的工作，起床时间太早，晚上也并不安全，如果我近期的工作主要是翻译的话，我希望可以带回家处理。无论他用多么动听的词汇告诉我这里每个人都可以照顾我，我并没有理会，因为昨晚和菲律宾女孩聊天中我已经知道阿布扎比这边几乎每个企业都需要中文人才。阿联酋绝大多数的贸易都是和中国往来，而在阿联酋的中国人以小生意者为主，他们中懂英文的人很少，即使有也大多在迪拜工作，更不要说同时懂阿拉伯语了。最后我们"讨价还价"，他负责在我的会议签证结束前为我办理新的签证，我可以9点再来上班，身体不舒服的时候可以不来，但不可以过于频繁地请假。

之所以没有离开这家公司，实在是在这么短的工作时间内，我能够做的不少都是很直接、很实际的工作。虽然辛苦，可是同样感受到自己一天天地成长；同时在一家音像出品公司，中午大家去午睡的几个小时，我可以尽情地拷贝、浏览最新的标准阿拉伯语动画片，后来将这些刻录的售价很高的片子寄回国给老师。终于结束了我们学校阿拉伯语视听说教材仍停留在20年前的历史，不过心中还是微微有些愧疚，好像自己没有尊重这里的知识产权。不过古人也说过"偷书不算偷"，诚然，就这样安慰自己吧！

## 打两份工

说起来也算是我比较幸运，老板4月份去法国开会，办公室里的氛围轻松了很多，我的时间也松散了很多，正当我为浪费掉每天下午的三四个小时的休息时间而觉得可惜的时候，一个也在工业区化肥厂工作的女孩告诉我，她们公司因为新引进了一套中国的化肥生产线，亟须给中国工程师找个翻译，于是我开始过最辛苦的一个月：每天打两份工，每天工作将近14个小时。

下午，一到工厂我就直接被"拎"到车间里去了，第一次这么近地走进那些庞大的生产线设备，我还是有些激动的，好歹是咱中国货啊！不过接下来的翻译工作差点让我吐血，一开始就是解释蒸汽尿素溶解炉的操作原理，我一紧张不知道怎么表达尿素，只好把尿的形成过程说了一遍，差点把阿方的工程师笑趴在地上。接下来就是如何操作电机以及调整频率等工作原理，于是在字典的协助下，以及我脸上故作镇定的表情配合下，避重就轻，算是把双方忽悠过去了。

## 收获与离别

一眨眼已经在中东呆了近3个月了，其间的酸甜苦辣、喜怒哀乐却是握笔难书。

依依不舍地离开宿舍,我在这边认的和我同住的菲律宾妈妈从昨晚一直哭到现在,真是很感谢她的照顾,她自己在餐馆打工已经很辛苦了,还常常偷偷带回来很多好吃的给我。在阿联酋我深深地被菲律宾这个民族所震撼,作为天主教徒,他们坚守着祈祷,坚守着自己的假日永远是星期天;他们非常珍惜并且热爱自己所从事的工作,哪怕在老板的压榨面前也是那么的逆来顺受,哪怕仅仅是作为一个收入微薄的佣人,永远都是那么的积极乐观。她对工作的热爱是一种怎样的感受和快乐,告诉我怎样用感恩的生活态度来珍惜现有的一切。

这样的态度,使得辛苦的工作变得有意义起来。我的表达变得熟练,渐渐能够在电话中对各国供应商应对自如,能为老板出谋划策如何推广中国的产品,还在设计部一个 18 岁男孩的指导下学会了如何使用 photoshop 进行包装设计。而在兼职的翻译工作里,我学会了克制自己的冲动,尽量做到使双方的信息表达对称,并通过语言的修饰使彼此的交流更加亲密与和谐。

打工的同时,每个星期我都会在迪拜面试不同的公司,我最喜欢的迪拜国家控股下属有十几家企业,我一家家地递交简历、参与面试。有时会有继续发展的机会,当然更多的时候是婉转的拒绝。但是我会要求他们告诉我自己还有哪些地方做得不够,他们有时也会带着我参观一下公司,介绍一些企业文化。

3 个月时间,我的皮肤已经在太阳的灼射下变得微黑,体重也迅速下降了 10 斤,睡眠不够,生活不规律……可是在这样的强度和各种挫折中,我获得了巨大的成就感。是一种与生俱来的征服了自我、战胜了挫折之后的满足。自尊、自信、坚强,这就是我得到的跨越困难的最好武器。

飞机开始缓缓滑行,忍了 3 个月的泪水却突然再也抑制不住,说不清是自豪还是委屈,只能在心中说一句:谢谢你,中东!谢谢你,这段我终将难忘的经历!

**【分析与讨论】**

(1)潇潇经历了哪些重要的职业生涯事件,她是如何调控的?

(2)请思考潇潇在中东的打工经历给你的启示。

# 第八章　组织职业生涯管理

**【学习目标】**

了解组织职业生涯管理的内涵以及组织在个人职业发展中的重要性;掌握组织职业生涯管理的内容;充分理解与掌握职业生涯通道、晋升计划、继任计划、工作家庭平衡计划的内涵与适用范围;理解如何做到个人职业生涯管理与组织职业生涯管理整合,以及整合的原则与内容。

**【重要概念】**

组织职业生涯管理、职业生涯通道、单职业生涯通道、双职业生涯通道、多职业生涯通道、岗位调换、岗位轮换、晋升计划、导师制、继任计划、工作—家庭平衡计划、退休计划、职业咨询

**【引导案例】**

### 宝石公司的人才技能开发

宝石食品公司拥有近3 000名雇员。因为吸引到有管理潜力的雇员,以及采取管理人员技能开发等做法而赢得了很高声誉。宝石公司认为,管理人员的素质直接关系到食品店的业绩。高素质的管理人员不但能激励员工向顾客提供高质量的服务,还能使员工保持洁净和令人愉快的购物环境。

宝石食品公司是如何对管理人才进行技能开发的呢?首先,宝石食品公司从地方性或地区性的大学招募人才。招募来的人才纳入到快速开

发计划中,这个计划会在3~5年的时间内为这些员工做好填补管理职位的准备。在另外一个项目中,招募来的雇员直接在公司中一位资深管理人员的指导下从事工作。这些资深管理人员负责监督新员工的培训和开发过程,从而确保他们能够获得商店管理职位所必需的经验。除了依靠外部招聘之外,公司还力图从现有员工中寻找具有管理潜力的人。对于这些雇员,公司提供专门的经济资助来帮助他们接受所需的培训。所有这些开发计划都有心理顾问提供个人化督导,他与雇员以及高层管理者一同不断完善在职培训以及开发活动。

(资料来源:周文霞.职业生涯管理[M].上海:复旦大学出版社,2005.引用时稍作改动。)

## 第一节　组织职业生涯管理基础

职业生涯管理是人力资源管理的重要内容之一。组织职业生涯管理是从组织出发,根据组织发展需要,对员工个人的职业生涯进行设计、规划、执行、评估、反馈和修正的综合过程。职业生涯管理是一个动态的过程。随着受教育程度和收入水平的提高,员工的工作动机也趋于高层化和多样化。人们参与工作,不仅仅是为了生存,而是向更高层次发展,以获得成就感,增加社会交往,实现个人发展的理想。

20世纪六七十年代,美国企业最早开始组织职业生涯管理方面的研究与探索。一些企业开始有意识地帮助员工建立在本企业内部的发展目标,设计企业内部的发展通道,并为员工提供实现目标所需要的培训、轮岗和晋升等制度。实际上,组织职业生涯管理理论就是在实践的基础上,对某些管理措施进行总结和制度化并加以适当的创新之后形成的。在过去的管理实践中,有些管理人员意识到不同的员工应有不同的职业选择、不同的发展目标、不同的发展道路,因此会提醒员工根据自己的情况和组织的需要正确地进行职业选择,从而更好地规划自己的职业发展道路。随着时代的发展,以及新职业不断涌现,组织职业生涯管理显得越来越重要,同时也面临着许多挑战。组织职业生涯管理已成为现代企业吸引人才和留住人才的重要途径之一。

## 一、组织职业生涯管理的内涵

组织职业生涯管理(organizational career management)是指企业从员工个人的职业发展需求出发,有意识地将之与组织的人力资源规划相联系、相协调、相匹配,为员工的职业提供不断成长和发展的机会,帮助、支持员工职业生涯发展而实施的各种政策措施和活动,以最大限度地调动员工的工作积极性。在实现员工个人的职业生涯目标之时,实现企业的生产经营目标和持续发展。组织开展职业生涯管理工作是满足员工与企业双方需求的极佳方式。

组织职业生涯管理的内容主要包括:帮助员工进行职业规划,建立各种适合员工发展的职业通道,针对员工职业发展的需求进行各种培训,给予员工必要的职业指导等。组织职业生涯管理要求在董事会和管理层双方高度参与下,充分利用资金、时间、技术、人才以及组织外部力量,实现组织员工的职业生涯发展目标。由此可见,组织职业生涯管理具有长期性、全局性和战略性的特征。

### (一)长期性

对员工个人而言,组织职业生涯管理涉及员工从进入组织的第一天到在组织工作的最后一天的全部职业历程,并对其离开该企业后的职业生涯继续起到重大影响。对组织而言,从组织创建之日至未来发展,组织职业生涯管理都非常重要。

### (二)全局性

对员工个人而言,组织职业生涯管理会对其整个职业生涯周期产生重大影响。对组织而言,加强职业生涯管理,使人尽其才、才尽其用,是企业资源配置的首要问题。帮助员工实现职业生涯目标,必然会激发员工强烈地为企业服务的精神力量,进而形成企业发展的巨大推动力,更好地实现企业目标。

### (三)战略性

对员工个人而言,组织职业生涯管理将影响到个人一生的方方面面。

对组织而言，由于涉及各层各类人员的发展，所以必将对组织的各项工作产生直接或间接的影响，同时也对组织的未来发展产生战略性的影响。

## 二、组织职业生涯管理的重要性

组织职业生涯管理将组织目标与个人目标紧密地联系起来，因此组织职业生涯管理的重要性可以从组织与员工双方体现出来。从员工个人的角度而言，良好的组织职业生涯管理有利于帮助员工更好地认清自我，掌握自己未来职业的发展方向；使员工得到职业化的发展，从而促进员工完成社会化的过程；使员工的工作和生活得到平衡。从组织的角度而言，组织职业生涯管理能够有效地把员工的个人目标和组织的发展目标统一起来；有利于协调组织和员工的关系；能留住人才并促进组织的长久发展。总而言之，两者相辅相成，相互作用。

首先，组织职业生涯管理对组织的作用表现在以下三个方面。

**1. 有利于员工与组织同步发展，以适应组织发展和变革的需要**

企业的发展离不开人才。人才的造就不仅仅需要先天基础，更加需要后天的培养。企业吸纳员工，对员工进行培养，为其提供良好的职业培训和发展空间，是留住人才的关键。在现代社会环境不断变化、竞争不断加剧的情况下，企业实施职业生涯管理政策可以有效地实现员工和组织的共同发展，使员工可以不断更新知识，提高个人技能和创造力。而员工竞争力的提升恰恰是企业能够在激烈的竞争中获胜的关键所在。

**2. 有利于提高人力资源的有效配置，做到因岗设人，减少不必要的成本**

职业生涯管理是人力资源管理的重要内容之一。通过组织职业生涯管理，能够及时发现每个岗位的工作要求和任职人选。当有人离职时，可以很快从内部甄选替代者。如果每位员工都可以在组织内部发现自己的职业发展空间，那么无疑会增强员工的忠诚感。无论如何，组织开展职业生涯管理能更好地了解组织与员工的状况，做到人力资源的合理配置，减少不必要的成本开支，这也是组织职业生涯管理的目标之一。

**3. 有利于提高员工满意度，降低员工的流失率**

随着社会的发展，人的需求不仅仅是为了生存，更多的是要追求精神满足。组织职业生涯管理可以满足员工各个层次的需求，从而有效地提高员工对组织的认同感和归属感，降低员工的流失率。进而形成企业发展的强大推动力，更高效地实现企业的组织目标。

其次，组织职业生涯管理对个人的作用主要表现在以下三个方面。

**1. 让员工更好地认识自我、规划自我，提高自身的综合素质**

每个人都有自己的目标，而目标的实现需要平台。组织职业生涯管理为个人目标的实现提供了一个良好的发展平台。平台的好与坏，从某种意义上取决于个人目标是否能够得到很好的满足。个人目标能否实现也要看其目标是不是源于自己的实际情况，要对自己的现状和社会环境有一个正确的认识，过高或者过低的目标都不利于个人的职业发展，联系实际情况制定的个人目标才会有可能实现。组织开展职业生涯管理有利于个人更好地评估自己，以组织为后盾，实现个人的目标。同时，培训、轮岗等活动可以有效地提高员工的技能和素质，使员工实现自我价值的不断提升和超越，成就感得到满足。

**2. 能满足个人的物质和精神需要，从而不断提高工作生活质量**

对很多员工，尤其是知识型员工而言，工作不仅仅是为了养家糊口，而是更多地融入到生活当中，成为生活的重要组成部分。马斯洛的需要层次理论表明，员工的需要分为生理需要、安全需要、人际交往需要、受尊重的需要和自我实现的需要。组织职业生涯管理可以通过对员工职业目标的多次提炼，使工作目的超越财富和地位之上，让人们能够享受到追求自我价值实现所带来的成功，进而提高工作生活质量，增加个人的工作满意度和职业满意度。

**3. 能帮助员工过好职业生活，正确处理好职业和其他生活的关系**

现代社会，个人在职业生涯发展过程中，不可避免地会遭遇工作—家庭冲突问题，如何平衡工作、家庭、个人发展与休闲生活之间的关系是每个人都需要面临的职业难题。组织职业生涯管理不仅仅考虑职业因素，还要考虑个人的环境因素、社会因素、个人意愿等等，从而使其在职业生活与其他生活之间找到一个平衡点。良好的组织职业生涯管理可以帮助个人从更高的角度看待生活中的各种问题和选择，将工作和生活联系起来，使员工的职业生活更加充实和富有成效，从而科学合理地安排好自己的人生，提高幸福感。

## 第二节 组织职业生涯管理的内容

组织职业生涯管理的内容包括职业生涯通道设计、继任计划、导师制、工作—家庭平衡计划、退休计划、职业生涯咨询等。企业应该根据组织状况设计相应的职业生涯管理方案。

### 一、职业生涯通道设计

职业生涯通道是指组织为内部员工设计的自我认知、自我成长和内部流动的管理方案。职业通道设计指明了组织内部员工可能的发展方向及发展机会,组织内部的每名员工可以沿着组织的发展通道变换工作岗位。职业通道的设计是在帮助员工了解自我的同时使组织掌握员工的职业需要,帮助员工排除障碍,满足员工的需要,同时可以通过培训,帮助员工更快地胜任工作。组织确立内部晋升的不同条件和程序,对员工的职业发展施加影响,使员工的职业目标和发展满足职业的需求。一般地,组织的职业生涯通道模式主要包括晋升计划、岗位调换与轮换两种情况。

#### (一)晋升计划

组织发展、技术进步、外部环境变化、企业战略改变等都会影响企业的组织结构和对人力资源需求的变化。组织需要通过不断地培训员工,来满足这种变化的人力资源需求。

**1. 晋升计划的内涵**

晋升是指员工在组织中由较低级别岗位向更高级别岗位变动的过程,是员工从一个特定的职位到下一个职位的纵向发展的一种职业通道模式。这种模式将员工发展限制于一个职能部门内部或者一个组织内部。

晋升作为一种重要的组织职业生涯管理通道,其优点在于:(1)节约管理成本。直接从组织内部发掘胜任特定职位的人才,减少从外部招聘带来的人力与物力成本的花费。(2)激励效果更佳。晋升给员工带来的是直接激励,对留住人才具有重要意义。在组织内部设定明确的晋升计划,有利于激励员工不断学习。同时员工也可以在组织内部看到他未来的职业发展方向。(3)稳定员工队伍。当组织制订明确的晋升计划,员工看到自己未来的发展目标时,就会不断努力学习从而满足组织的职业发展需要,这对于降低员工流失率尤为重要。

晋升这种模式的缺点在于:(1)容易造成"近亲繁殖",员工同质性高。组织内部员工学习的内容大致相同,员工能力的可比性降低,而且避免不了某种裙带关系的发生,最后有可能导致"近亲繁殖"。(2)在晋升过程中,如果参加竞争者的能力相当,他们之间容易产生矛盾,滋生"办公室政治"。(3)如果没有做到很好的能力评估,员工有可能被提拔到一个他不胜任的岗位,导致"人岗不适"。

**2. 晋升计划的模式**

晋升计划包括三种晋升通道模式:单职业生涯通道、双重职业生涯通道、多重职业生涯通道。

(1)单职业生涯通道。传统组织或企业的职业生涯发展通道只有一种行政管理职位,其职业生涯阶梯一般为:科员、副科长、科长、副处长、处长、副局长、局长等,这种形式我们称其为单职业生涯通道。单职业生涯通道一般适用于组织中的行政管理职位,对于技术和专业研究人员,这种生涯通道很难满足他们的要求。单职业生涯通道模式以海尔公司管理人员的十级晋升制为代表,如图 8-1 所示。

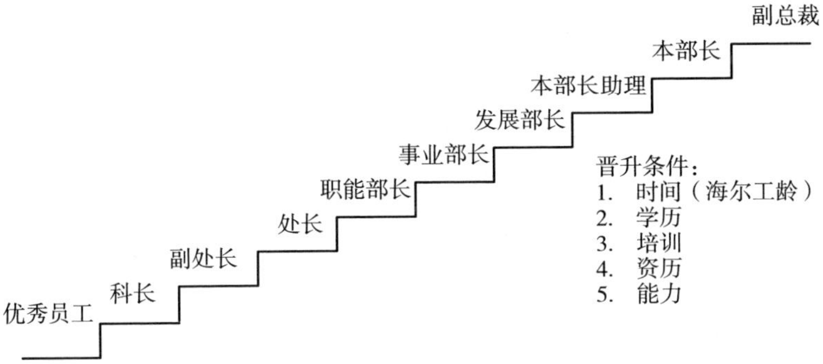


图 8-1　海尔公司的十级晋升制

海尔公司实行的十级动态晋升机制,岗位从低到高分别是:优秀员工、科长、副处长、处长、职能部长、事业部长、发展部长、本部长助理、本部长、副总裁。员工只要满足相应的晋升条件就可以晋升到适合的岗位上。例如，如果有员工想从科长晋升到副处长岗位，需要满足以下三个条件：第一，中专毕业，在海尔工作满四年；或大专毕业，在海尔工作满两年；第二，在科长岗位上工作满一年；第三，获得副处长岗位的相关培训，取得培训证书；第四，在部门评优评奖活动中获得一等奖一次。如果要晋升到副总裁岗位，也要满足以下四个条件：第一，硕士毕业，在海尔工作满十年；第二，在事业部长岗位上工作满三年；第三，获得海尔高级工商管理培训，取得培训证书；第四，在评优评奖活动中获得全公司第一名。海尔的晋升制度极大地激励了员工，在海尔流传着一句话："今天工作不努力，明天努力找工作。"

（2）双重职业生涯通道。目前组织中实施最多的职业生涯通道模式就是双重职业生涯通道。为摆脱传统单职业生涯通道即单一行政职位系列的弊端，组织为员工提供了两种职业生涯发展路线：一种是管理生涯路线，沿着这条路线可以达到高级管理职位。另外一种是专业技术人员生涯路线，沿着这条路线可以达到高级技术职位。在这种模式下，员工可以自由选择在技术路线上还是在管理路线上发展，两条路线同一等级的管理人员和技术人员在地位上是平等的，组织可以根据自身发展战略需要来调整两条路线的晋升人员和晋升比例。例如，贝尔—阿尔卡特移动通信公司实行的就是双重职业生涯通道模式，如图 8-2 所示。

贝尔—阿尔卡特公司的双重职业生涯通道分为技术通道和管理通道两种形式。其中，管理通道设置了 7 个级别，由低到高依次为初级职员、中级职员、高级职员、主任职员、三级经理、二级经理、一级经理。每一级的行政管理职位享受相应的待遇，如初级职员享受 1 ~ 3 级工资待遇，1 级住房补贴待遇；一级经理享受 10 级工资待遇，7 级住房补贴待遇。申请行政管理职位的员工主要包括：各级经理人员、市场研究人员、销售人员、财务人员、物资采购人员、质量监督人员、行政管理及支持人员等。公司每年在年终考核结束后，根据公司总体规划并按一定的比例，确定主任职员及其以下各级行政管理职位晋升的比例和名额。三级经理由二级经理提议晋升，二级经理由总经理根据公司实际需要直接提名，报董事会批准后任命。

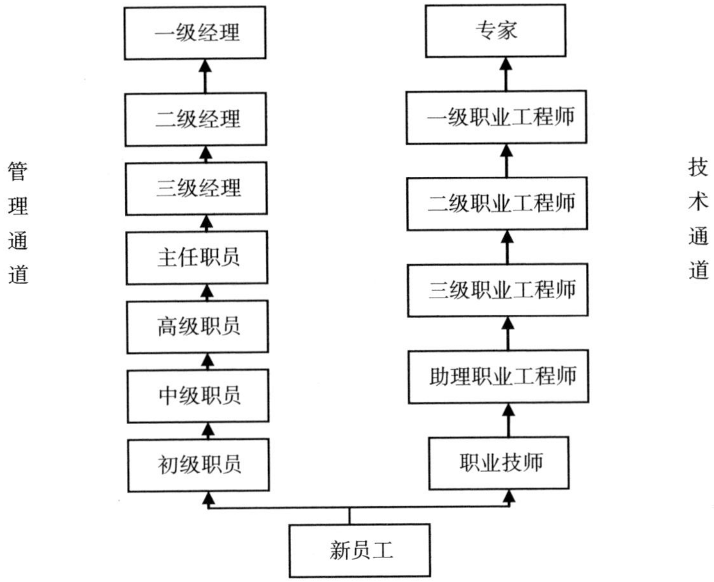


图 8-2　贝尔—阿尔卡特公司的双重职业生涯通道

技术通道分为 6 个级别，由低级到高级依次为：职业技师、助理职业工程师、三级职业工程师、二级职业工程师、一级职业工程师、专家。各级专业技术职位也享受相应的待遇。如职业技师享受 1～3 级工资待遇，1 级住房补贴；而专家享受 8～9 级工资待遇，6 级住房补贴。申请专业技术职位的人员主要为：工程部门技术人员、研究与发展部门技术人员以及其他部门的技术人员。公司每年在年终考核后，确定各级专业技术职位人员晋升的比例和名额。

（3）多重职业生涯通道。多重职业生涯通道是基于双重职业生涯通道对技术人员职业发展的定义太狭窄而发展起来的职业生涯通道。这种职业生涯通道为技术人员的职业发展提供了更大的发展空间。管理职业路线的向上发展给员工带来更多的决定权和责任，专业技术路线的向上发展给予员工更多的开发和研究资源，使他们具有更大自主权和独立性，而多重职业生涯通道则给予员工更多的发展空间和发展机会，因此有利于吸纳和留住优秀的人员，尤其是专业技术人员。西部电子公司实行的就是多重职业生涯通道，如图 8-3 所示。

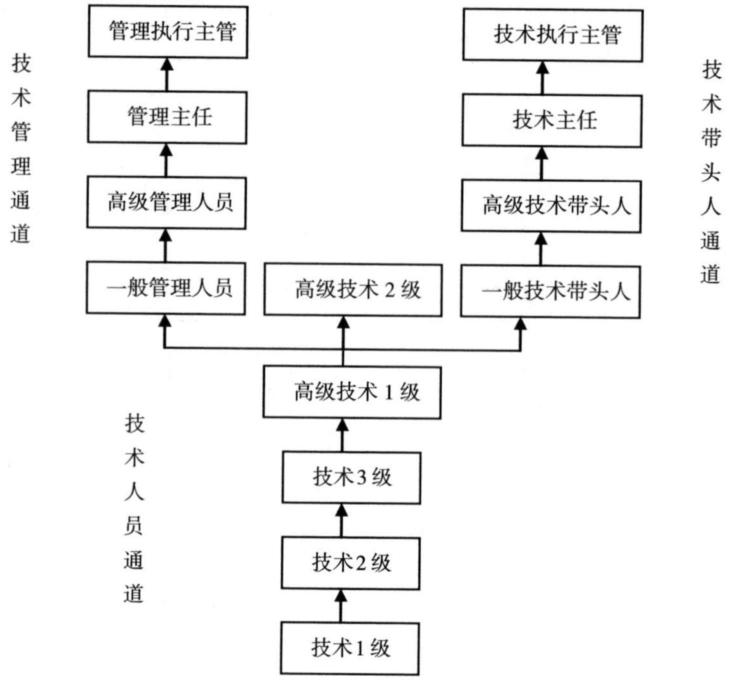


**图8-3　西部电子公司的多重职业生涯通道**

西部电子公司为拓展专业技术人员的发展空间,为员工设计了三类职业生涯发展通道:技术人员通道、技术带头人通道与技术管理人员通道,这是一种典型的多重职业生涯通道模式。

在西部电子公司的职业生涯阶梯模式中,技术带头人是指有较强技术基础,能管理项目的员工,他们进行项目资源的计划、协调与控制,并有预算能力,设立技术开发策略与产品开发方向,他们主要对技术人员的技术要求进行把关,而无直接管理技术人员的权力;而技术管理人员主要对项目的预算以及人员的调动、升迁、考评负责。技术三轨制中,技术人员分为5个等级(技术一级、技术二级、技术三级、高级技术一级、高级技术二级),技术带头人分4个等级(一般技术带头人、高级技术带头人、技术主任、技术执行主管),技术管理人员也分为4个等级(一般管理人员、高级管理人员、管理主任、管理执行主管)。

从西部电子公司的职业生涯阶梯安排来看,技术带头人等级与技术管理人员等级要高于技术人员等级,技术人员一般要到4级(高级技术一级)才有可能进入技术带头人和管理人员等级,而且这种职业的迁移取决于公司的内在需要和员工所拥有的才能。

**3. 员工晋升策略的选择**

晋升对员工来说,是一种特别有效的激励工具。企业管理者应该善于运用该工具,采取更科学的晋升策略,以有效激发员工的工作、学习积极性,促进员工不断学习、努力工作,保持较高的工作效率。企业在构建并推行员工晋升计划时,必须制定并采取有效的晋升策略。具体而言,有以下几种晋升策略可供选择。

(1)以员工年功为依据的晋升策略。所谓员工的年功,一般是指员工在一个组织内或从事某种职业连续工作时间的长短。企业实施以员工年功为依据的晋升策略时,工龄成为获得晋升机会的重要因素。日本企业中较为流行的年功序列制就是这种晋升策略的体现。

采取以年功为依据的晋升策略,主要有两方面的优势:一是操作起来比较容易,因为员工年功是一个比较容易测量的指标;二是有利于提高员工对企业的忠诚度和持久性,可以有效降低员工流失率。以年功为依据的晋升策略也存在诸多弊端:首先,该种策略对企业老员工十分有利,过于优先保护老员工的利益,不利于调动年资浅但能力强、业绩好、贡献大的员工的积极性;其次,年功长的员工不一定能力强、效率高,采取该策略,很可能使庸者上、能者下,容易引发新老员工之间的对立和冲突,削弱员工斗志。

(2)以员工实际绩效为依据的晋升策略。实行这一晋升策略时,要求企业必须确立严格的员工绩效管理体系,完善员工绩效考评基础工作,建立员工绩效考评档案记录,这样才能保证以员工绩效为依据的、具有公平性、公正性和公开性的晋升。这种晋升策略更适合于以操作为主的生产性岗位。特别是那些在人力资源管理等方面具有科学化、信息化和规范化优势的企业。由于它们对工作岗位有较全面的分析、评价和分类,工作职责和目标十分具体明确,员工过去的工作绩效记录也十分完备,那么推行以员工绩效为主导的晋升策略就会成为一件相对容易的事。

(3)以员工能力为依据的晋升策略。当企业决定采用以员工能力为依据的晋升策略时,还必须明确如何对员工的能力加以界定,采用什么方法对员工的综合素质和专业技能进行测量和评价。为了保证员工晋升的公平性和公正性,企业还必须采用一些先进的心理测评方法,全面评价员工晋升的可能性。以员工能力为依据的晋升策略,比较适合于高技术企业中以专业技术员工为主的岗位。

(4)以员工综合实力为依据的晋升策略。在企业的晋升计划中,将员工的资历、能力、工作态度和适应性,以及工作绩效等有机地结合在一起,并以此为依据决定员工晋升是一种比较全面的晋升策略,它使员工的晋升更具合理性和适用性。实践证明,企业员工晋升一般不能只凭上述因素中的某一单项来决定,只有在专业能力、工作行为、工作成果和工作经验四个方面达到一定程度平衡的员工,才是晋升的最佳人选。以员工综合实力为依据的晋升策略的适用范围很广,但对企业人力资源管理的各项基础工作要求很高,企业必须建立健全能力评价、绩效考评和培训开发等运行机制,确保该种策略的有效实施。

### (二)岗位调换与轮换制度

晋升计划是对员工在组织中向上流动的管理,岗位调换与轮换制度则是对员工横向流动的管理。岗位调换与轮换不可避免地与员工个人的职业生涯发展联系在一起。岗位调换与轮换可能是由组织提出来的,也可能是由员工提出来的。

#### 1. 岗位调换

岗位调换是指员工被安排在某个岗位工作一段时间后,由某一工作岗位调换至另一工作岗位的过程。它要求组织首先进行工作分析,确定各个岗位的职责,然后将具有相同职责的工作岗位归为一个系列,以各种系列来设计员工的职业生涯,员工可以在系列内平行调动。

岗位调换制度对企业和员工都具有重要意义。首先,从员工的角度看,这种制度有利于给员工带来更多的发展机会,尤其当所处部门的职业发展机会较少时,员工可以转换到一个新的工作领域中,开始新的职业生涯;这种制度还有利于员工找到真正适合自己的工作,找到与自己兴趣相符的工作,实现自己的职业目标;这种制度更有利于员工平衡工作与家庭的关系。由于个人和家庭的原因,如结婚、生育、生病等,员工常常需要进行工作地点的转换,岗位的异地调换可以帮助他们更好地照顾家庭,更高效地工作。

其次,从企业的角度看,岗位调换可以满足企业调整组织结构的需要。企业在发展过程中,常常会根据战略需要设立一些新部门或取消一些老部门。当组织结构发生变动的时候,就有必要对员工进行调换。此外,员工调换还可以使晋升渠道保持畅通。传统的企业等级结构是金字塔式的,企业的高级职位总是比低级职位少,所以有些员工的进一步晋升会有障碍。有的时候,晋升通道是被生产率虽然很高、但又不可能被提升的员工所堵塞。为了保持晋升渠道的畅通,企业就有可能决定对那些不具备晋升潜力、而对企业仍有价值的员工进行调动。

**2. 岗位轮换**

在工业化大生产条件下,企业为了加快生产进度,采用现代化管理手段,通过细密分工与协作,不断改进作业流程和程序。过细的劳动分工和专业化生产虽然给企业带来了巨大的生产效率和经济利益,但也会给企业员工带来一系列不利影响。企业员工,特别是生产一线工人,长年累月地在同一岗位上完成同一任务。长此以往,工作会变得索然无味,不但生产效率明显下降,而且员工普遍出现了所谓的"耗竭"状态。

岗位轮换是指涉及多个岗位之间的调换。岗位轮换是由德国克虏伯工厂的一个工人首先提出的建议,他认为如果让流水线工人定期轮换岗位,可以使他们对工作保持新鲜感,这样就会促进生产效率的提高。具体而言,员工在企业各个部门之间或者在不同类型岗位之间实施必要的岗位轮换具有益处:(1)岗位轮换是一个学习过程。它能使员工全面了解企业的整个生产流程,增进对其他岗位的了解,这一点对管理人员尤其重要;(2)岗位轮换可以成为员工寻找适合自己工作岗位的一个机会;(3)岗位轮换可以改善团队小环境的组织氛围,舒缓由于工作关系在员工之间所出现的不和谐、不团结的现象,增强合作意识;(4)在企业中,对有毒有害的工作岗位实行岗位轮换制度,可以有效地降低职业伤害和各种职业病的发生率。

## 二、继任计划

继任计划是指组织为了保障其内部重要岗位有适合的继任者而采取的相应的人力资源开发活动,也被称为接班人计划。组织在成长与发展过程中,总会不断出现职位空缺,特别是比较重要的职位。而通常一个人胜任特定岗位需要一段较长的培训和适应时间。因此,继任计划是组织发展战略的重要组成部分,并贯彻于组织发展的始终。对于一个制度健全的企业,它不会等到职位出现空缺时才去思考如何寻找替代人,而是要事先做好人力资源规划,建立人才库,通过建立继任制度的方式,以确保在组织发生空缺职位时能够及时找到合适的人才补充到该职位。

### (一)继任计划的作用

继任计划是组织人力资源规划的一个重要组成部分。继任计划的作用主要体现在以下五个方面:(1)可以确保在组织内部培养一批训练有素、经验丰富、善于自我激励的优秀人才接任未来的重要岗位;(2)可以有效地调整公司的未来之需及现有的资源;(3)可以为组织的关键员工订立更高的目标,把他们留住以确保重要岗位都有称职的继任者;(4)可以帮助员工设定职业生涯发展道路,有助于公司吸引、留住更好的人才;(5)可以改进公司内部管理程序,保证公司产品和服务的质量。

### (二)继任计划的实施

为保证组织内部各个岗位上的人才都能不断地提高素质,确保继任计划得到很好的实施,企业必须考虑以下几个方面的问题:组织想发展怎样的生涯道路?组织的人力资源状况如何?组织需要不断补充人员的岗位有哪些等。换言之,组织应该积极主动地实施继任计划,在需要填补人员前做好人力资源培训,提高员工素质。

继任计划的实施过程主要包括如下几个步骤:(1)分析组织的关键岗位及其胜任特征,这是前提。企业必须明确哪些岗位是重要岗位,需要不断地提供替补人员。(2)挑选高潜质的员工。通过人员推荐等方式挑选比较优秀的员工,是寻找替补人员的重要步骤之一。(3)培养和开发高潜质的员工。对此类员工进行培训，分析其存在的不足，对其进行有针对性的培训，从而发掘其潜力和提高其各项能力。(4)接触组织关键人物，深层次地了解企业文化。让高潜质的员工接触更多的高层领导，了解其特点，从而了解公司的企业文化。很多时候企业文化的关键内涵还是领导者的素质与能力的体现。通过各个方面的培训，加强有潜质员工能力的提高，有利于更好地实施继任计划。

继任计划是组织人力资源规划的重要组成部分，是一个永无止境的过程。组织需要清醒地认识到继任计划的复杂性与长期性，需要定期审视和评估组织的资源，确定哪些位置需要接班人，或者需要哪些人学习必要的知识。确定需要多长时间培养候选人，定出每个人为达到既定目标该走的职业生涯路线，才能更好地满足组织的人员需求，做好补充人员的工作。

**【资料链接】**

**麦当劳从炸土豆开始培养经理**

麦当劳餐厅 1979 年进入法国，在斯特拉斯堡开设了第一家餐馆。短短的 12 年之后，它就发展成遍及 30 多个城市，由 100 多家餐馆组成的庞大体系。如此的发展速度和规模，必然需要一个相当成熟的中级管理阶层。在麦当劳，这个阶层主要是由年轻人组成的。下面就是麦当劳如何把一个普通毕业生培养成为成熟的管理者的过程。

人才的多样化是麦当劳普通员工的一大特点，这也是刚晋升为该公司人事部主任的年轻的艾蒂安·雷蒙在招聘工作中的指导思想之一。正因为此，麦当劳不同于其他公司。真正毕业于饮食服务学校的只占员工的 30%，而 40% 的员工来自商业学校，其余的则由大学生、工程师、农学家和中学毕业后进修了 2 ~ 5 年的人组成。

麦当劳公司拥有一支庞大的年轻人才后备军。由 3 500 名大学生组成，他们在校上课的同时还定期利用课余时间到餐馆打工。

这些后备人才将有50%的机会成为公司未来的高级管理人员。他们将按照麦当劳公司设计的培训计划担任各种职务,并有可能同已开始在公司工作的有文凭的年轻人一起担任餐馆经理。

在麦当劳里取得成功的人,都有一个共同的特点:从零开始,脚踏实地。炸土豆条、做汉堡包,是在麦当劳走向成功的必经之路。当然,这对于那些年轻的、取得了各种文凭、踌躇满志想要大展宏图的人来说,往往是不能接受的。

但是,他们必须懂得,脚踏实地、从头做起才是在这一行业中成功的必要条件。如果你没有经历过各个阶段的尝试,没有在各个工作岗位上亲自实践过,那么你又如何以管理者的身份对他们进行监督和指导呢?在这里,从收款到炸土豆条直至制作各式冰淇淋,每个岗位上都会造就出未来的餐馆经理。

艾蒂安·雷蒙强调:“人们要求我们的合作者做许多事情,但是人们也会开开玩笑,气氛是和谐友好的。那些在公司干了6个月以上的人后来都成了麦当劳公司的忠诚雇员。”

最艰难的时期是初入公司时期。在最初的6个月中,人员流动率最高。80%的离职者根本不了解这一行业,能坚持下来的关键在于会协调好家庭生活与餐馆工作的时间,对工作投入最多的人才可能是胜利者。

而且,他们的牺牲是有价值的,他们中那些有责任感的、有文凭的、独立自主的年轻人,在25岁以前,就可能得到在许多企业不可能得到的好机会:真正成为一个中小型企业的管理者。

“不想当将军的士兵不是好士兵。”艾蒂安·雷蒙以这样的态度对待公开应聘的每个人,他说:“法国麦当劳公司董事长的位子等着大家去争取……”实际上,公司高级管理职务还是由在法国的美国人担任,不过在他们的背后,一些法国人已经崭露头角。

麦当劳公司力求向每位合伙者反复灌输的基本技能是对餐馆的管理。艾蒂安·雷蒙说:“平均在25岁左右,一名青年就可以成为一家真正的中小型企业的领导人,管理100来人。我们在教会他们当老板……”这在很多企业来说简直是天方夜谭,麦当劳又是如何做到的呢？

原来，法国麦当劳公司实行一种快速晋升的制度：一个刚参加工作的出色的年轻人，可以在18个月内当上餐馆经理，可以在24个月内当上监督管理员。

而且，晋升对每个人是公平合理的，既不作特殊规定，也不设典型的职业模式。每个人主宰自己的命运，适应快、能力强的人能迅速掌握各种技术，从而更快地得到晋升。

这一制度可以避免有人滥竽充数。针对每个职位都有相关培训，只有获得一定数量的必要知识，员工才能顺利通过阶段考试。公平的竞争和优越的机会吸引着大量有文凭的年轻人来到麦当劳，实现自己的理想。

一个有文凭的年轻人在麦当劳是如何发展的呢？首先，他要当4~6个月的实习助理。在此期间，他们以一个普通班组成员的身份投入到公司各个基层工作岗位，如炸土豆条、收款、烤牛排等。在这些一线工作岗位上，实习助理应当学会最佳服务的方法，并依靠他们的亲身实践积累良好的管理经验，为日后的管理工作做准备。

第二个工作岗位带有实际负责的性质：二级助理。这时，他们在每天规定的一段时间内负责餐馆工作。与实习助理不同的是，他们要承担一部分管理工作，如订货、计划、排班、统计……他们要在小范围内展示他们的管理才能，并在日常实践中摸索经验，协调好他们的小天地。

在进入麦当劳8~14个月后，有文凭的年轻人将成为一级助理，即经理的左膀右臂。与此同时，他们肩负了更多、更重的责任，每个人都要在餐馆中独当一面，这样，他们的管理才能日趋完善；这样，离他们的梦想——晋升为经理，已经为期不远了。有些人在首次炸土豆条之后不到18个月就可以达到最后阶段。

但是，在达到这梦寐以求的阶段前，他们还需要跨越一个为期15天的小阶段。与前面各阶段不同的是，这个阶段本身也是他们盼望已久的：他们要去芝加哥汉堡包大学进修15天。

这是一所名副其实的大学,也是国际培训中心。他们接待来自全世界的企业和餐馆经理,既讲授管理一家餐馆所必需的各方面的理论知识,又传授有关的实践经验。麦当劳公司的所有工作人员每年至少可以去一次美国。

应该承认的是,这个制度不仅有助于工作人员管理水平的提高,而且成为麦当劳集团在法国乃至全世界范围内极富魅力的主要因素之一,吸引了大量有才华的年轻人的加盟。

当然,一个有才华的年轻人升至餐馆经理后,麦当劳公司依然为其提供了广阔的发展空间。经过一段时间的努力,他们将晋升为监督管理员,负责三四家餐馆的工作。

3 年后,监督管理员将升为地区顾问。届时,他将成为总公司派驻下属的代表,用艾蒂安·雷蒙的话说,成为"麦当劳公司的外交官"。

作为公司下属十余家餐馆的顾问,他们责任重大。他们将是公司标准的捍卫者,而一个从炸土豆条做起,经历了各个岗位和阶段的地区顾问,对各方面的管理标准游刃有余。他们将是公司哲学的保证人,一个由麦当劳特有的公司哲学创造的高级管理人员,其本人正是麦当劳哲学的保证。

作为"麦当劳公司的外交官",他的主要职责是往返于麦当劳公司与各下属企业,沟通传递信息。同时,地区顾问还肩负着诸如组织培训、提供建议之类的重要使命,成为总公司在这一地区的全权代表。

当然,成绩优异的地区顾问依然会得到晋升,终有一天会实现艾蒂安·雷蒙所说的——法国麦当劳公司董事长的位子上坐着的是一个法国的年轻人。

麦当劳公司与众不同的重要特点是,如果人们没有预先培养自己的接替者,那么他们在公司里的升迁将不被考虑。麦当劳公司的一项重要规则强调,如果事先未培养出自己的接班人,那么无论谁都不能提级晋升。这就犹如齿轮的转动,每个人都要保证培养他的继承人并为之尽力,因为这关系到他的声誉和前途。这是一项真正实用的原则，可以想象，麦当劳公司因此而成为一个发现人才、培养人才的大课堂。

（资料来源：http://hr.cqjob.com/info_show_11767_3.html，引用时略有修改。）

## 三、导师制

企业导师制是指在一定的企业环境中，为新近加入团队的员工以及具有一定发展潜力的员工指定一名或几名具有丰富工作经验、突出工作业绩的导师，为其适应新环境、迅速融入企业文化、提升自我业务水平等方面提供帮助和指导。

### （一）导师制的起源与内涵

导师制起源于西方，从国际上看，导师（mentorship）一词源于《荷马史诗》。奥德赛出征特洛伊战争之前，将自己的儿子托付给好友门托（Mentor）培育，门托在接下来的 20 年中不辱使命，将好友之子培养成才，导师一词由此而产生。

导师制管理模式形成于大学。英国牛津大学在 14 世纪时就已经开始实施导师制。作为世界最为著名的教学型大学之一，牛津大学本科教育质量一直居于世界首位。牛津大学本科教学是以导师制为基础的，它不仅是牛津大学本科教育始终保持卓越教学质量的关键所在，而且也成为牛津大学根深蒂固的教学传统。长期以来，导师制一直都被学者称为“牛津皇冠上的宝石”。

导师在牛津被称为 Don。学生与 Don 在一起，有一种与朋友或与家人在一起的感觉。所以，导师制维持的是一种朋友或家人般的学习关系，它不是单独存在的，它必须与草地、河边、茶馆、咖啡厅、饭桌、酒吧、书店或彻夜长谈等相随，这种结合构成了学生生活的全部。

导师制在企业中的实践也有二十几年的历史了。在世界 500 强企业中，有 70% 的企业都在运用导师制，比如微软、惠普、IBM、通用、宝洁等公司，他们认为导师制是实施人才培养战略的一种有效的机制。国内一些知名企业,也已将导师制引入企业内部,作为人才培养的有效方式,例如TCL、UT斯达康、华为、中兴等。导师制已经成为西方大企业培养人才的一种有效的机制。据学者估计,美国已有二分之一以上的大公司实施该制度,并且这一比例还在不断上升。

具体而言,企业实践中的导师制是指企业中富有经验的、具有良好管理能力的管理者或技术专家,与新员工或经验不足但有发展潜力的员工建立的支持关系。导师或称指导者,通常是指那些有经验的员工,他们起着被指导者的榜样作用,并且为被指导者提供支持和指导。导师提供有关职业规划和个人发展的反馈意见,并帮助被指导者在其工作环境中取得成功。根据职业心理学家和组织行为学家的研究,导师应行使两方面的指导功能:职业支持功能和心理支持功能。职业支持功能包括对被指导者的培养、进行教练、指出问题、提供保护和安排具有挑战性的任务,使得被指导者有机会在工作与行动中得到训练;心理支持功能更多是与人际关系相关的,如角色模范、咨询顾问、友谊关系和接受认同,为被指导者提供积极的关心与认可,建立起导师和被指导者之间的良好沟通渠道。

### (二)导师制的作用

导师制对于企业发展具有重要的意义,不仅有助于员工取得职业生涯成功,更是企业获得竞争实力的重要途径。

**1. 导师制有助于员工取得职业成功**

导师制具有导向作用,能够带动员工积极地融入企业的工作环境中,形成对企业文化的认同,并且有助于促进隐性知识的传播与转化,为被指导者提供有关职业规划的建议和个人发展的反馈意见,促进被指导者自我效能感的形成,进而帮助被指导者在工作中取得成功。

(1)有助于员工对企业文化认同感的形成。在导师的帮助下,员工能够更好地学习和理解企业文化。导师从对工作环境和企业文化的切身体会出发,来引导和说服员工,可以避免员工走入误区,从而促使员工对企业文化产生认同感。与此同时,也缩短了员工融入企业文化的时间。

(2)有利于隐性知识的转化。隐性知识是一种难以用语言进行表述和传播的知识,具有不稳定的特点,员工要在解决问题的活动中领悟这种知识。导师制通过导师对学员一对一的辅导,结合工作中的一些具体实例,可以让员工了解并掌握这种隐性知识;同时学员在导师的指导和帮助下,可以尝试一些具有挑战性的工作,在对这些工作的操作和探究的过程中使隐性知识得到稳固。

(3)有助于员工增加自我效能感。自我效能感是指个人对自己实现特定领域的行为目标所需能力的信心或信念。导师对学员的指导主要是从过去的成败经验、别人的替代经验、言语劝说、生理与情绪的唤醒状态四个方面进行的。通过对学员的胜任感、自信心和集体荣誉感的培养,增加员工自我效能感,促进职业胜任感的发展,进而形成员工积极的职业承诺。

**2. 导师制是企业人力资源开发的重要途径,有助于提高企业的竞争能力**

导师制能够根据企业的要求培养出企业发展所需要的人才,最大限度地发挥人才的潜能,有效地防止人才的流失,防止引进人才“水土不服”问题的发生,在增强企业内部凝聚力的同时,也提高了企业的竞争能力。

(1)有利于增强团队凝聚力。通过导师对学员的指导和关怀,可以体现出企业以人为本的文化氛围和管理理念,有助于为员工营造和谐的工作和生活氛围,有利于激发员工凝聚力的形成,进而促进员工主人翁意识和归属感、使命感的形成。

(2)有助于降低职工流失率。导师制除了为员工提供技能支持外,还可以在员工的职业生涯规划方面为员工提供支持。职业生涯规划有利于员工对企业产生信心,对企业的价值观产生认同,并且可以最大限度地发挥员工的潜能为企业服务,使员工对自己在企业的前途和发展空间充满信心。导师制还能为员工提供心理上的支持,可以使员工对企业的人文理念产生认同,进而有效地防止人员的流失。

(3)有助于提高企业的核心竞争能力。企业的发展归根结底就是人才的发展,也就是科技水平的发展。导师制有助于企业稳固内部现有骨干职工,加速对现有人才的培训和开发,充分发挥现有职工的自身潜力为企业服务,并且有助于企业从外部招贤纳士,进而为企业的发展与扩张提供人力资源保障。[1]

(三)导师制的实施原则

实施导师制必须遵循一定的原则,才能达到预期的效果。具体而言,实施导师制需要遵循以下原则:(1)导师制的实施要从高层管理人员层面得到支持,以此强化导师制对于企业发展的重要性;(2)企业要以合约形式确立导师与指导者之间的指导关系,明确导师和被指导者之间的权利、义务;(3)要根据不同的岗位选拔导师,选拔的导师应该具备良好的素质和专业知识水平;(4)要建立导师与被指导者之间的考核与优化制度,以正确、合理评价导师在指导方面的表现;(5)导师与被指导者之间要相互尊重,建立起和谐融洽的指导关系。

## 四、工作—家庭平衡计划

人的全面发展包括自我发展、职业生涯发展、家庭生活的发展和协调,而三者之间需要保持良好的平衡。所谓工作—家庭平衡计划,是指组织帮助员工认识和正确看待家庭同工作之间的关系,调和职业和家庭之间的矛盾,缓和由于工作—家庭关系失衡给员工的压力。

(一)工作—家庭边界理论

2000 年,克拉克(Clark)提出工作—家庭边界理论。[2] 工作—家庭边界理论认为:人们每天在工作和家庭的边界中徘徊,工作和家庭组成各自不同目的和文化的领域或范围,彼此相互影响。虽然工作和家庭中很多方面难以调整,个体还是能创造出想要的平衡,也可以在一定程度上塑造工作和家庭领域的边界和桥梁。工作—家庭边界理论的主要思想为:(1)工作和家庭是两个不同的范围。工作主要通过提供收入和成

[1] 梁婷,蔡翔,唐贵伍. 企业导师制在中国发展的必要性、误区及建议[J]. 企业活力,2011(3):71-73.

[2] 张再生. 工作—家庭关系理论与工作家庭平衡计划[J]. 南开管理评论,2002(4):55-59.

就感使个体满足,家庭生活因为亲密关系和个人快乐而使人满意。(2)工作和家庭的边界。工作和家庭范围的界定主要有三种形式:物理的、世俗的和心理的。虽然存在这些边界形式,工作和家庭之间的边界依然是可以渗透的。[1]

工作—家庭边界理论认为,个体在工作家庭关系中最容易面临的问题是工作—家庭冲突。工作—家庭冲突是指工作和家庭两个领域存在某种程度的不相容,因而造成各角色间的冲突和压力。工作—家庭冲突表现为时间上的冲突、精力上的冲突和行为上的冲突。时间上的冲突是由于时间分配不均造成的。一个人如果扮演多重角色,将没有足够的时间可以平均分配给每一个角色,导致角色间的时间竞争。以行为为基础的冲突是一个角色所要求的特定行为不相容或无法满足于另一个角色的行为期望。例如,一位女性经理人在职场上必须表现出独立、情绪稳定,当她进入家庭时,或许被期望表现出温柔、贤惠、感性等。假如个人不能调整行为来满足不同角色的期望时,很可能会经历角色间的冲突。

工作会影响家庭,反过来家庭也会影响工作。“工作—家庭冲突”与“家庭—工作冲突”是两个有区别但却极为相关的角色冲突形式。前者是因为工作要求太多、压力太大而影响到家庭责任的表现所产生的一种冲突形式;后者则是因为家庭要求太多、奉献于家庭的时间太多、家庭压力太大而影响到工作责任表现所产生的冲突。相对而言,女性比男性更容易受制于家庭因素,其职业生涯发展也就更容易受到家庭—工作冲突的影响。[2] 虽然冲突存在,但由于每个人的具体环境不同、价值取向不同、面临情况不同,所以关键还是要看自己怎样在工作和家庭中寻找一个平衡点了。

### (二)工作—家庭平衡计划的形式

如今,越来越多的组织意识到,帮助员工平衡他们的工作和家庭生

[1] 张再生.职业生涯开发与管理[M].天津:南开大学出版社,2003.

[2] Duxbury, L E, Higgins, C A. Gender Differences in work - family conflict. Journal of Applied Psychology, 1991, Vol. 76(1):60-74.

活是符合企业的最大利益的。企业实施工作—家庭平衡计划的目的在于帮助员工找到工作和家庭需要中的平衡点。要达到这一目的,企业必须了解个体职业生涯发展各阶段的特点,家庭各阶段的需要,以及工作情境对家庭生活的影响,然后给予员工适当的帮助。

随着社会文明的进步和高科技的发展,企业可以实施的工作—家庭平衡计划的表现形式越来越多样化。目前,组织工作—家庭平衡计划的形式包括:弹性工作制、远程办公、专业咨询、家庭服务等。

**1. 弹性工作制**

弹性工作制是指在完成规定的工作任务或固定的工作时间长度的前提下,员工可以灵活地、自主地选择工作的具体时间安排,以代替统一、固定的上下班时间的制度。据了解,在欧美,超过40%的大公司采用了"弹性工作制",其中包括施乐公司、惠普公司等著名企业;在日本,日立制造所、富士重工业、三菱电机等大型企业也都不同程度地进行了类似的改革。而在我国,近年来也涌现出越来越多试行该种制度的工厂和企业。

弹性工作制并不意味着员工想什么时候上班就什么时候上班,想什么时候下班就什么时候下班,而是赋予上下班时间以一定的弹性。弹性工作制在具体实施上有很多方法。例如,企业可以规定,一个工作日的工作时间由核心工作时间(通常为5个小时)和前后两头的弹性工作时间组成。核心工作时间是每天某几个小时所有员工必须上班的时间,弹性时间是员工可以自由选定上下班的时间。例如某个公司规定每天工作时间为8小时,核心工作时间可以由上午9点到下午3点(午餐1小时除外),而办公室的实际开放时间为上午6点到下午6点。在核心工作时间内,所有员工都要来到工作岗位,但在核心时段前后的弹性时间内,员工可以任选其中的3小时工作。

弹性工作制赋予员工在工作时间上自由选择的权利,他们可以自由按照自己的需要作息,上下班可以避免交通拥挤,免除了担心迟到或缺勤所造成的紧张感,并能安排时间参与私人的重要社交活动,便于安排家庭生活和业余爱好。同时,由于员工感到个人权益得到了尊重,满足了社交和尊重等高层次的需要因而产生责任感,有利于提高工作满意度和士气。

**2. 远程办公**

远程办公是指组织借助互联网技术和远程办公平台,允许员工居家办公的一种工作方式。远程办公模式使得员工在完成组织交代的任务之时,还能做到照料家庭,有利于实现工作与家庭生活的平衡。

最近的调查显示,美国远程办公人员的数量已经超过九百万,而且还在增加。这些人只是在有重要会议、跟老板或下属讨论重大问题时才会去办公室工作。大多数情况下,他们在家里工作,或是在路上工作,同时通过电子方式同办公室保持联系。这种办公方式使员工工作自由、沟通便捷、效率较高,同时又给公司节省了许多开支。远程办公工作方式的普及改变了人们对于职业生涯发展模式的选择。越来越多的个人选择成为组织的“虚拟成员”或外包业务的承担者。

**3. 咨询服务**

咨询服务也是组织工作—家庭平衡计划的一项重要内容。针对员工的家庭责任,组织可以提供的咨询和服务项目有:教育培训、信息提供、咨询顾问以及直接的服务。国外很多公司利用教育培训方法,向员工传授为人父母的技能、照料孩子和老人的方法、孕期健康,以及家庭关系知识等。有些公司利用图书馆、指导手册及讨论会等形式为雇员提供家庭责任信息,这些便利的信息资源节省了员工的时间和精力。有些公司为正在经历工作家庭问题的员工提供专业咨询和团体支持服务。研究表明,参加咨询与支持项目的员工会较少地经受感情困扰,会更加专心地工作。同样,还有些公司为员工直接提供支持性的家庭服务,如提供津贴、优惠券、折扣等。类似的活动还包括工作地或就近的孩子日托、节假日照料等。享受上述服务项目的员工会相应地减轻工作—家庭冲突带来的压力。

## 五、退休计划

退休计划是指组织向处于职业生涯后期的员工提供的、用于帮助他们准备结束职业工作和适应退休生活的计划和活动。退休计划是组织保持活力、稳定员工职业生涯的必然需要。

（一）退休计划的内涵

在员工职业生涯后期，必然会面临着退休的问题。退休是指根据国家有关规定，劳动者因年老或因工、因病致残，完全丧失劳动能力（或部分丧失劳动能力）而退出工作岗位。按照我国《劳动法》的规定，男职工年满60周岁，女干部年满55周岁，女工人年满50周岁即达到法定退休年龄。

大量事实表明，退休很可能会伤害员工，对组织的工作也会产生影响。对于大多数员工而言，退休是一个苦乐参半的经历。对于某些人来说，退休是他们职业生涯的顶点，退休意味着他们能够放松下来，享受自己的劳动果实，同时又不需要再为工作上的问题操心、着急。然而，对于另外一些人来说，退休本身却很痛苦，忙碌了一生的员工在突然之间不得不每天无所事事地待在家中，面对陌生的、“没有生产率”的生活。对于许多退休者来说，维护一种归属感和自我成就感是他们需要面对的一项最为重要的任务。因此，为了减少和避免可能的伤害和影响，企业对员工退休事宜加以细致周到的计划和管理非常必要。许多企业也越来越注重开展退休计划以帮助将要退休的员工来应对这一问题。

良好的退休计划可以使员工尽快顺利地适应退休生活，维持正常的退休秩序，最终达到稳定组织从业人员心理、保持组织员工合理的年龄结构、为员工提供更多的工作和晋升机会的目的。

（二）退休计划的内容

即将退休的员工会面临财务、住房、家庭等各方面的实际问题，同时又要应付结束工作、开始休闲生活的角色转换和心理转换。因此，退休者需要同时面对社会和心理方面的调节。通过适当的退休计划和管理措施，满足退休人员情绪和发展方面的需要，是组织应该承担的一项重要工作。

针对退休员工所面临的问题，组织应做好相应的员工退休计划。退休计划必须建立在对员工需求做出正确评价的基础上。企业可以根据员工的需求和企业的实际情况实施退休财务计划、退休咨询计划、职业工作衔接计划、退休返聘计划、退休生活计划等。

1. **退休财务计划**

有研究表明,预计退休后收入比较丰厚的员工更乐意退休,也较容易适应退休生活。但是,通常情况下,员工退休之后收入会有大幅度的缩减。如果员工不能做到未雨绸缪,安排好自己的财务计划,那么退休后收入锐减的状况会极大地影响其生活质量。因此,组织可以通过企业年金等形式帮助员工做好退休后的收入安排,也可以通过适当的财务与投资计划提高员工退休后的经济收入。

2. **退休咨询计划**

退休咨询就是向即将和已经退休的员工提供财务、住房、搬迁、家庭、法律、再就业等方面的咨询和帮助。最为常见的退休咨询计划的内容包括:说明各项社会福利保障、休闲咨询、财务与投资咨询、健康咨询、生活安排、心理咨询、第二职业咨询等。

3. **职业工作衔接计划**

员工退休而组织的职业工作却要正常运行。因此,组织要有计划地安排应当退休的人员退休,切不可因为退休影响工作的正常进行。在退休计划中,选好退休员工职业工作的接替人,及早进行接替人的培养工作是非常必要的。企业可以采取多种形式对接替员工进行职业岗位的培训,如与即将退休员工一道工作一段时间,进行实地学习,请老员工进行传、帮、带等。帮助退休员工与其接替者做好具体的交接工作,在新老员工职位更替之时衔接好,保证工作顺利进行。

4. **退休返聘计划**

如果退休员工个人身体与家庭情况允许,尚可继续参加工作,组织可以采取兼职、顾问或其他某种方式聘用他们,使其发挥余热。当前社会的一个重要趋势是允许应当退休的员工兼职工作,以此作为正式退休的一种变通方法。国外的相关调查也显示,55 岁以上的员工中有一半以上的人愿意在退休后继续从事兼职工作,企业也很可能将这种做法延伸到他们的职业生涯管理过程中。

5. **退休生活计划**

为了便于退休员工更好地适应退休生活,企业可以因人而异地帮助每一个即将退休者制订具体的退休生活计划，尽可能地把他们的退休生活安排得丰富多彩。例如，企业可以鼓励退休员工进入老年大学，发展多种兴趣爱好，多参加社会公益活动和老年群体的集体活动等；也可以提供方便条件让退休人员组建发挥余热的团体，将虽退休但仍有心有力的员工组织起来，鼓励他们为组织和社区服务来满足他们的特殊情感需要和社会需要。通过这些活动，达到退休人员广交朋友、增进身心健康的目的。

## 六、职业咨询

职业咨询是指从员工的个体利益出发，结合专业知识和相关资源，给予员工有关职业生涯规划、适应、发展等方面的专业辅导、判断和建议。职业咨询是伴随着个人职业生涯发展过程的多次或连续性的咨询活动。

企业设立职业咨询平台，便于解决员工的职业问题，有助于更好地发挥员工的能力，提升员工的职业素质，实现人力资本增值，增加企业效益。企业实施职业咨询项目，可以自己培养职业咨询师，也可以外聘职业咨询师。职业咨询师在咨询过程中，充当的是一个帮助者、陪伴者和协助者的角色。职业咨询师引导、启发员工自己了解自己、帮助自己、实践自己，从而更好地进行个人的职业生涯管理。

### （一）职业咨询的过程

职业咨询是一个互动的过程，即咨询对象和职业咨询师双向沟通的过程。作为一项追求实效和开拓性的活动，其程序不是固定不变的，通常根据咨询对象和内容的差异有所侧重。职业咨询的基本过程一般可以分为联系洽谈、咨询沟通、提出方案、实施方案、评估反馈 5 个步骤，如图 8-4 所示。

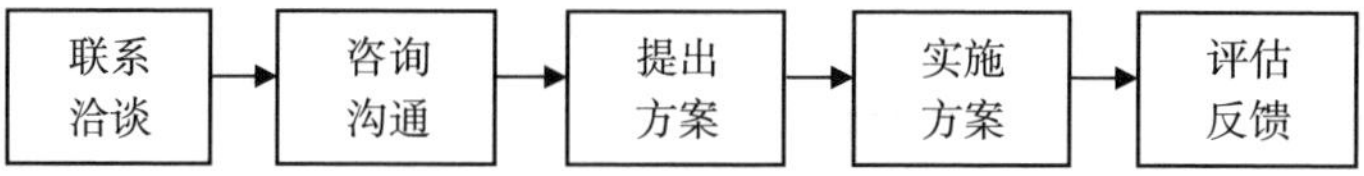


图 8-4 职业咨询的过程

1. 联系洽谈

职业咨询往往开始于个人和职业咨询师之间的联系和洽谈。目前为个人提供职业咨询的机构和组织形式多样，因此个人往往在不同的咨询机构之间进行比较，选择并联系咨询机构进行初步的洽谈，以选择最为适合的职业咨询机构和人员。

不同的咨询机构往往具有不同的特点和权威性。独立的咨询机构接触的求助者更多，涉及的对象范围也更广，具有更多的专业知识和经验。附属于企业、学校的咨询人员则更有针对性，可以针对特定领域展开咨询，提出相关建议。通过初步的接触和洽谈，可以使得职业规划师与咨询者建立适宜的关系及期望，并就咨询的问题和意向达成一致，便于后续工作的开展。

2. 咨询沟通

当职业咨询师和咨询对象达成咨询意向后，咨询师和咨询对象将会进一步交流和沟通。只有通过深入的交流和沟通，咨询师对咨询对象才会有更充分的了解，以理清咨询对象的实际需求，并能清楚地表明可以提供的资源和协助。咨询沟通的前提是两者建立信任关系，以相互尊重的态度，彼此敞开心扉，围绕咨询的问题和意向进行更加细致的沟通。

一旦沟通达成基本共识，咨询师将围绕咨询主题及相关内容收集所需资料。这些资料包括咨询对象个人的经历、以往的学习成绩和工作绩效等。咨询师也可以采取各种心理测试获取咨询对象的信息。如果需要，咨询师还可以向咨询对象的领导、同事或家人展开询问、面谈，了解咨询对象的各方面信息，以更加全面地了解咨询对象。收集资料的目的在于更为准确地发现问题所在，为后续提出方案做好准备。

3. 提出方案

根据资料分析的结论，咨询师会根据咨询对象的实际情况，提出具体的咨询方案，并以具体行动方案的方式展示给咨询对象，以指导咨询对象采取具体的行动。咨询师通常会向咨询对象解释方案的具体要求和实施步骤，并与咨询对象进行沟通，使其了解方案设计的目的、过程和具体要求，获得咨询对象的积极配合。

4. **实施方案**

实施方案的关键在于执行。咨询对象除了个人需要做出相应的努力及行动之外,实际方案实施还会涉及许多相关方面,如人员、资源和时间等。因此,按照方案的具体进展,还要考虑各种资源和相关因素是否会影响方案的落实。在各种因素不断变化的前提下,对方案的适当调整也是必要的。适当的调整会使得方案具有一定的弹性和灵活性,以确保方案目标的达成。

5. **评估反馈**

评估反馈是职业咨询的最后一环,但并不意味着只有到方案结束时才能进行。评估可以获得系统的、连续性的反馈资料,帮助咨询师决定正确的执行过程,并能认清问题的动向。实际上方案的每个步骤都存在着评估结果及相应的反馈,以确保方案实施不会偏离既定的目标和方向。评估结果及反馈是方案实施的必要内容,有助于咨询师和咨询对象了解目标的实现情况及相关问题的解决。

### (二)职业咨询的内容

职业咨询涉及组织、工作和个人发展等各个方面,咨询对象也包括所有即将从事和正在从事某一职业的人员,因此职业咨询的内容可以包括以下几个方面。

1. **职业生涯咨询**

针对即将就业的咨询对象,职业咨询师可以为其提供进入职场前的知识、技能、信息、资料、心理等方面的咨询。从人生追求和职业期望角度入手,了解他们的职业发展态度倾向和动力;从职业性向测评角度了解他们的职业发展潜力,对其未来的专业选择进行指导,并规划其职业生涯发展道路。

2. **职业选择咨询**

针对求职者,职业咨询师可以为其提供职业选择咨询。职业选择咨询强调的是工作的选择策略、途径和方法,即如何将个人的兴趣、能力、职业期望与社会发展相统一,从自身的具体条件出发,做出职业选择决策。同时,就求职渠道、面试技巧、人与职业的匹配、行业发展等方面提出相关建议。

**3. 职业适应咨询**

针对在职工作者，职业咨询师主要帮助他们解决个人在职业生涯进程中遇到的种种问题，如适应组织、满足岗位需要、实现高绩效、建立和谐的人际关系、消除工作压力、工作—家庭平衡等，以实现个人的兴趣、能力、性格与工作需求的和谐一致，从而更好地奠定职业生涯发展的基础。

**4. 职业发展咨询**

针对希望不断成长的员工，职业咨询师可以为其提供职业发展咨询。自我发展的需要是现代人追求的重要人生目标。而个人在职业生涯发展过程中往往面临各种问题，如晋升、岗位变动、职责变化、工作转换等，这些问题经常会影响个人的发展。按照组织提供的职业发展路径，根据个人职业生涯发展状况，帮助员工明确职业生涯目标和实现方法，明确不同阶段工作重点和合理定位，设计个人职业生涯发展规划是职业发展咨询的重要内容。

(三)职业咨询的方法

职业咨询的最终目标是促进咨询对象的自我了解与行动计划。职业咨询主要有三种方法，即心理测量法、团体咨询法和个别咨询法。

**1. 心理测量法**

心理测量法主要是运用标准化量表来了解被测者的气质、性格、职业兴趣、职业能力等。一般的测试内容为：(1)你想要干什么——求职意向调查；(2)你适合干什么——职业兴趣测试和职业能力测试；(3)你能干什么——综合能力测试。

**2. 团体咨询法**

团体咨询法的主要功能是为一组咨询对象提供必要的信息。最常见的团体咨询模式是在学校或培训机构中，由教师或职业咨询师为学生、受训者开展的指导咨询课程，帮助他们更好地认识自我、他人和外部客观世界。

**3. 个别咨询法**

个别咨询法是开展职业咨询最常用的方法，主要是对咨询对象表示自己的理解与支持，对其进行启发教育，其中重要的是要严格遵守保密原则。个别咨询过程大多以面谈方式进行沟通，咨询师和咨询对象之间具有动态的交互关系，双方站在平等的立场上进行持续的沟通。在这一过程中双方共同参与，发展良好的咨询关系，咨询师必须保持弹性咨询处理方法。

## 第三节　组织职业生涯管理与个人职业生涯管理的整合

员工职业生涯发展既是企业发展的重要目标，也是个人发展的重要目标。但要达到职业生涯发展的目的，个人目标与组织目标的实现之间依然存在一定的距离。因此，整合组织职业生涯管理目标与个人职业生涯管理目标，是组织职业生涯管理的重要任务。要做到组织与个人目标的整合，必须遵循一定的原则，实现一定的功能。

### 一、组织职业生涯管理与个人职业生涯管理整合的原则

为实现组织职业生涯管理与个人职业生涯管理的目标整合，需要遵循双赢原则、相互沟通原则、因地制宜原则、重点管理原则和动态管理原则。

#### （一）双赢原则

双赢原则就是既有利于组织又有利于个人的管理原则。在工作岗位上，个人与组织之间休戚与共、息息相关，两者的利益具有明显的一致性。个人职业发展的辉煌，必然极大地促进组织的发展；相反，个人发生职业危机，必然制约组织劳动生产率和经济效益的提高。同时，两者的利益也有矛盾的一面，特别是在员工职业生涯中期。例如，员工个人的晋升愿望与组织有限的职位空缺之间的矛盾、员工的培训需求和组织的培训机会之间的矛盾、工作和家庭之间的矛盾等，如果这些矛盾得不

到很好的协调与解决，个人的职业生涯发展将会受阻，这不仅影响个人的自身利益和工作积极性，使个人丧失信心，同时也会由此影响组织的利益。所以在整合个人目标和组织目标时，必然会考虑双方的利益；如果忽视一方利益，则另一方的利益就得不到很好的保护。

（二）相互沟通原则

沟通是解决问题的重要手段之一。通过沟通，一方面企业可以更好地了解员工的实际情况和职业发展需求，另一方面可以了解个人的职业发展目标，从而更好地提高组织职业生涯管理的科学性和有效性。通过沟通，不仅组织收到来自员工的信息，而且可以将组织的信息及时传递给员工。企业和员工之间互通信息，可以帮助员工更加客观地评估自己，并根据组织未来的职位需求审视自己的职业需求及其实现的可能性，从而帮助个人实事求是地做出决策。此外，相互沟通还可以增进个人对组织的信任和归属感，有利于调动员工的工作积极性等。

（三）因地制宜原则

个人的职业生涯任务复杂而又多变，每个员工的生物社会生命周期、职业生命周期和家庭生命周期不同，其职业生涯具体运行情况也千差万别。同时，员工各生命周期相互影响、相互作用的情况也存在着很大的差异，因此每个人所面临的各个生命周期运行的任务和所负责任大小、轻重程度、复杂程度也各不相同。由此决定了每个人在职业生涯不同时期的心态、理念、价值取向等必然有别，因此对个人职业生涯的开发和管理必须因地制宜、细致入微、因人而异，针对不同情况对症下药，这样才能找到个人目标与组织目标之间的结合点。

（四）重点管理原则

在组织职业生涯管理中，加强对全体员工的管理是十分必要的。但是，在坚持普遍原则的同时，组织应当突出管理的重点。组织职业生涯管理的重点应当是处于职业生涯危机的员工，而不应是在职业生涯中能获得晋升或者进一步发展的员工。一般而言，在员工群体中，有相当数量的员工因其职业生涯发展不顺利，而变得不关心组织，失去了工作的兴趣、热情和信心,变得得过且过,这些员工应是组织职业生涯管理的重点所在。因此,组织需要对个人职业动力不足的情况及其原因进行深入分析,并有针对性地采取措施,激发员工的工作活力、热情和积极性,预防和补救他们的职业生涯危机。

(五)动态管理原则

在现代社会,无论个人还是组织都处于动态变化之中。员工在职业生涯早期,对组织及其文化采取服从和接纳的态度,并尽量将自己融入组织之中,尽心尽力地工作。到了职业发展中期,员工有了一定的人生阅历,谙熟组织和职业情况,能够独当一面。面对复杂多变的世界,员工有个人的独立思考和见解。此时他们的人生态度、价值观、理念和心态都已经发生了很大变化。在职业发展方面,个人的情况也发生了变化,有的如日中天、走向顶峰,有的平平稳稳、尽职尽责,有的则不闻不问,重心由工作转向了个人与家庭。组织切不可停留在对个人职业早期认识的基础上进行职业管理,而必须依据组织和个人变化的情况实施动态管理,方可取得最佳效果。

## 二、组织职业生涯管理与个人职业生涯管理整合的内容

职业生涯管理有规律可循。组织需要对个人的职业生涯规律进行深入了解,并结合组织的特点和工作实践进行判断和决策。一般来说,这种规律性体现在个人职业生涯发展存在不同的发展阶段。在各个发展阶段,个人的职业发展可能出现某种共同的特征。因此组织有必要针对员工所处的职业发展阶段,提供相应的职业咨询与管理。大体而言,个人的职业发展可以分为职业生涯早期、职业生涯中期和职业生涯后期三个时期。针对不同时期,企业应该采取不同的职业生涯管理措施。

(一)个体职业生涯早期阶段的整合

个体职业生涯早期阶段是指一个人由学校步入社会,在组织内部逐渐“社会化”,并为组织所接纳的过程。这一阶段一般从参加工作开始到30岁左右,具体时间长短根据员工知识储备、学历不同而有所不同。处于职业发展初期阶段的员工加入新组织时,需要经历一系列角色

与身份的变化,必然需要经历一个适应过程。在这个阶段,个人的组织社会化以及个人与组织的相互接纳是个人和组织共同面临的重要的职业生涯管理任务。组织可以采取以下措施,帮助员工开发职业生涯,做到组织目标与员工个人职业生涯目标的整合。

**1. 为毕业生提供实习机会**

毕业实习是学生在指导老师的指导下,独立从事社会实践工作的初步尝试,其基本目的是培养学生综合运用所学的基础理论、专业知识、基本技能,应对和处理企业实际问题。目前大多数国企和民企没有实习生招聘计划,主要原因是实习生上岗时间短,不熟悉工作,企业不放心将工作交给他们。但相反,一些外资企业却非常重视实习生计划。例如,微软、宝洁、西门子等国际跨国公司每年都会有暑期实习计划,通过面试和笔试挑选学生在假期进入公司实习,实习结束后,一些优秀的学生还会被公司留用,签订用工合同。为毕业生提供实习机会既可以增加大学生的实践经验,帮助他们制定初步的职业生涯发展规划,又利于企业招聘、考察及培训员工,帮助新员工进行准确的自我定位。

**2. 实施客观有效的招聘**

客观的招聘是指向求职者展示与工作及组织相关的真实信息的招聘方式。客观的招聘不同于传统的招聘介绍,即把工作岗位说得天花乱坠。客观的招聘利用影片、手册、报告、面对面交谈等方法,向求职者提供比较真实的工作和组织情况介绍,并对工作中的利弊做出评价。

真实地提供职位和组织信息好比在求职者了解工作实情之前给其打预防针,帮助求职者正确对待工作可能带来的失望及不满,能够有效地降低员工的离职率。

**3. 对新员工进行岗前引导**

新员工加入组织,其最初的上岗引导和岗位配置非常重要。新员工的岗前引导包括:工资如何发放,怎样获得工作证,工作时间如何安排,与谁一起工作等,这些信息对员工做好本职工作都非常必要。对新员工做好岗前引导,可以有助于减少新员工上岗初期的紧张焦虑,以及可能感受到的现实冲击。

组织开展的岗前引导计划可以多种多样,从简短的介绍到较长的正式计划,不一而足。就长期正式计划而言,新员工在接受上岗引导时,一般会得到一本工作手册或一些印刷资料,其中详细介绍了工作时间、绩效考评、薪酬政策、人事管理、组织运营情况、安全措施和规章制度等。此外,组织还可以采用培训、会议、面对面交流等方式对新员工进行岗前引导。

**4. 帮助新员工实现组织社会化**

新员工加入到新组织,最大的困难是心理上如何与组织融为一体,被组织视为能干、有用的一员。为此,组织必须通过适当的方式,使这些新人社会化,融入新的工作环境。正如个体在成长过程中要掌握社会的价值观和规范一样,新员工也必须学会如何在组织中做事。所谓组织社会化,就是个人逐步了解、认同组织的价值观,具备组织所需要的能力、期望的行为及社会知识,从而在组织中担当某种角色,真正成为组织一员的过程。

组织社会化的本质是个人由原来的角色转变为组织成员的学习过程。新员工的组织社会化是一个不断发展的过程,它包括向员工灌输组织及其所在部门期望的态度、规范、价值观和行为模式等。通过上述几方面的改善,使个人及组织的绩效都得到提升,员工的流动率也会随之降低。

**5. 提供富有挑战性的工作与在职经验**

在员工职业生涯早期,组织为其提供富有挑战性的工作不但有助于个人尽快融入组织,也有助于员工学会如何工作,并对其潜能进行考察和测评。根据新员工的工作表现、潜能,对其职业生涯发展做到心中有数,这对组织发展和员工未来的发展都会产生重要影响。在一项以美国电报电话公司的年轻管理人员为对象的研究中,研究者发现,这些人在加入公司的第一年中所承担的工作越富挑战性,他们的工作也就显得越有效率、越成功,而且这种情况可以持续到五六年之后。

同时,最初的挑战性工作也是为了使新员工适应工作的高标准要求。承担重大挑战的新人会明白组织对自己的要求,并学会对工作结果负责。当新人明白珍惜挑战、责任和成就的做法时,也就学会了把这些标准当作自己的标准,并会按照这些标准工作,从而积累丰富的工作经验,养成良好的工作习惯。

6. 进行持续的绩效反馈与辅导

绩效评价和反馈在员工职业生涯发展的各个阶段都很重要。由于新员工亟须增长能力并获得他人的肯定,所以,对他们及时做出评价并给予反馈就变得尤为关键。而且,对于处于职业生涯早期的员工,组织必须做出多重决策,包括有无提升的可能性、需要什么培训以及定岗定薪问题等,这些决策都要以员工的绩效考评为依据。此外,员工需要的是不断的绩效反馈,特别是与自己的职业生涯规划相关的反馈,这将有助于他们对职业规划做出调整和对变动的环境进行适应。

7. 设计现实而灵活的职业生涯通道

在传统意义上,职业生涯通道就是一连串的岗位,一般都与工作内容相关。例如,市场营销人员的标准职业生涯通道可能会依次包括:营销代表、营销主管、部门经理、地区经理、营销副总裁等。但是,随着组织扁平化、流程再造、企业兼并等组织内外部环境的变化,传统的职业生涯通道在很多企业已不复存在,职业生涯管理变得更加以个人为中心。因此,组织为员工提供的职业生涯通道要变得更加现实而灵活。能够取代传统职业生涯通道的方法是根据实际工作行为的要求来确定职业生涯通道。新员工可以通过在不同的专业领域进行工作轮换,从而获得一个评价自己资质和特长的良好机会。企业也可以通过水平职业生涯通道、双职业生涯通道、多职业生涯通道的设计合理地安排员工的岗位,促进员工的职业生涯发展。

8. 为新员工配备高水平的导师或上级

新员工与其上级之间往往存在一种"皮格马利翁效应",也就是说,上司的期望越高,对新员工越信任、越支持,新员工就会干得越好。因此,当新员工开始探索性的工作之时,组织应该为他配备一位受过特殊训练、具有较高工作绩效并且能够通过建立较高工作标准而对自己的新员工提供必要支持的上级。在实施"导师制"的企业中,组织可以为新员工配备一位经验丰富的导师,向新员工提供指导、训练、忠告和保护。不论上级、导师,还是新员工,相互之间的接纳与肯定都很重要。在高效的上下级关系之中,双方应该有目标明确的经常性的交流与接触。而导师对个体的指导也应当与公司文化或组织目标相一致。

### (二)个体职业生涯中期阶段的整合

职业生涯中期是一个时间长、变化多、既有事业成功又可能引发职业危机的敏感时期。这一时期的年龄跨度一般是30~45岁,甚至到50岁。员工处于职业生涯中期,不但工作上要独当一面,职业任务繁重,而且要面临成家立业、生儿育女、赡养父母等重大的家庭责任。

处于职业生涯中期的员工更加重视自己在职业方面的成长和发展。员工进入职业生涯中期,有两种表现形态:一是获得晋升进入更高一层的管理或技术岗位;二是薪酬福利增加,在组织的岗位上成为稳定的贡献者,成为组织的中坚力量。组织可以采取下列方法,帮助处于职业生涯中期的员工更好地发展其职业生涯。

#### 1. 帮助员工理解职业生涯中期经历

员工在职业生涯中期一般会经历职业生涯高原、落伍和职业变动的情况。组织的各级领导,包括高层管理人员,首先必须重视职业生涯中期阶段的员工所面临的问题,并且教育管理者理解这些问题。同时,组织可以通过各种研讨班或培训班的形式帮助员工处理好中年期的思想变化、职业生涯高原、落伍以及焦虑不安等问题,使员工更加坚强地、健康地进入中年时期。

#### 2. 提供更广泛、更灵活的流动机会

为更好地激励处于职业生涯中期的员工,晋升是最为有效的方法。企业可以为这些员工量身定制符合其能力的晋升计划,给他们提供明确的晋升途径与方法,满足其职业生涯发展的需要。但是,员工在职业生涯中期的晋升机会毕竟有限,因此组织可以采用工作轮换或工作调换的办法刺激、驱动那些处于职业生涯高原状态的员工。本地工作调动对于处于职业生涯高原状态的员工尤其具有吸引力,而工作轮换和异地调动等方法也可以防止员工落伍现象的发生。

对于某些处于职业生涯中期的员工而言，他们不能或不愿意应付当前工作带来的压力，对这类人可以采用降职的办法刺激他们产生发展的动力。但降职的过程必须使员工能够学到新知识、新技能，只有当较低的新职位需要这些员工掌握新知识、新技能时，降职这种方法才最有效。

**3. 挖掘当前工作的潜力**

尽管许多处于职业生涯中期阶段的员工可能不再期望晋升，但是他们对于职业成功和自主权的需要依然很强烈。除了岗位调动或岗位轮换之外，企业还可以为员工提供多样性和富有挑战性的工作，从而增强他们的责任感。加入任务小组、项目团队和攻关小组都能激发员工的责任感，并能获得领导和同事的认可。在给员工提供有挑战性的工作之时，组织还要注意为他们提供清晰而准确的绩效反馈。准确的绩效反馈可以防止员工退步或落伍，跟上组织发展的脚步。

**4. 提供培训和持续教育**

对于处于职业生涯中期阶段的员工，组织可以以其长期发展为出发点，为其提供多方面的培训课程，从而提高其职业技能。持续教育的一项重要功能是帮助那些打算改变职业的员工做好准备。

**5. 鼓励和训练中年员工成为新员工的导师**

人到中年，成为年轻人的良师益友成为一项重要的心理需求。对于在技术领域已达到顶峰的员工，组织可以更多地利用其经验和智慧，让其担任年轻人的导师、教练，以便进一步发挥其作用。组织可以对这些员工进行必要的辅导和培训，以便他知道如何成为导师，如何辅导、培训年轻人，如何向年轻人提供有意义的绩效反馈。

### （三）个体职业生涯后期阶段的整合

职业生涯后期是职业生涯的最后阶段，此阶段从50岁左右开始直到退休。在此阶段，大多数人对成就和发展的期望减弱，而希望维持和保留自己目前的地位和成就，开始注意做有意义的事情。

对处于职业生涯后期的员工，组织要注重帮助他们做好退休前的各项心理和工作方面的准备，让他们愉快地结束自己的职业生涯，帮助他们顺利地实现向退休生活的过渡。一般而言,组织可以通过以下两个方面来帮助老年员工顺利完成工作到退休的过渡。

**1. 重新安置计划**

重新安置计划就是为老年员工重新安排工作。当老年员工的生产率将要下降时,组织要赋予其责任明确的工作任务,进行持续的教育,设计出一套发展其能力的工作任务。同时,要赋予老年员工更多的工作选择,这些选择包括:从事兼职工作或季度性的工作,安排特殊的咨询工作,工作分担或工作轮换,弹性或缩短的工作时间,以及调整工作。这些措施既可以帮助组织留住那些有宝贵经验的老员工,又为年轻的员工扫除了职业生涯前途的障碍。

**2. 退休计划**

退休计划能帮助员工顺利度过从工作到退休的转变时期。具体来说,退休计划可以帮助员工解决健康与安全、理财、住房、时间管理等一系列问题。一般而言,在员工退休之前五年,组织就可以邀请员工参与退休计划的讨论,以便员工对未来的退休问题有良好的心理准备。良好的退休计划既有助于即将退休的员工保持积极的工作态度和绩效,又能使组织留住希望继续工作的老员工,还能鼓励不想工作的员工提前退休。

总之,针对老员工实施的退休计划,具有一种象征意义,会对在职员工产生深远的影响。组织如何对待退休员工,是所有在职员工都看得到的。良好的退休安置计划体现了公司对员工的关怀,能够极大地调动现任员工的积极性,以便为组织做出更大的贡献。

**【本章小结】**

职业生涯管理是人力资源管理的重要职能之一。组织职业生涯管理是从组织出发,根据组织发展需要,对员工个人的职业生涯进行设计、规划、执行、评估、反馈和修正的综合性过程。组织职业生涯管理的内容包括职业生涯通道设计、继任计划、导师制、工作—家庭平衡计划、退休计划、职业生涯咨询等。企业应该根据自身状况设计相应的职业生涯管理方式。

为实现组织职业生涯管理与个人职业生涯管理的目标整合，需要遵循双赢原则、相互沟通原则、因地制宜原则、重点管理原则和动态管理原则。组织有必要针对员工所处的职业发展阶段，提供必要的职业咨询与管理。在个体职业生涯早期，组织可以实施为毕业生提供实习机会、进行客观有效的招聘、对新员工进行岗前引导、帮助新员工实现组织社会化、提供富有挑战性的工作与在职经验、进行持续的绩效反馈与辅导、设计现实而灵活的职业生涯通道、为新员工配备高水平的导师等整合措施。在个体职业生涯中期，组织可以帮助员工理解职业生涯中期经历，提供更广泛、更灵活的流动机会，挖掘当前工作的潜力，提供培训和持续教育，鼓励和训练中年员工成为新员工的导师等政策。在个体职业生涯后期，组织可以为员工提供重新安置计划和退休计划，从而实现个人职业生涯目标与组织职业生涯目标的整合。

**【思考题】**

1. 什么是组织职业生涯管理?
2. 简述组织职业生涯管理的内容。
3. 组织职业生涯管理的重要性体现在哪些方面?
4. 简述工作—家庭平衡计划的内容。
5. 简述组织职业生涯管理与个人职业生涯管理整合的原则。
6. 组织该如何帮助个体在职业生涯中期实现职业发展?

**【案例分析】**

### "梦想启动未来"
### ——通用电气成功密码解读

作为全球最大的多元化企业，通用电气(以下简称GE)业务所及之处无不精益求精，从能源、石油天然气、水处理到航空、运输系统，从家电、医疗、金融到新闻媒体和娱乐。百年历史，GE风雨兼程，业绩辉煌；GE一路秉承"梦想启动未来"的理念，步履不停。GE大中华区人力资源总监程静女士带领我们去解读GE的成功密码。

一、创想未来：最有效的人才补给方式

放眼目前整个人才市场，人材供不应求的现象非常明显，甚至出现了高级人才“一将难求”的地步，且在未来两三年这种现象会愈演愈烈。面临如此严峻的形势，GE 早就有所准备。在记者的采访中发现，GE 近期人才需求的重点是工程技术研发以及市场开发类人才。应对优秀人才的紧缺，GE 从校园做起，真正赢在了“起跑线”上。

人才的早期培养制度一直是 GE 公司的特色，程静女士兴奋地向我们介绍起 2011 年 GE 公司“重磅”推出的系列校园活动。其中，最耀眼的当属暑期实习生计划，即“GE 创想未来暑期实习生”（EID）计划。该计划主要针对 2012 年毕业的学生，2013 年及之后毕业的学生也可参与其中，旨在从校园中发现优秀人才，并通过在 GE 的实习和培训，成为未来的领导人才。

申请 EID 的同学，除面试外，还需要通过两个月的暑期实习考察，才有可能最终被接纳为 GE 公司的一份子。在实习过程中，GE 会安排实习生入职培训，多角度、全方位、立体化地向大学生展示公司的文化理念、管理理念、业务流程和发展成果。此外，GE 会为每一位同学安排专门的“导师”，为他们提供工作上的指导。实习结束后，GE 会根据表现把公司的 Offer 发给合适的同学，等到他们毕业后即可直接加入公司。在 GE（中国）公司往年的校园招聘项目中，有 50% 以上的 EID 实习生会转变为正式员工。

2011 年，GE 向在校大学生开放了 400 多个“创想未来暑假实习生”职位。为了使同学们更好地了解 GE 和创想未来计划，GE 在成都、武汉、西安、北京、上海五个城市采用了全新的校园推广模式——GE 校园开放日。在校园开放日现场，GE 设立了七个业务展台，多角度、全方位、立体化地向大学生展示 GE 的多元化业务。每个城市，都有 1 000 多位学生参与到这个活动中。来自 GE 各个业务集团的部门经理、人力资源经理也来到了现场，与学生进行深入的互动，细致讲解 GE 各业务集团的工作内容、发展方向等学生感兴趣的内容。GE 校园开放日利用校园互动的模式进行雇主品牌宣传和校园招聘，这是 GE 针对校园推广所做的全新尝试。

二、诚信为本:传承至今的价值选择

现任GE公司董事长兼首席执行官杰夫·伊梅尔特曾骄傲地说:“一周7天,一天24小时,我总在毫不掩饰地谈论这家公司。在GE长达130多年的历史中,我们始终拥有一流的诚信文化。”当记者问到GE最看重员工的哪些素质时,程静女士毫不犹豫地脱口而出,“诚信是GE的基本价值观和基本原则,是GE良好声誉的基石。”

GE一直在构建并保持着以诚信为基础的强大企业文化,进入GE的每个人首先必须是一个诚信的人。芬比(Phoebe)曾经是GE的FMP项目的管理培训生,在进入GE的选拔环节后,她经历了重重挑战。最让她记忆深刻的是,一轮面试中HR问她是否已经有了Offer,她坦言说有两个,之后内心非常忐忑,担心会影响自己入选。当她再次遇到那个HR时,对方坦诚地说,“我们决定录用你,因为诚信是GE最重要的文化,尤其是做财务的人,诚信是第一要素。”

在GE,诚信原则规范着员工职业操守的方方面面:当个人利益和公司利益发生冲突时如何处理、相关的财务政策如何执行、公司内部信息处理的保密制度如何落实等。GE的诚信高标准并没有限制创造性,反而吸引了一批与众不同的员工,他们每天都在为构建更加出色的GE,乃至更加美好的世界而努力。

三、创新中心:会飞的创造力

打开GE中国的官方微博,我们会看到——“GE,又名通用电气,爱迪生爷爷创造的百年老店,跨界帝、学问多、爱环保、重健康、创新控、常贪玩,你身边的靠谱‘砖家’。”这段简介在第一时间华丽地直扑记者面前,让人忍俊不禁的同时,又不能不叹服GE的灵动翩翩。“是创造力给了GE飞翔的翅膀”,程静女士一语中的。

创造力一直都是推动GE不断向前的最大动力,不仅为产品研发提供了灵感,也展示着GE正在如何改变世界。在程静女士看来,创造力关键是勇气和想象力。一方面,GE鼓励员工勇敢地表达自己的观点,挑战公司现有的工作方式和流程;另一方面,鼓励员工与公司分享自己丰富的想象力,从而为公司的工作流程、产品研发等提供更新的概念和构思。为此,GE不仅加强对现有员工的创造力培训,而且在招聘中也强化了对人才创新能力的评估和要求。

GE创新中心的人才招募可谓是2011年GE公司的招聘亮点之一。2010年年底,GE宣布未来三年内将投入5亿美元,用于加强研发活动和建立多个创新中心,更好地服务于西南、西北、东北和中部市场。目前,成都和西安"创新中心"的筹备工作正在紧锣密鼓地展开。根据程静女士的介绍,这是一项长期计划,GE希望能网罗各路贤才,改变以往封闭式的研发和销售方式,把研发团队、市场、客户放在一起进行合作开放式的创新,从而满足不同地区市场的个性化需求。

四、双向调和:最多元化的职业平台

目前,GE公司的所有业务集团都已经在中国开展业务,如航空、交通运输、医疗、能源、GE金融、家庭和商业解决方案、NBC环球等。GE的多元化跨行业业务平台,让员工有了丰富的职业尝试可能,例如有机会从医疗部调到能源部,或从能源部调到金融部,感受不同行业的业务模式,这是其他公司难以企及的。

如此多元化的背景,对人才的需求必然趋向多元化。程静女士指出,GE特别强调员工的全球化能力,希望员工能够在全球化的经济背景下,有效地去沟通甚至去领导一些来自全球的队伍和全球化项目。

在庞大而又多元化的GE组织架构中,来自不同国家和文化的人才结构必会给管理带来一定的挑战。GE双向调和,应对自如。因为GE为本地员工量身定制了很多相关的职业辅导,培养他们的自信心,鼓励他们开诚布公地沟通。同时,GE也会对来华工作的外籍员工开展有关中国文化、习俗、礼仪等内容的培训,从而帮助他们更好地与本土员工合作。

五、领导力培训:迈向职业新高峰

员工被视为GE公司最宝贵的财富,GE希望帮助每位员工追求卓越、实现梦想。在GE(中国)的中高级领导者中,70%均由内部提拔,每年超过三分之一的员工会接受GE中国培训与发展中心提供的培训。在GE,员工每天都有成长的机会。

据了解,GE 每年在学习与发展方面要投入 10 亿美元,其中很大一部分用于领导力培训。领导力开发在 GE 得到高度重视,被认为是公司的核心竞争力。在中国,GE 有健全的培训体系、资深的培训队伍、一流的培训设施,可提供全方位的、各层次的培训项目和培训课程,满足员工入职以后各阶段的领导力开发需求。

其中,GE 克劳顿领导力发展中心(中国)旨在为 GE 员工提供以领导力开发为重点的培训课程。除了"基石领导力"和"基本领导力"两个全球性课程体系之外,中心还提供了一些中国特有的课程,以满足中国员工领导力和职业技能开发的特定需要。为了建立和加强与战略客户和合作伙伴的关系,中心会定期举办研讨会以促进相互了解。

六、健康我先行:最关心员工的企业文化

某一天,上海总部近两百名员工聚集在办公楼的健身房、大堂、户外广场上,在 GE 全球研发中心总裁 Mark Little 博士以及 GE 中国研发中心总裁陈向力博士的带领下,跳起 GE 风靡全球的集体舞——乐活排排舞(line dance)。难以置信? 千真万确! 此举无关其他,只为员工健康。

除了为员工提供充分的职业发展空间外,GE 还延续了对员工健康的一贯专注,推出"健康我先行"系列活动,提倡员工养成健康的生活方式,提高员工的健康保健意识,帮助他们预防疾病,保持健康,因为健康的员工对公司、员工本人和他们的家庭都至关重要。

GE 为员工提供个人健康记录,以确定员工的健康风险并及时跟踪,促使其身体向健康的方向改变。此外,GE 还定期举办家庭日等活动,在带动员工养成健康工作、生活方式的同时,也让员工的家属走进 GE,了解家人的工作场所和内容,并共同参与 GE 组织的志愿活动,为社区服务。

(资料来源:郭韦伶,木子. 职场,2011(9):29. 略有改动。)

**【分析与讨论】**

(1)GE 为员工开展的职业平台有哪些?

(2)GE 组织职业生涯管理的优势在哪里? 劣势在哪里? 你觉得应该如何改进?

# 参考文献


[1] 张再生. 职业生涯开发与管理[M]. 天津:南开大学出版社,2003.

[2] 李宝元. 职业生涯管理:原理. 方法. 实践[M]. 北京:北京师范大学出版社,2007.

[3] 张再生. 职业生涯规划[M]. 天津:天津大学出版社,2007.

[4] 周文霞. 职业生涯管理[M]. 上海:复旦大学出版社,2004.

[5] 张渤,宁焰. 职业生涯与发展规划[M]. 西安:西北工业大学出版社,2010.

[6] 曹振杰等. 职业生涯设计与管理[M]. 北京:人民邮电出版社,2006.

[7] 陈军. 大学生职业生涯规划与管理[M]. 上海:复旦大学出版社,2009.

[8] 谢欣新. 职业选择事业导航——职业生涯规划技术[M]. 北京:机械工业出版社,2007.

[9] 张振刚. 职场学[M]. 太原:山西人民出版社,2006.

[10] 石磊. 中国人职业生涯规划必修课[M]. 太原:山西财经大学出版社,2010.

[11] 方伟. 大学生职业生涯规划咨询案例教程[M]. 北京:北京大学出版社,2008.

[12] [美]戴安特蕾西. 爱上你的工作[M]. 北京:中国水利水电出版社,2004.

[13] [美]莉迪娅·安德森,桑德拉·博尔特. 初入职场[M]. 北京:人民大学出版社,2010.

[14] 彭书淮. 选择比努力更重要[M]. 天津:天津科技大学出版社,2009.

[15] 谭永生,李春苗等. 执行职业生涯管理[M]. 北京:中国发展出版社,2008.

[16] 徐笑君. 职业生涯规划与管理[M]. 成都:四川出版集团,四川人民出版社,2008.

[17] 史志洪,史益大. 职业生涯规划与自我管理[M]. 北京:机械工业出版社,2010.

[18] 葛玉辉. 职业生涯规划管理务实[M]. 北京:清华大学出版社,2011.
[19] [美]戴安·萨克尼克,威廉·班达特等. 职业指导[M]. 北京:中国劳动社会保障出版社,2005.
[20] 北京纽哈斯国际教育咨询有限公司. HiAll求职快车. 简历篇[M]. 北京:群言出版社,2005.
[21] 匡志盈,杨庆华. 高职大学生就业指导[M]. 北京:北京邮电大学出版社,2009.
[22] 周文霞. 职业成功:从概念到实践[M]. 上海:复旦大学出版社,2006.
[23] 关培兰,张爱武. 职业生涯设计与管理[M]. 武汉:武汉大学出版社,2009.
[24] 袁庆宏,付美云,陈文春. 职业生涯管理[M]. 北京:科学出版社,2009.